A Cauda Longa

The Long Tail

Chris Anderson

A Cauda Longa

The Long Tail

Do mercado de massa
para o mercado de nicho

Tradução
Afonso Celso da Cunha Serra
Professor de Especialização em Tradução/PUC-Rio, CCE

ELSEVIER

EDITORA
CAMPUS

Do original:
The Long Tail
Tradução autorizada do idioma inglês da edição publicada por Hyperion

Copidesque: Cristina Serra
Editoração Eletrônica: Estúdio Castellani
Revisão Gráfica: Mariflor Brenlla Rial Rocha e Edna Rocha

Projeto Gráfico
Elsevier Editora Ltda.
A Qualidade da Informação.
Rua Sete de Setembro, 111 – 16º andar
20050-006 Rio de Janeiro RJ Brasil
Telefone: (21) 3970-9300 FAX: (21) 2507-1991
E-mail: *info@elsevier.com.br*
Escritório São Paulo:
Rua Quintana, 753/8º andar
04569-011 Brooklin São Paulo SP
Tel.: (11) 5105-8555

ISBN 13: 978-85-2183-1
ISBN 10: 85-352-2183-2
Edição original: ISBN 0-688-12816-5

Central de atendimento
Tel.: 0800-265340
Rua Sete de Setembro, 111, 16º andar – Centro – Rio de Janeiro
e-mail: *info@elsevier.com.br*
site: *www.campus.com.br*

CIP-Brasil. Catalogação-na-fonte.
Sindicato Nacional dos Editores de Livros, RJ

C479c

Anderson, Chris, 1961-
A cauda longa : do mercado de massa para o mercado de nicho / Chris Anderson ; tradução Afonso Celso da Cunha Serra. – Rio de Janeiro : Elsevier, 2006

Tradução de: The long tail
ISBN 85-352-2183-2

1. Segmentação de mercado. 2. Marketing na internet 3. Marketing – Inovações tecnológicas. I. Título.

06-2470. CDD 658.802
CDU 659.113.25

Para Anne

AGRADECIMENTOS

Este livro contou com a ajuda e a colaboração de literalmente milhares de pessoas, graças ao processo relativamente aberto resultante de seu início como artigo muito lido e de seu prosseguimento como trabalho em andamento, por meio de um blog de acesso público. A conseqüência é que há muitas pessoas a quem devo agradecer, tanto aqui como nas notas dos capítulos no final do livro.

Primeiro, a pessoa que, além de mim, mais se dedicou a este livro, minha esposa Anne. Nenhum projeto como este poderia ser desenvolvido sem a contribuição de um grande parceiro. Anne foi tudo isso e mais. Seu apoio e sua compreensão constantes tornaram possível esta obra, e o preço foi significativo, representado por todos os domingos em que cuidou das crianças enquanto eu trabalhava na Starbucks, pelas noites perdidas, pelas férias não desfrutadas, pelas noites em que não saímos de casa, e por todos os outros encargos de um projeto exaustivo. Porém, mais do que isso, ela foi minha caixa de ressonância, minha primeira leitora, minha conselheira, minha confidente e uma fonte inesgotável de estímulo e de conselhos. (Nossos filhos pequenos – Daniel, Erin, Toby e Isabel – também passaram um ano sem ver muito o pai, e eu lhes agradeço por se comportarem à altura da ocasião, na esperança de que daí não resultem cicatrizes permanentes.)

Na fase de pesquisa e esboço do livro, tive a sorte de poder instalar-me talvez nos dois melhores espaços do planeta para trabalhar e pensar. Louis Rossetto e Jane Metcalfe, nossos amigos, vizinhos e fundadores da *Wired*, me emprestaram generosamente seus escritórios em Berkeley, durante vários meses, no verão de 2005. (Eu era "acadêmico residente", título que, só por si, fez com que me sentisse mais inteligente.) Outro amigo querido, Peter Schwartz, cedeu-me espaço nos escritórios também maravilhosos de sua Global Business Network, em Emeryville, onde desenvolvi boa parte de meus trabalhos mais avançados de brainstorming e de delineamento, com meu excelente redator assistente, Steven Leckart.

Outros parceiros de valor inestimável foram os membros de minha equipe na *Wired*, sobretudo Bob Cohn e Thomas Goetz, respectivamente editor executivo e vice-editor. Também eles estiveram à altura da ocasião, conseguindo, ao mesmo tempo, encorajar-me e cobrir minha falta, à medida que o livro absorvia parcelas cada vez maiores do meu tempo. Bob também editou o artigo original *Long Tail* (Cauda Longa), ajudando-me a refinar a argumentação e a redação, contribuição que continua pagando dividendos. Os comentários de Melanie Cornwell sobre o manuscrito apontou muitos erros sobre cultura popular e, além disso, tornou o conjunto mais inteligente. Também sou grato a Blaise Zerega, que, como editor gerente, manteve as rodas no carro, enquanto eu estava apenas meio presente, e a Joanna Pearlstein, nossa diretora de pesquisa, que ajudou-me com muitos dos primeiros infográficos. Ainda manifesto minha gratidão especial a Si Newhouse, por confiar-me sua notável plataforma de idéias e, com generosidade, permitir que me afastasse do trabalho para transformar uma delas em livro.

Muitos acadêmicos contribuíram de maneira significativa para quantificar os efeitos da Cauda Longa e por explorar suas implicações. Erik Brynjolfsson, da Sloan School of Management, do MIT, e Jeffrey Hu, da Krannert School of Management, de Purdue, fizeram parte do trabalho inicial de estimar a Cauda Longa da Amazon, o que conferiu-me tanto um arcabouço analítico, sobre o qual erguer a teoria, quanto a confiança em saber que poderia ser feito. Suas pesquisas constantes nessa área são fascinantes e sou muito grato pelo apoio deles ao meu trabalho. Na Harvard Business School, o trabalho de Anita Elberse sobre a Cauda Longa na Netflix e em DVDs foi muito útil, e mal posso esperar por sua publicação e por trabalhos futuros com ela.

Na Stanford Business School, o professor Haim Mendelson permitiu-me fazer uma apresentação a uma de suas turmas e adotou a Cauda Longa como tema de pesquisa. Em conseqüência, tive a sorte de trabalhar com seus alunos Angie Shelton, Natalie Kim, Saloni Saraiya e Bethany Poole, que escreveram os estudos de casos da Yahoo! Music e da eBay. Na pesquisa sobre a eBay, também contamos com a ajuda da Terapeak, que forneceu dados de importância imensurável sobre a Cauda Longa dos compradores e vendedores naquele mercado. E na Universidade da Califórnia, Berkeley, o economista Hal Varian foi fonte de idéias e conceitos, além de inspirar-me a considerar novos ângulos e a adotar maior rigor.

Um dos primeiros mananciais de dados, além de exemplo contínuo de melhor prática na Cauda Longa, é a Rhapsody, da RealNetworks. Rob Glaser e Matt Graves sempre foram fontes de ajuda e de estímulo, pelo que serei eternamente grato. Reed Hastings, CEO da Netflix, foi não só um dos apoiadores pioneiros e profuso fornecedor de dados, mas também quem observou que minha expressão "Cauda Longa" poderia ter pernas, o que de fato revelou muita sabedoria. Dave Goldberg, da Yahoo! ajudou-me com idéias sobre a indústria de música, e Bill Fisher, da DVDStation, ofereceu-me dados e sabedoria sobre as mudanças no modelo econômico do DVD. E Robbie Vann-Adibé, ex-Ecast, merece agradecimentos especiais por iniciar-me nessa questão.

Entre os pensadores e escritores que contribuíram para este livro com palavras e com idéias destacam-se Umair Haque, que ajudou-me tremendamente com a seção de House Music; Glenn Fleishman, que muito contribuiu para as partes sobre a Amazon; Andrew Blau, da GBN, que ajudou-me a refletir sobre a Cauda Longa, sob a perspectiva de incentivos; Rob Reid, cujos e-mails longos e brilhantes sobre as mudanças no modelo econômico do entretenimento não deixei de citar em extensas transcrições; e Kevin Laws, cujos primeiros insights sobre o poder de uma massa de nichos influenciaram o artigo original.

Meu agente, John Brockman, não só foi notável caixa de ressonância e conselheiro, mas também convidou-me para seu mundo extraordinário de pensadores e cientistas, e incluo os muitos jantares e reuniões que desfrutei a seu convite entre algumas das mais interessantes de minha vida. Meu editor na Hyperion, Will Schwalbe, foi de enorme ajuda no foco do livro; sua atual estrutura se deve em grande parte a seus sábios conselhos; e para a conclusão do trabalho muito contribuíram seu constante entusiasmo e sua orientação amável.

Meus pais merecem agradecimentos especiais. Meu pai, Jim Anderson, por mostrar-me a importância de uma visão global e da honestidade intelectual. Minha mãe, Carlotta Anderson, por inspirar-me com rigor retórico e curiosidade ilimitada.

A pesquisa sobre a indústria livreira situou-se entre as mais difíceis, pois a fonte ideal de dados (os registros de vendas da Amazon) não estava disponível e fomos forçados a fazer a engenharia reversa de boa parte do trabalho, com base em dados de terceiros. Por isso, devo agradecimentos especiais a Morris Rosenthal e a Tim O'Reilly. Finalmente, obrigado a John Battelle, autor de *A busca*, cujo exemplo de como divulgar em blog um livro em andamento inspirou-me a lançar thelongtail.com, que tem sido manancial inquantificável de boas idéias, conselhos, dados e sabedoria de meus milhares de leitores inteligentes, os quais merecem o último de meus mais sinceros agradecimentos.

SUMÁRIO

INTRODUÇÃO

Nos Estados Unidos, o acompanhamento das listas de campeões de vendas é obsessão nacional. Exaurimo-nos na busca dos grandes hits – produzindo-os, identificando-os, conversando sobre eles e seguindo sua ascensão e queda. Todo fim de semana é uma corrida frenética aos grandes sucessos de bilheteria e toda noite de quinta-feira é uma luta darwiniana para encontrar o programa de TV mais apto à sobrevivência e esperar que ele dure até o próximo fim de semana. Poucas músicas que se destacam nas paradas são presenças constantes nas emissoras, enquanto os executivos da indústria de entretenimento suam a camisa em busca da próxima grande mina.

Esse é o mundo construído pelos arrasa-quarteirão. A mídia de massa e a indústria do entretenimento cresceram nos últimos cinqüenta anos nas costas dos campeões de bilheteria, dos discos de ouro e dos níveis de audiência de dois dígitos. Não admira que os grandes sucessos sejam as lentes através das quais observamos nossa própria cultura. Definimos nossa era em função de nossas celebridades e dos produtos de mercado de massa – esses são os tecidos conjuntivos de nossa experiência comum. O sistema de produção de estrelas inaugurado por Hollywood oito décadas atrás invadiu todos os cantos do comércio, desde as sapatarias até os grandes restaurantes. Nossos meios de comunicação estão obcecados pelo que é quente. Em resumo, os hits *imperam*.

No entanto, observe com um pouco mais de cuidado e você verá que este quadro, que emergiu como algo inédito com as emissoras de rádio e televisão do pós-guerra, está começando a desbotar nas margens. Os grandes sucessos, por incrível que pareça, já não arrasam quarteirões. O campeão é ainda campeão, mas as vendas daí resultantes perderam o viço do passado.

Quase todos os cinqüenta álbuns musicais mais vendidos de todos os tempos foram gravados nas décadas de 1970 e 1980 e nenhum deles é dos últimos cinco anos. A receita dos campeões de bilheteria de Hollywood diminuiu em dois dígitos em 2005, refletindo a realidade de que a quantidade de pessoas que vão a cinemas está caindo, apesar do aumento da população.

Todos os anos, as grandes redes de televisão perdem cada vez mais público para as centenas de canais a cabo que se concentram em nichos do mercado. Os homens de 18 a 34 anos, o público mais almejado pelos anunciantes, está começando a desligar de vez a televisão, dedicando parcelas cada vez maiores do tempo que passam diante de telas eletrônicas à Internet e a videogames. Os índices de audiência dos principais programas de televisão estão caindo há décadas e o que se situa no topo da lista hoje não se incluiria entre os dez de maior sucesso da década de 1970.

Em resumo, embora ainda estejamos obcecados pelos sucessos do momento, esses hits já não são mais a força econômica de outrora. Mas para onde estão debandando aqueles consumidores volúveis, que corriam atrás do efêmero? Em vez de avançarem como manada numa única direção, eles agora se dispersam ao sabor dos ventos, à medida que o mercado se fragmenta em inúmeros nichos. A única grande área em crescimento acelerado é a Internet, mas nesse caso trata-se de um oceano sem categoria própria, com milhões de destinos, cada um desafiando, à sua maneira, a lógica convencional da mídia e do marketing.

A ITUNES MATOU AS ESTRELAS DE RÁDIO

Sou de uma época em que a cultura de massa estava no apogeu – as décadas de 1970 e 1980. O adolescente típico tinha acesso a meia dúzia de canais de TV e praticamente todos viam os mesmos programas. Em qualquer cidade, havia três ou quatro estações de rádio que impunham boa parte das músicas escutadas por todos. Apenas algumas crianças com mais sorte e mais dinheiro tinham suas próprias coleções de discos que iam um pouco mais longe.

Assistíamos aos mesmos filmes de grande sucesso nos cinemas e recebíamos nossas notícias pelos mesmos jornais e noticiários. Quase os únicos lugares em que se podia escapar da tendência dominante eram as bibliotecas e as bancas de jornais. Tanto quanto me lembro, praticamente as únicas fontes de cultura disponíveis, além dos mananciais de massa, eram os livros e as iniciativas de nosso grupo de amigos, que mal ultrapassavam as fronteiras de nossos quintais.

Compare minha adolescência com a de Ben, garoto de 16 anos que cresceu com a Internet. Ele é filho único de pais ricos e reside na elegante North Berkeley Hills. Nessas condições, tem um Mac em seu quarto, um iPod com tudo a que tem direito, uma verba semanal para baixar músicas pela iTunes e um grupo de amigos com os mesmos privilégios. Como o resto de seus amigos adolescentes, nunca conheceu o mundo sem banda larga, telefones celulares, MP3s, TiVo e compras on-line.

O principal efeito de toda essa conectividade é acesso ilimitado e sem restrições a culturas e a conteúdos de todas as espécies, desde a tendência dominante até os veios mais remotos dos movimentos subterrâneos. Ben está crescendo num mundo diferente daquele em que fui criado, um mundo muito menos dominado por qualquer dos meios de comunicação e das indústrias de entretenimento tradicionais. Caso você não se reconheça nas próximas páginas deste livro, imagine-se no lugar de Ben. A realidade dele é a vanguarda avançada do nosso futuro.

Sob a perspectiva de Ben, o panorama cultural é um contínuo sem fronteiras de alto a baixo, com conteúdo amador e profissional competindo em igualdade de condições pela atenção dele. Ele simplesmente não distingue entre os hits populares e os nichos subterrâneos – apenas escolhe aquilo de que gosta mais de um menu infinito, no qual os filmes de Hollywood e os vídeos domésticos aparecem lado a lado nas mesmas listas.

Ben vê televisão apenas durante cerca de duas horas por semana, principalmente *West Wing* (que ele grava para assistir a qualquer hora) e *Firefly*, seriado espacial já encerrado que ele armazenou em seu TiVo. Ele também inclui como televisão os animês que baixa com o BitTorrent, tecnologia de compartilhamento de arquivo peer-to-peer (P2P),* por terem sido transmitidos de início pela televisão japonesa (as legendas em inglês geralmente são editadas pelos fãs).

---

* *Nota do Tradutor:* "Geralmente, uma rede Peer-to-Peer (P2P) é constituída por computadores ou outros tipos de unidades de processamento que não possuem um papel fixo de cliente ou servidor, pelo contrário, costumam ser considerados de igual nível e assumem o papel de cliente ou de servidor dependendo da transação iniciada ou recebida de um outro peer da mesma rede" (Wikipedia).

Quando se trata de filmes, como ele é fã de ficção científica, não consegue escapar do circuitão. A nova série *Guerra nas Estrelas* é sua grande paixão, do mesmo modo como *Matrix*. Mas também vê filmes que baixa pela Internet, como machinimas de amadores (filmes feitos por meio do controle de personagens de videogames) e produções independentes, como *Star Wars Revelations*, tributo de um fã com efeitos especiais que rivalizam com os originais de Lucas.

Algumas das músicas em seu iPod são baixadas da iTunes, mas a maioria é obtida com os amigos. Quando alguém do grupo compra um CD, quase sempre ele ou ela faz cópias para todo o mundo. A preferência de Ben é quase sempre por rock clássico – Led Zeppelin e Pink Floyd – com algumas pitadas de trilhas sonoras de videogames. A única ocasião em que ouve rádio é quando os pais sintonizam alguma emissora no carro.

As leituras de Ben abrangem romances baseados em *Guerra nas Estrelas* e mangás japoneses, com grandes doses de quadrinhos baixados da Internet. Ele, como alguns de seus amigos, está de tal forma imerso na subcultura japonesa, que optou por aprender japonês no colégio. Nos meus tempos de escola, as crianças estudavam japonês porque o Japão era a potência econômica dominante e esperava-se que boas noções do idioma do país abririam oportunidades profissionais. Hoje, as crianças estudam japonês para que possam criar seus próprios subtítulos de animês e ir mais fundo nos mangás do que o material traduzido para o circuitão.

Ben passa on-line boa parte de seu tempo livre, surfando sem destino na Internet ou participando de fóruns de usuários, como o Halo, ou de sites de discussão sobre *Star Wars*. Não está interessado em notícias – não lê jornais e não vê noticiários de TV –, mas acompanha os bate-papos mais atualizados sobre tecnologia e subcultura, como Slashdot (novidades geek) e Fark (notícias inusitadas). Troca mensagens instantâneas o tempo todo com seus dez amigos mais próximos. Não usa muito o celular para textos, mas alguns de seus amigos têm esse hábito. (As mensagens de texto são a alternativa preferida por quem passa muito tempo na rua; MI é o canal de bate-papo favorito de quem tende a ficar muito tempo trancado no quarto.) Joga videogames com os amigos, quase sempre on-line. E acha que Halo 2 é o máximo, principalmente nos níveis modificados pelos usuários.

Se eu tivesse nascido 25 anos mais tarde, eu seria muito parecido com Ben. A principal diferença entre ele e eu, quando adolescente, é simplesmente a variedade de escolhas. Eu estava limitado ao que era divulgado pelo rádio e pela televisão. Ele tem a Internet. Eu não tinha TiVo (nem mesmo TV a cabo); ele tem tudo isso e também BitTorrent. Eu não tinha nem idéia de que havia alguma coisa como mangá, muito menos como ter acesso a algo parecido. Ben conta com tudo isso ao seu alcance. Será que eu teria visto as reprises de "A Ilha dos Birutas" se, em vez disso, eu fosse capaz de reunir um grupo de amigos em World of Warcraft on-line? Duvido.

Os programas de televisão eram mais populares na década de 1970 do que são hoje, não porque eram melhores, mas porque tínhamos menos alternativas para competir pela atenção que dedicávamos à tela. O que supúnhamos ser a maré montante da cultura de massa tinha menos a ver com o triunfo do talento de Hollywood e mais com o espírito de rebanho da transmissão por broadcast.

A grande vantagem do broadcast é sua capacidade de levar um programa a milhões de pessoas com eficiência sem igual. Mas não é capaz de fazer o oposto – levar um milhão de programas para cada pessoa. No entanto, isso é exatamente o que a Internet faz tão bem. A economia da era do broadcast exigia programas de grande sucesso – algo grandioso – para atrair audiências enormes. Hoje, a realidade é a oposta. Servir a mesma coisa para milhões de pessoas ao mesmo tempo é demasiado dispendioso e oneroso para as redes de distribuição destinadas a comunicação ponto a ponto.

Ainda existe demanda para a cultura de massa, mas esse já não é mais o único mercado. Os hits hoje competem com inúmeros mercados de nicho, de qualquer tamanho. E os consumidores exigem cada vez mais opções. A era do tamanho único está chegando ao fim e em seu lugar está surgindo algo novo, o mercado de variedades.

Este livro é sobre esse mercado.

O estilhaçamento da tendência dominante em zilhões de fragmentos culturais multifacetados é algo que revoluciona em toda a sua extensão os meios de comunicação e a indústria do entretenimento. Depois de décadas de refinamento da capacidade de criar, selecionar e promover grandes sucessos, os hits já não são suficientes. O público está mudando para algo diferente, a proliferação caótica e emaranhada de... Bem, ainda não temos um termo adequado para esses não-hits. Decerto, não são "fracassos", pois, para começar, a maioria não buscava a dominação mundial. São "tudo o mais".

É estranho que essa deva ser uma categoria negligenciada, pois, afinal de contas, estamos falando da grande maioria de tudo. A maioria dos filmes não é sucesso de bilheteria, a maioria das músicas não alcança as paradas de sucesso, a maioria dos livros não é de best-sellers e a maioria dos programas de televisão nem é avaliada com base em índices de audiência nem se destina ao horário nobre. No entanto, muitas dessas produções atingem milhões de pessoas em todo o mundo. Apenas não são hits e, como tal, não são importantes.

Mas é nesses estilhaços que explodem os antes uniformes mercados de massa. A simples imagem dos poucos grandes sucessos considerados importantes e tudo o mais que era irrelevante estão compondo um mosaico confuso de uma multidão de minimercados e microestrelas. Cada vez mais o mercado de massa se converte em massa de nichos.

Essa massa de nichos sempre existiu, mas, com a queda do custo de acessá-la – para que consumidores encontrem produtos de nicho e produtos de nicho encontrem consumidores –, ela, de repente, se transformou em força cultural e econômica a ser considerada.

O novo mercado de nichos não está substituindo o tradicional mercado de hits, apenas; pela primeira vez, os dois estão dividindo o palco. Durante um século, fomos muito seletivos em nossas triagens e só deixávamos passar o que tinha condições de se transformar em campeão de venda, para utilizar da maneira mais eficiente possível as dispendiosas prateleiras, telas, canais e atenção. Agora, numa nova era de consumidores em rede, na qual tudo é digital, a economia da distribuição está mudando de forma radical, à medida que a Internet absorve quase tudo, transmutando-se em loja, teatro e difusora, por uma fração mínima do custo tradicional.

Reflita sobre esses custos de distribuição em queda como uma linha de flutuação declinante ou como o nível das águas na maré vazante. À medida que baixam, surgem novas terras que estavam lá desde o início, apenas submersas. Esses nichos são um vasto território ainda não mapeado, com enorme variedade de produtos, cuja oferta até então era antieconômica. Muitos desses produtos nesse novo mercado estavam lá havia muito tempo, mas não eram visíveis ou prontamente identificáveis. São os filmes que não chegam aos cinemas de bairro, as músicas que não tocam nas emissoras de rádio locais ou os equipamentos esportivos que não se encontram no Wal-Mart. Agora, tudo isso está disponível via Netflix, iTunes, Amazon ou somente em alguma área mais remota, desbravada pelo Google. O mercado invisível tornou-se visível.

Outros produtos de nicho são novos, lançados por uma indústria emergente, na interseção entre os mundos comercial e não-comercial, terra pouco conhecida onde é difícil dizer até que limites se aventuram os profissionais e a partir de que ponto só se arriscam os amadores. Esse é o mundo dos bloggers, dos cineastas amadores, das bandas de garagem, que de repente encontram seu público, graças à mesma economia invisível da distribuição digital.

A REGRA DOS 98%

A origem deste livro foi um erro que cometi num teste. Uma de minhas atribuições como diretor da revista *Wired* é dar palestras sobre tendências da tecnologia. Como comecei minha carreira no mundo da ciência e depois aprendi economia na revista *The Economist*, busco as tendências primeiro nos dados concretos. E, felizmente, nunca se dispôs de tantos dados. Os segredos da economia do século XXI se escondem nos servidores das empresas que nos cercam, desde a eBay até o Wal-Mart. Embora nem sempre seja fácil conseguir os números brutos, os executivos dessas empresas nadam nesses dados todos os dias e desenvolvem intuição muito aguçada sobre o que é e não é significativo. Portanto, o segredo para identificar tendências é conversar com eles.

Foi o que eu estava fazendo em janeiro de 2004, no escritório de Robbie Vann-Adibé, CEO da Ecast, espécie de "jukebox digital". As empresas desse tipo geralmente são como jukeboxes comuns – "vitrolas" automáticas ou grandes caixas com alto-falantes e luzes piscantes, comuns em alguns bares – com a diferença de que, em vez de centenas de CDs, elas oferecem, via conexão em banda larga com a Internet, milhares de músicas que podem ser baixadas e armazenadas em discos rígidos locais.

Durante nossa conversa, Vann-Adibé desafiou-me a estimar a porcentagem dos 10 mil álbuns disponíveis na jukebox que vendiam pelo menos uma trilha por trimestre.

Evidentemente, eu sabia que aquela era uma pergunta ardilosa. A resposta normal seria 20%, por causa da regra dos 80/20, que, com base em nossa experiência convencional, se aplica a praticamente tudo. Ou seja, 20% dos produtos respondem por 80% das vendas (e geralmente por 100% dos lucros).

Porém, meu interlocutor atuava no mundo do conteúdo digital, que é diferente do universo tradicional. Portanto, achei que não me sairia muito mal se desse o palpite de que cerca de 50% daqueles 10 mil álbuns vendiam pelo menos uma faixa por trimestre.

À primeira vista, essa proporção é absurdamente alta. Metade dos 10 mil livros mais importantes de uma livraria típica não vende um exemplar por trimestre. O mesmo se aplica aos 10 mil CDs mais vendidos do Wal-Mart. Na verdade, o Wal-Mart nem tem essa variedade de CDs. É difícil imaginar algum mercado em que uma porcentagem tão elevada de um grande estoque atinge esse volume de vendas. No entanto, minha idéia era a de que no mundo digital a coisa era diferente. Portanto, chutei um número muito alto.

Não precisa dizer que eu estava muito longe da realidade. A resposta certa era 98 por cento

"É impressionante, não é?", observou Vann-Adibé. "Todo mundo erra nisso." Até mesmo ele ficara perplexo. À medida que a empresa adicionava novos títulos às suas coleções, bem além dos níveis de estoque da maioria das lojas, entrando cada vez mais fundo nos nichos e nas subculturas, as vendas aumentavam cada vez mais. E quanto maior a variedade, maiores as vendas. A demanda por músicas que não estão nas paradas de sucesso parece ilimitada. É verdade que essas músicas não são vendidas em grandes volumes, mas sempre sai alguma coisa. E como elas não passam de bits num banco de dados, cujo armazenamento e entrega custam praticamente nada, a soma dessas pequenas quantidades acaba gerando volumes significativos.

Vann-Adibé descobrira que o mercado agregado para músicas de nicho era enorme e efetivamente sem fronteiras. E denominou essa situação de "Regra dos 98%". Tempos depois, ele me disse mais ou menos o seguinte: "Num mundo em que o custo da embalagem é praticamente zero, com acesso imediato a praticamente qualquer conteúdo nesse formato, os consumidores apresentam um comportamento consistente: olham para praticamente tudo. Acho que isso exige grandes mudanças por parte dos produtores de conteúdo – apenas não sei que mudanças são essas!"

Parti em busca das respostas. Constatei que essa estatística antiintuitiva envolvia uma verdade inquestionável sobre a economia do entretenimento na era digital. Em face da oferta ilimitada, nossos pressupostos sobre os papéis relativos dos hits e dos nichos estavam absolutamente errados. A escassez exige grandes sucessos – se existe pouco espaço nas prateleiras ou nas ondas de broadcast, o único procedimento sensato é enchê-las com os títulos que venderão mais. E se essa for a única oferta, só se comprará isso.

Mas e se o espaço for infinito? Nesse caso, os hits talvez sejam a maneira errada de encarar os negócios. Afinal, os não-hits são muito mais numerosos do que os hits, e agora ambos estão igualmente disponíveis. E se os não-hits – desde produtos de nicho promissores até fracassos inevitáveis – todos juntos vierem a constituir um mercado tão grande quanto o dos hits – se não maior? A resposta para isso era clara: transformaria radicalmente alguns dos maiores mercados do mundo.

Assim, iniciei um projeto de pesquisa que me levaria a todos os líderes da nova indústria do entretenimento digital, da Amazon até a iTunes. Onde quer que eu fosse, a história era a mesma: os hits são ótimos, mas os nichos estão emergindo como novo grande mercado. A Regra dos 98% revelou-se quase universal. A Apple afirmou que cada uma das então um milhão de faixas da iTunes havia sido vendida pelo menos uma vez (agora seu estoque de músicas é o dobro). A Netflix estimou que 95% de seus 25 mil DVDs (agora são 55 mil) eram alugados no mínimo uma vez por trimestre. A Amazon não forneceu números exatos, mas pesquisas acadêmicas independentes sobre suas vendas de livros sugeriram que 98% de seus 100 mil livros mais importantes geraram pelo menos uma venda por trimestre.

Cada empresa estava impressionada com a demanda que vinha constatando em categorias até então consideradas abaixo do mínimo economicamente viável, desde DVDs de séries de televisão inglesas, que estão despontando como extremamente populares na Neftlix, até os velhos sucessos de artistas que hoje estão nas paradas de sucesso da iTunes. Percebi que, pela primeira vez, eu estava observando a verdadeira forma da curva de demanda de nossa cultura, sem os filtros da escassez econômica.

Essa forma é, para ser claro, realmente inusitada. Imaginar que basicamente tudo encontra comprador é de fato muito estranho. E a razão de tanta perplexidade é que geralmente não pensamos em uma unidade por trimestre. Quando nos referimos ao varejo tradicional, a primeira coisa que nos vem à mente é o que gerará grandes volumes de vendas. Não se está muito interessado nas vendas ocasionais, porque no varejo tradicional um CD que vende apenas uma unidade por trimestre consome exatamente o mesmo espaço de prateleira de outro CD que vende mil unidades no mesmo período. E esse espaço tem valor – aluguel, despesas indiretas, custo de pessoal etc. – a ser remunerado por certo número de giros de estoque por mês. Em outras palavras, os CDs que vendem uma ou duas cópias por trimestre desperdiçam espaço.

No entanto, quando esse espaço não custa nada, de repente há como aproveitar essas vendas infreqüentes, e também elas passam a ter valor. Esse foi o insight que resultou na Amazon, na Netflix e em todas as outras empresas já mencionadas. Todas elas concluíram que a economia do varejo on-line era capaz de prosseguir, mesmo nos pontos em que a economia do varejo tradicional perdia a força. Os produtos menos procurados continuavam vendendo pouco, mas eles eram tão numerosos que, no todo, constituíam um grande negócio.

Durante a primeira metade de 2004, detalhei minha pesquisa em palestras, cada uma delas contribuindo para o desenvolvimento da tese. De início, o título das conferências era "A regra dos 98%". Depois, passou a chamar-se

"Novas regras para a nova economia do entretenimento" (sem dúvida, produto de um de meus momentos de pouca inspiração).

Mas, naquela altura, eu já tinha alguns dados concretos, graças à Rhapsody, empresa de música on-line, que me forneceu um mês de informações sobre preferências dos clientes, as quais, depois de lançadas em gráfico, produziram uma curva diferente de tudo que eu já tinha visto antes.

Ela começava como qualquer outra curva de demanda, classificada por popularidade. Alguns grandes sucessos, baixados com enorme freqüência, formavam o cocuruto da curva, que logo despencava num precipício, com as faixas menos populares. Porém, o mais interessante, é que ela nunca chegava a zero. Eu chegava à 100.000ª faixa, entrava mais fundo, e as baixas por mês ainda estavam na casa dos milhares. E a curva continuava descendo: 100 mil, 300 mil, 400 mil faixas – nenhuma loja jamais poderia estocar tanta música. No entanto, não importa o quanto eu descesse, sempre havia demanda. Já muito longe na curva, as faixas eram baixadas apenas quatro ou cinco vezes por mês, mas a curva ainda não estava em zero.

Em estatística, curvas como essa são denominadas "distribuições de cauda longa", pois seu prolongamento inferior é muito comprido em relação à cabeça. Assim, tudo que fiz foi concentrar-me na cauda em si, batizar o conceito com um nome adequado, dando à luz "A Cauda Longa". Seu primeiro vagido se ouviu no slide 20 de minha palestra "Novas Regras". Acho que foi Heed Hastings, CEO da Netflix, quem me convenceu que eu estava enterrando minha pista. No início do verão de 2004, "A Cauda Longa" (The Long Tail) já não era apenas o título de minhas palestras; estava quase terminando um artigo com o mesmo título para a minha própria revista.

Quando "The Long Tail" foi publicado na *Wired*, em outubro de 2004, o artigo logo se tornou a matéria mais citada da revista em todos os tempos. As três principais observações: (1) a cauda das variedades disponíveis é muito mais longa do que supomos; (2) ela agora é economicamente viável; (3) todos esses nichos, quando agregados, podem formar um mercado significativo – pareceram inquestionáveis, sobretudo com o respaldo de dados até então desconhecidos.

CAUDAS POR TODA PARTE

Um dos aspectos mais estimulantes da intensa reação ao artigo original foi a variedade de setores em que a tese teve ressonância. Esse primeiro artigo resultou de uma análise da nova economia das indústrias de entretenimento e de mídia. Apenas ampliei um pouco a idéia, ao mencionar, de passagem, que empresas como eBay (produtos usados) e Google (pequenos anunciantes) também eram negócios de Cauda Longa. Os leitores, contudo, viram caudas longas em todos os lugares, como em política e em relações públicas, em partituras musicais e em jogos universitários.

O que o público captou por intuição foi que os novos níveis de eficiência em distribuição, fabricação e marketing estavam mudando os critérios de viabilidade comercial. A principal característica dessas forças é sua capacidade de converter clientes, produtos e mercados deficitários em lucrativos. Embora o fenômeno seja mais evidente em entretenimento e mídia, é fácil estender o conceito à eBay, para observar seu funcionamento de maneira mais ampla, abrangendo carros e ferramentas.

Sob uma perspectiva mais genérica, logo fica claro que a idéia da Cauda Longa tem a ver, realmente, com a economia da abundância – o que acontece quando os gargalos que se interpõem entre a oferta e demanda em nossa cultura começam a desaparecer e tudo se torna disponível para todos.

Geralmente me perguntam que categorias de produtos não se incluem na economia da Cauda Longa. Quase sempre minha resposta é que seria alguma mercadoria não diferenciada, em que a variedade é não só inexistente, mas também indesejável. Como, por exemplo, farinha, que, como me lembro, era vendida nos supermercados, em grandes sacos, com o rótulo "Farinha". Até que, por acaso, entrei em nossa loja local da rede Whole Foods, especializada em alimentos orgânicos e naturais, e constatei como eu estava errado: hoje, esse supermercado oferece mais de vinte tipos diferentes de farinha, desde produtos básicos, como de trigo integral e variedades orgânicas, até alternativas exóticas, como de amaranto e farinhas de milho especiais. Por mais incrível que pareça, até a farinha já tem a sua Cauda Longa.

A afluência crescente dos Estados Unidos permitiu que os americanos não mais enfatizassem em suas compras a busca de produtos com marca (ou mesmo sem marca) de baixo preço, para se transformarem em *miniconnoisseurs*, apurando suas preferências com milhares de pequenas auto-indulgências, que os distinguem de outros povos. Hoje, os consumidores americanos adotam vários comportamentos de consumo, batizados com termos deliberadamente contraditórios, como "massclusivity" (massaclusividade, exclusividade em massa), "narrowcasting" (em oposição a broadcasting), "mass customization" (personalização ou customização em massa). Tudo isso aponta na mesma direção: mais Caudas Longas.

PRÉ-ESTRÉIA DA ECONOMIA DO SÉCULO XXI

Este livro é, em parte, um projeto de pesquisa econômica, com a ajuda e a participação de alunos e professores das escolas de negócios de Stanford, MIT e Harvard. Também é o fruto de mais de cem palestras, de sessões de brainstorming e de visitas físicas a empresas e a grupos setoriais que estão vendo a Cauda Longa mudar seus mundos. E ainda é produto da colaboração com dezenas de empresas e de executivos que comigo compartilharam muitos megabytes de dados internos, proporcionando-me visão sem precedentes da microeconomia de mercados emergentes na era on-line.

O mais fascinante neste momento é que a economia do século XXI já está esboçada de maneira evidente nos bancos de dados das Googles, Amazons, Netflixes e iTunes da vida, em cujos muitos terabytes sobre comportamentos dos usuários se encontra uma pista de como os consumidores atuarão nos mercados de escolhas infinitas, questão que até recentemente ainda não era significativa, mas cuja compreensão agora tornou-se fundamental.

O mais surpreendente é que muito poucos economistas estão observando esses dados, sobretudo porque nem mesmo se importaram em solicitá-los (a maioria dos acadêmicos com que trabalhei atuam em escolas de negócios, dos quais somente uns poucos são economistas). Embora haja algumas exceções – Hal Varian, economista da Universidade da Califórnia, Berkeley, trabalha em tempo parcial na Google; além disso, os economistas que estudam a teoria dos leilões evidentemente adoram a eBay –, elas são raras. Alguns dos dados deste livro nunca antes foram vistos à luz do dia.

Por se tratar de águas ainda não mapeadas, pedi a ajuda de especialistas de todos os rincões. Como experiência, tratei de algumas das questões conceituais e formais mais traiçoeiras em público, no meu blog em thelongtail.com. O processo costumeiro era mais ou menos o seguinte: eu divulgava, por exemplo, uma explicação mais ou menos semi-elaborada de como a regra dos 80/20 está mudando, e então dezenas de leitores inteligentes se manifestavam sob diferentes formas, por e-mails ou em seus blogs, sugerindo maneiras de aprimorar minhas idéias. De alguma maneira, esse brainstorming público um tanto precário atraía, em média, mais de 5 mil leitores por dia.

Em software, os programadores lançam versões preliminares (beta) de seus códigos para os usuários mais ansiosos. Em troca desse conhecimento privilegiado dos programas, tais usuários os testam em suas próprias máquinas, à sua maneira, e descobrem erros até então ignorados. Esses testes beta são fundamentais para a criação de aplicativos robustos. Minha esperança é que o mesmo processo – teste de tensão de muitas de minhas idéias em público – tenha resultado num livro melhor, ou pelo menos mais vigoroso.

Gostaria de observar aqui a diferença entre testar novas idéias em público, à semelhança dos testes beta de software, e efetivamente escrever um livro em público. Embora muita gente tenha tentado enfrentar o segundo desafio – mediante a divulgação on-line de minutas de capítulos e, às vezes, até abrindo o texto para revisão coletiva – optei por usar o blog principalmente como diário público do andamento de minhas pesquisas. A efetiva elaboração do livro, e a redação de quase todo o texto das páginas seguintes, foram conduzidas off-line.

Finalmente, gostaria de acrescentar uma nota sobre paternidade. Embora eu tenha cunhado o termo "The Long Tail" (Cauda Longa), não posso reivindicar qualquer crédito pelo desenvolvimento do conceito de usar a economia eficiente do varejo on-line para compor um grande estoque de itens com baixo volume de vendas. Essa proeza coube a Jeff Bezos, por volta dos idos de 1994. Devo boa parte do que aprendi às minhas conversas com ele, a seus colegas na Netflix e na Rhapsody e a outros que há anos estão atuando nessa área.

Esses empreendedores são os verdadeiros inventores das idéias aqui expostas. O que estou tentando fazer é sintetizar os resultados num referencial único. Obviamente, essa é a função da economia: ela busca desenvolver modelos simples e facilmente compreensíveis que descrevam os fenômenos do mundo real. O desenvolvimento desse arcabouço já é em si um avanço, embora seja algo que se esmaece diante das invenções originais de todos os que descobriram e analisaram o fenômeno em primeira mão.

1

A CAUDA LONGA

COMO A TECNOLOGIA ESTÁ CONVERTENDO O MERCADO DE MASSA EM MILHÕES DE NICHOS

Em 1988, um montanhista inglês, Joe Simpson, escreveu um livro intitulado *Tocando o vazio*, relato contundente de sua sobrevivência nos Andes peruanos, depois de um acidente. Apesar das resenhas favoráveis, o livro fez pouco sucesso e logo foi esquecido. Até que, anos depois, ocorreu algo inusitado. *No ar rarefeito,* de Jon Krakauer, outro livro trágico sobre montanhismo, tornou-se sensação no mundo editorial. E, de repente, *Tocando o vazio* começou a vender novamente.

A editora HarperCollins lançou às pressas nova edição do livro de Joe Simpson para atender à demanda. As livrarias começaram a promovê-lo ao lado de *No ar rarefeito* e as vendas se mantiveram em ascensão. Em princípios de 2004, a IFC Films lançou um docudrama sobre a história, também elogiado pela crítica. Pouco depois, a HarperCollins publicou nova edição revisada do livro, que passou 14 semanas na lista dos best-sellers do *New York Times*. Em meados de 2004, *Tocando o vazio* vendia mais do dobro de *No ar rarefeito*.

O que aconteceu? Divulgação boca a boca on-line. Por ocasião do lançamento de *No ar rarefeito*, alguns leitores enviaram resenhas para a Amazon.com, apontando as semelhanças com o então menos conhecido *Tocando o vazio*, que cobriram de elogios. Outros compradores leram essas resenhas, verificaram no site o livro mais antigo e o incluíram em seus carrinhos de compra. Em breve, o software da livraria on-line identificou padrões nos comportamentos de compra – "Os leitores que compravam *No ar rarefeito* também adquiriam *Tocando o vazio*" – e começou a recomendar os dois como par. As pessoas aceitaram a sugestão, demonstraram entusiasmo pelos livros, escreveram resenhas ainda mais empolgadas – e deflagrou-se um loop de feedback positivo.

O mais notável em tudo isso é que, quando o livro de Krakauer chegou às prateleiras, o de Simpson estava praticamente esgotado. Uma década atrás, os leitores de Krakauer nunca teriam tomado conhecimento do livro de Simpson – e, se por acaso soubessem de sua existência, não teriam como encontrá-lo. As livrarias on-line mudaram essa situação. Ao combinar espaço infinito nas prateleiras com informações em tempo real sobre tendências de compra e sobre a opinião de outros leitores, criaram todo o fenômeno de *Tocando o vazio*. Resultado: demanda crescente para um livro obscuro.

Essa característica não é exclusiva das livrarias on-line; é exemplo de um modelo econômico totalmente novo para as indústrias de mídia e de entretenimento, que está começando a ostentar seu poder. A seleção irrestrita está revelando verdades sobre *o que* os consumidores querem e *como* pretendem obtê-lo, em ampla gama de serviços – desde DVDs, na empresa de locação de vídeos Netflix, até músicas, na iTunes Music Store e na Rhapsody. Os consumidores estão mergulhando de cabeça nos catálogos, para vasculhar a longa lista de títulos disponíveis, muito além do que é oferecido na Blockbuster Vídeo e na Tower Records. E quanto mais descobrem, mais gostam da novidade. À medida que se afastam dos caminhos conhecidos, concluem aos poucos que suas preferências não são tão convencionais quanto supunham (ou foram induzidos a acreditar pelo marketing, pela cultura de hits ou simplesmente pela falta de alternativas).

Os dados sobre vendas e as tendências desses serviços e de outros semelhantes revelam que a economia emergente do entretenimento digital será radicalmente diferente da que caracterizava o mercado de massa. Se a indústria do entretenimento no século XX baseava-se em hits, a do século XXI se concentrará com a mesma intensidade em *nichos*.

Durante muito tempo, padecemos sob a tirania do mínimo divisor comum, sujeitos à estupidez dos sucessos de verão e dos produtos industrializados populares. Por quê? Economia. Muitos de nossos pressupostos sobre as tendências dominantes são, na verdade, conseqüências da incompatibilidade entre oferta e demanda – resposta do mercado a ineficiências na distribuição.

O principal problema, se essa for a palavra certa, é que vivemos no mundo físico e, até recentemente, o mesmo ocorria com a mídia de entretenimento. Essa realidade concreta impunha grandes limitações às nossas diversões.

A TIRANIA DA LOCALIDADE

O principal problema é a necessidade de encontrar públicos locais. A maioria dos cinemas não exibirá um filme se ele não for capaz de atrair pelo menos 1.500 pessoas em duas semanas. A receita daí decorrente é o mínimo necessário para cobrir os custos. Em geral, as lojas de CDs precisam vender pelo menos quatro exemplares de CD por ano para que compense mantê-lo em estoque – o custo de pouco mais de um centímetro em espaço de prateleira. O mesmo se aplica às lojas de aluguéis de DVDs, às lojas de DVDs, às livrarias e às bancas de jornal.

Em cada um desses casos, os varejistas se interessarão apenas pelo conteúdo capaz de gerar demanda suficiente para pagar os custos de estocagem. No entanto, essas lojas físicas podem contar apenas com a população local limitada – num raio de pouco mais de 15 quilômetros, para a maioria dos cinemas, menos do que isso, para lojas de CDs e livrarias, e ainda menos (talvez dois a três quilômetros) para locadoras de vídeo. Não basta que um ótimo documentário tenha audiência nacional de meio milhão; o que importa é quantas pessoas o verão ao norte de Rockville, Maryland, ou nos shoppings de Walnut Creek, Califórnia.

Muitos produtos de entretenimento de excelente qualidade, capazes de atrair grande público no âmbito geral, não conseguem superar as barreiras do varejo local. Por exemplo, *As bicicletas de Belleville*, filme de animação aclamado pela crítica e indicado para o Oscar de 2004 em sua categoria, foi lançado em apenas seis salas de projeção em todo o território dos Estados Unidos. Exemplo ainda mais marcante são as agruras de Bollywood na América. Todos os anos, a indústria cinematográfica da Índia produz mais de oitocentos filmes de longa metragem, para exibição pública. Cerca de 1,7 milhão de indianos vivem nos Estados Unidos. No entanto, o conceituado *Lagaan: Once Upon a Time in India* foi exibido em somente dois cinemas dos Estados Unidos. Além disso, destacou-se como um dos poucos filmes indianos que conseguiu entrar no circuitão americano naquele ano. Sob a tirania da geografia, público muito difuso e, por conseguinte, muito rarefeito é o mesmo que ausência de público.

Outra restrição do mundo físico é a física em si. O espectro das ondas de rádio comporta apenas algumas emissoras e o cabo coaxial admite somente tantos canais de TV. E, evidentemente, as programações podem estender-se por não mais do que 24 horas por dia. A maldição das tecnologias de broadcast é serem consumidoras perdulárias de recursos limitados. O resultado é mais um exemplo da necessidade de agregar grandes audiências em áreas geográficas limitadas – outra grande barreira que só é superada por pequena fração dos novos conteúdos.

No último século, a indústria do entretenimento encontrou uma solução fácil para essas restrições: o foco no lançamento de grandes sucessos. Afinal, os hits enchem cinemas, não param nas prateleiras e mantêm os ouvintes e espectadores sem mexer nos dials ou nos controles remotos. Na verdade, não há nada intrinsecamente errado nisso. Os sociólogos dirão que os hits são inerentes à psicologia humana – que são o efeito da combinação de conformismo e divulgação boca a boca. E, sem dúvida, boa parte dos hits fazem jus à fama: músicas arrebatadoras, filmes inspiradores e livros instigantes são capazes de atrair grande público.

No entanto, quase todos queremos mais do que apenas hits. As preferências de todas as pessoas em certos pontos se afastam da tendência dominante. Quanto mais exploramos as alternativas, mais somos atraídos pelas variantes. Infelizmente, nas últimas décadas, as alternativas foram relegadas às margens por poderosos veículos de marketing, feitos sob medida para indústrias que deles precisam como questão de vida ou morte.

A economia movida a hits, que analisaremos com mais profundidade nos próximos capítulos, é produto de uma era em que não havia espaço suficiente para oferecer tudo a todos: não se contava com bastantes prateleiras para todos os CDs, DVDs e videogames; com bastantes telas para todos os filmes disponíveis; com bastantes canais para todos os programas de televisão; com bastantes ondas de rádio para tocar todas as músicas; e muito menos bastantes horas no dia para espremer todas essas coisas em escaninhos predeterminados.

Esse é o mundo da *escassez*. Agora, com a distribuição e o varejo on-line, estamos ingressando no mundo da *abundância*. As diferenças são profundas.

MERCADOS SEM FIM

Para examinar com mais cuidado o mundo da abundância, voltemos à Rhapsody, o varejista de música on-line. Serviço por assinatura de fornecimento de música em tempo real (*streaming midia*), de propriedade da Real Networks, a Rhapsody oferece hoje mais de 1,5 milhão de faixas.

Quando se lançam num gráfico as estatísticas mensais da Rhapsody, obtém-se uma curva de demanda parecida com a de qualquer loja: enorme procura pelas principais faixas, a qual despenca abruptamente e se estende numa cauda cada vez mais baixa, abrangendo as músicas menos populares. Abaixo encontra-se um gráfico que representa as 25 mil faixas mais vendidas pela Rhapsody em dezembro de 2005.

Baixa de músicas pela Rhapsody (em número de títulos, equivalente ao estoque do Wal-Mart)

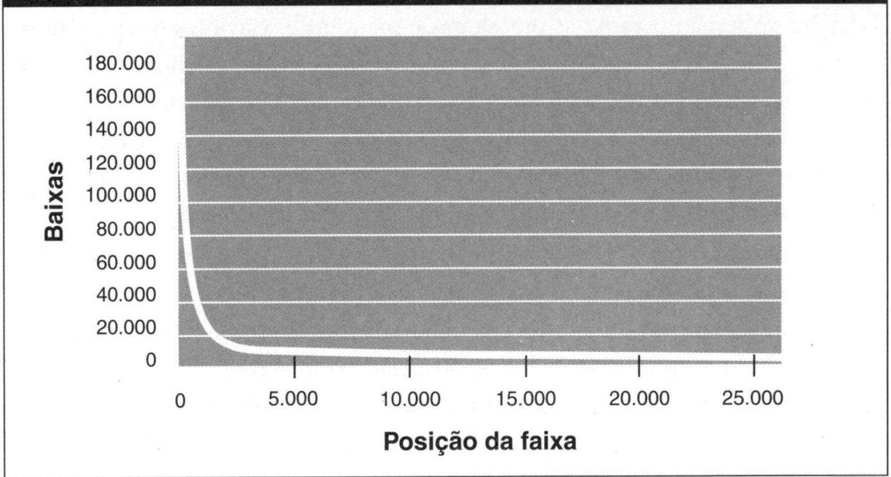

Logo se percebe que todas as ações parecem concentrar-se num número minúsculo de faixas, no lado esquerdo do gráfico, junto ao eixo vertical. Até aqui, nenhuma surpresa. Esses são os grandes sucessos. Caso se tratasse de uma loja de CDs, com espaço limitado nas prateleiras, seria natural que se definisse um ponto de corte não muito longe do pico.

Portanto, embora haja milhões de faixas no conjunto de catálogos de todas as etiquetas, o maior varejista de música nos Estados Unidos, o Wal-Mart, corta seu estoque muito perto do segmento fortemente descendente da curva, abrangendo cerca de 4.500 títulos de CDs. Na Rhapsody, os 4.500 principais álbuns abrangem cerca de 25 mil faixas, razão por que interrompo o gráfico nesse ponto. O que você está observando é o estoque do Wal-Mart, em que os 200 principais álbuns respondem por cerca de 90% das vendas.

Sem dúvida, concentrar-se nos sucessos parece fazer sentido. Afinal, aí se situa o grosso do mercado. O volume de vendas de qualquer coisa depois das principais 5 mil ou 10 mil faixas parece situar-se muito perto de zero. Por que se incomodar com esses fracassos que vendem tão pouco?

Em resumo, essa é a maneira como encarávamos o mercado no século passado. Cada varejista tem seu próprio limite econômico, mas todos definem algum ponto de corte em seus estoques. O que se espera que venda uma quantidade mínima é mantido em estoque; o resto fica fora. Em nossa cultura movida a sucessos, as pessoas se concentram obsessivamente no lado esquerdo da curva, na tentativa de adivinhar o que se aglomerará nesse pequeno espaço.

Mas façamos algo diferente. Depois de fixarmos o olhar durante um século no lado esquerdo da curva, viremos a cabeça para a direita. Sei que é um pouco desnorteante. Até parece que não tem nada lá, certo? Errado – olhe com mais cuidado. Um pouco mais de perto. Você observará duas coisas.

Primeiro, a linha não está bem em zero. Essa é a impressão inicial porque os sucessos comprimiram a escala vertical. Para conseguir uma visão melhor dos nichos, aproximemo-nos um pouco e olhemos além dos mais vendidos. O gráfico seguinte mostra outro segmento da curva mais à direita, da 25.000ª à 10.000ª faixa. Mudei a escala horizontal para que a linha não se perdesse na base do gráfico. Como se vê, ainda estamos falando de volumes significativos. Bem aqui no fundo, onde sempre supúnhamos que basicamente não houvesse demanda expressiva, as baixas ainda se situam na média de 250 por mês. E como os não-hits são tão numerosos, suas vendas, embora pequenas para cada faixa, rapidamente atingem volumes consideráveis. Aqui em baixo, a área sob a curva, onde sua linha, vista a distância, parece quase encostar no eixo horizontal, na verdade é responsável por cerca de 22 milhões de baixas por mês, quase um quarto do negócio total da Rhapsody.

Mas ela continua descendo (posições 25.000 a 100.000)

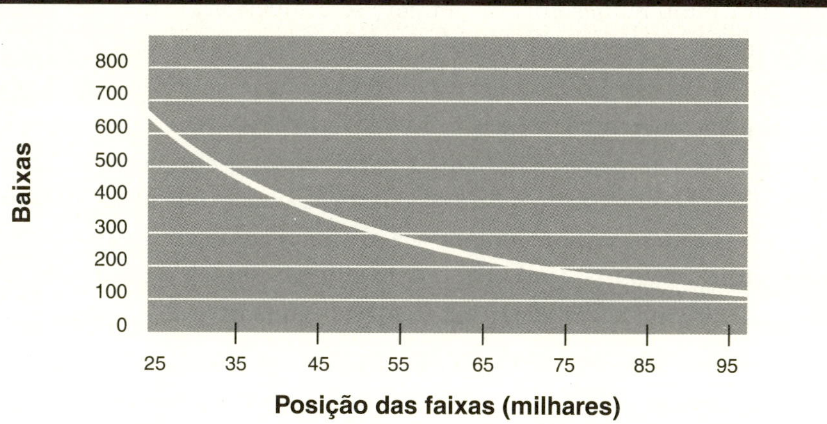

E a coisa não para aqui. Aproximemo-nos um pouco mais e vasculhemos a curva. Desta vez, chegaremos à extremidade final da cauda: posições 100 mil a 800 mil, a área das músicas que não são encontradas em nenhuma loja, a não ser nas mais especializadas.

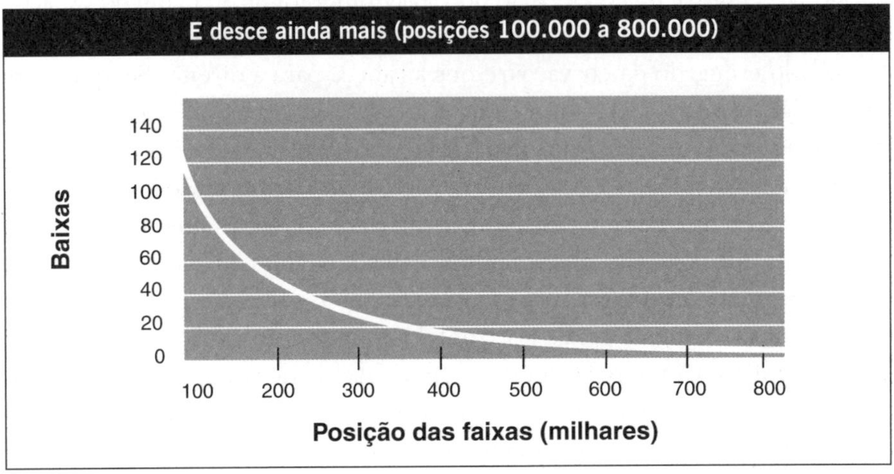

Como se vê, mesmo aqui a demanda ainda não é zero. Na verdade, a área sob esse segmento ainda abrange 16 milhões de baixas por mês, mais de 15% do total da Rhapsody. Individualmente, nenhuma dessas músicas é popular, mas elas são *tantas* que, no conjunto, compõem um mercado significativo. Hoje, a Rhapsody mantém em estoque cerca de 1,5 milhão de faixas, mas daqui a um ano o número provavelmente será superior a 2 milhões. Mais um ano, e talvez se chegue a 4 milhões.

O mais extraordinário é que se venderá praticamente cada uma dessas faixas. Sob a perspectiva de lojas como Wal-Mart, a indústria de música se limita a menos de 60 mil faixas. Contudo, para varejistas on-line, como Rhapsody, o mercado é aparentemente infinito. Sempre há alguém que baixa, pelo menos uma vez por mês, não só alguma de suas 60 mil faixas mais vendidas, mas também outras de suas 100 mil, 200 mil ou 400 mil faixas principais – e até suas 600 mil, 900 mil faixas mais importantes, e ainda mais do que isso.

E assim se forma a Cauda Longa.

Nela é possível encontrar *qualquer coisa*, como velhos sucessos, ainda lembrados com carinho por fãs dos bons tempos ou redescobertos por novos aficionados; as gravações ao vivo, as faixas que não fizeram tanto sucesso, as remixagens e, para espanto geral, até capas. Os nichos chegam às centenas, gêneros, dentro de gêneros, dentro de gêneros (imagine toda uma grande loja de CDs inteiramente dedicada às bandas de cabeludos da década de 1980 (*hair bands*) ou a músicas ambientais rítmicas (*ambient dub*). Também há bandas estrangeiras, cujos preços as tornavam inacessíveis nas prateleiras de importados, e bandas obscuras ou até etiquetas ainda mais desconhecidas – muitas das quais não têm força suficiente para entrar nas grandes lojas.

Ah, sim, também existe muito lixo na Cauda Longa. No entanto, mais uma vez, também se encontra muita porcaria até nos melhores álbuns, intercaladas entre as poucas faixas que tocam no rádio. Nos CDs, é preciso pulá-las, porém, on-line, é mais fácil evitá-las, pois é possível escolher apenas as melhores músicas, com a ajuda de recomendações personalizadas. Assim, ao contrário dos CDs – onde cada porcaria custa talvez pouco mais de 8% do preço de todo o álbum – todo lixo on-line é deixado de lado, sem fazer mal a ninguém, em algum servidor remoto, ignorado pelo mercado, que avalia as músicas por seus próprios méritos.

O verdadeiramente espantoso sobre a Cauda Longa é seu tamanho. Mais uma vez, quando se combina quantidade suficiente de não-hits, se está de fato criando um mercado que rivaliza com o dos hits. Veja o caso dos livros: em média, as lojas da Borders mantêm em estoque cerca de 100 mil títulos. No entanto, mais ou menos um quarto das vendas de livros da Amazon se situa fora de seus 100 mil principais títulos. Reflita sobre as implicações: se as estatísticas da Amazon de fato representarem algum parâmetro, o mercado de livros que nem mesmo são vendidos na maioria das livrarias já corresponde a um terço do mercado principal – e, o mais importante, está crescendo com rapidez. Caso se mantenha essa tendência de crescimento, o mercado potencial de livros talvez seja o dobro do que parece ser, bastando para isso que se explore a economia da escassez. Kevin Laws, capitalista de risco e ex-consultor da indústria de música, assim se manifesta: "O dinheiro de verdade está nas menores vendas."

O mesmo se aplica a outros mercados de Cauda Longa.

O novo mercado de crescimento acelerado: Produtos que não se encontram em lugar nenhum, a não ser on-line

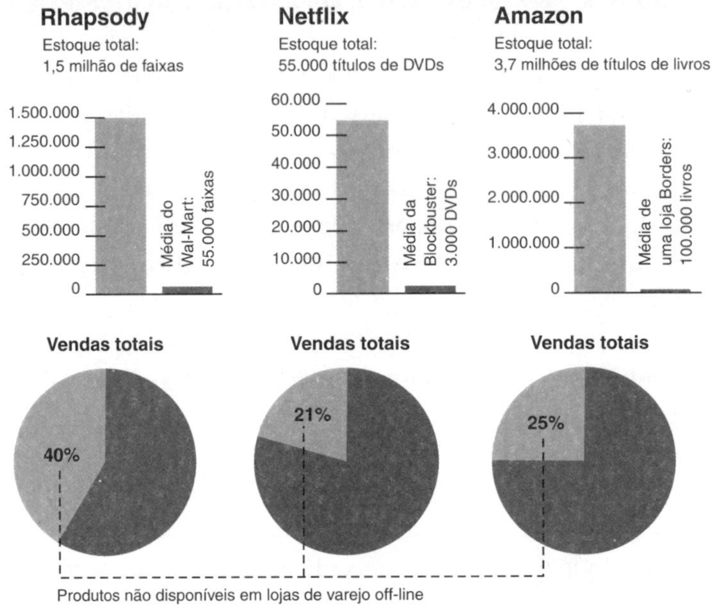

Quando se pensa no assunto, a maioria dos negócios de Internet bem-sucedidos de alguma maneira explora a Cauda Longa. O Google, por exemplo, ganha boa parte de seu dinheiro não com grandes empresas anunciantes, mas com a propaganda de pequenos negócios (a Cauda Longa da propaganda). Com a eBay ocorre basicamente o mesmo fenômeno – ela explora produtos de nicho, desde carros para colecionadores até tacos de golfe adaptados. Ao superar as limitações da geografia e da escala, empresas como essas não só expandem seus mercados, mas também, o mais importante, descobrem outros mercados inteiramente novos. Além disso, em todos os casos, esses mercados que se situam *fora* do alcance dos varejistas físicos se revelaram muito maiores do que seria de esperar – e se tornam cada vez mais vastos.

Com efeito, à medida que essas empresas ofereciam cada vez mais (simplesmente porque *podiam*), elas constatavam que a demanda efetivamente superava a oferta. A iniciativa de aumentar em muito as escolhas pareceu liberar a demanda por novas opções. Não importa que se trate de demanda latente, que já estava lá, ou de criação de nova demanda, ainda não sabemos. Mas o que sabemos é que, em relação às empresas sobre as quais dispomos de mais dados

– Netflix, Amazon e Rhapsody – as vendas de produtos *não oferecidos* pelos concorrentes de tijolo e argamassa se situaram entre um quarto e quase metade das receitas totais – e a porcentagem aumenta a cada ano. Em outras palavras, a parte de *crescimento mais acelerado* de seus negócios é a venda de produtos que não estão disponíveis nas lojas de varejo físicas tradicionais.

Esses novos negócios com espaço infinito nas prateleiras efetivamente aprenderam as lições da nova matemática: um número muitíssimo grande (os produtos que se situam na Cauda Longa) multiplicado por um número relativamente pequeno (os volumes de vendas de cada um) ainda é igual a um número muito grande. E, ainda mais uma vez, esse número muitíssimo grande está ficando cada vez maior.

Além disso, esses milhões de vendas marginais são um negócio eficiente e eficaz em relação ao custo. Sem precisar pagar espaço de prateleira – e, no caso de serviços puramente digitais, como a iTunes, nenhum custo de fabricação e quase nenhum custo de distribuição – a venda de um produto de nicho é apenas mais uma venda, com margens iguais ou melhores do que as dos hits. Pela primeira vez na história, os hits e os nichos estão em igualdade de condições econômicas, ambos não passam de arquivos em bancos de dados, ambos com iguais custos de carregamento e a mesma rentabilidade. De repente, a popularidade não mais detém o monopólio da lucratividade. A nova forma da cultura e do comércio é mais ou menos a seguinte:

Popularidade das músicas on-line (Dados da Rhapsody, dezembro de 2005)

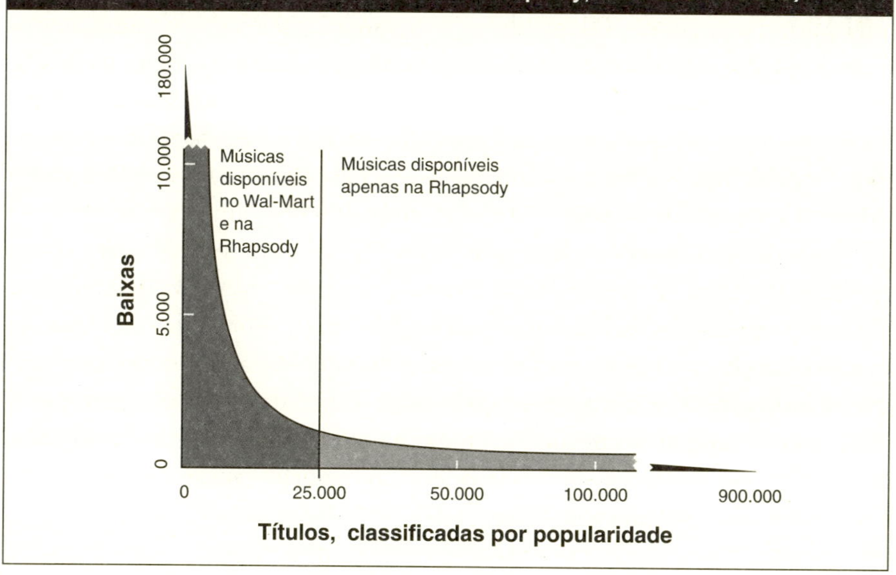

A MAIORIA OCULTA

Uma maneira de raciocinar sobre as diferenças entre as escolhas limitadas de ontem e a abundância de hoje é comparar nossa cultura com um oceano em que só aflorassem na superfície as ilhas de sucessos. Nele se avistam uma ilha de músicas feita apenas das mais ouvidas nas paradas de sucesso, uma ilha de filmes composta somente de campeões de bilheteria, um arquipélago de programas populares de TV do horário nobre e assim por diante

Imagine a linha de flutuação como sendo o limiar econômico da categoria, o volume de vendas necessário para satisfazer os canais de distribuição. As ilhas representam os produtos que são bastante populares para erguer-se além da superfície e, portanto, lucrativos o suficiente para serem oferecidos por meio de canais de distribuição com capacidade escassa, ou seja, o espaço de prateleira da maioria dos grandes varejistas. Perscrute o horizonte cultural e o que se destaca são os picos de popularidade elevando-se acima das ondas.

No entanto, as ilhas são, na verdade, apenas os cumes de grandes montanhas subterrâneas. Quando o custo de distribuição cai, é como se o nível da água baixasse no oceano. De repente, despontam na superfície áreas até então submersas. E o que está abaixo da linha d'água é muito maior do que à tona. Agora, à medida que os varejistas on-line exploram suas extraordinárias eficiências econômicas, começamos a divisar as encostas de grandes montanhas de escolhas, onde antes se avistava apenas o pico.

Hoje, mais de 99% dos CDs existentes no mercado não estão à venda no Wal-Mart. Dos mais de 200 mil filmes, programas de televisão, documentários e outros vídeos que foram lançados comercialmente, uma loja típica da Blockbuster oferece apenas três mil. O mesmo se aplica a outros importantes varejistas e a praticamente qualquer outro produto, desde livros até artefatos de cozinha. A grande maioria das mercadorias não está disponível nas lojas. Por necessidade, a economia do varejo tradicional, movida a hits, limita as escolhas.

Quando se é capaz de reduzir drasticamente os custos de interligar a oferta e a demanda, mudam-se não só os números, mas toda a natureza do mercado. E não se trata apenas de mudança quantitativa, mas, sobretudo, de transformação qualitativa. O novo acesso aos nichos revela demanda latente por conteúdo não-comercial. Então, à medida que a demanda se desloca para os nichos, a economia do fornecimento melhora ainda mais, e assim por diante, criando um loop de feedback positivo, que metamorfoseará setores inteiros – e a cultura – nas próximas décadas.

2

ASCENSÃO E QUEDA DOS CAMPEÕES DE VENDA

CULTURA EM PASSO DE GANSO É A EXCEÇÃO, NÃO A REGRA.

Antes da Revolução Industrial, quase todas as culturas eram locais. A economia era agrária, o que distribuía as populações com tanta dispersão quanto as terras disponíveis, e a distância dividia as pessoas. A cultura era fragmentada, gerando sotaques regionais e músicas folclóricas. A falta de meios de comunicação e de transportes rápidos limitava a miscigenação cultural e a propagação de novas idéias e tendências. Essa foi uma primeira era da cultura de nicho, determinada mais pela geografia do que pela afinidade.

As influências variavam de cidade para cidade, pois os veículos que disseminavam a cultura eram muito limitados. Além dos grupos teatrais itinerantes e os poucos livros disponíveis para os alfabetizados, boa parte da cultura se espalhava com a mesma velocidade das pessoas. Havia uma razão para que a Igreja fosse o principal fator de unificação da cultura de massa na Europa Ocidental; ela dispunha da principal estrutura de distribuição e, graças à prensa de Gutenberg, o principal meio de comunicação da cultura de massa: a Bíblia.

Mas, em princípios do século XIX, a era da indústria moderna e o crescimento do sistema de rodovias desencadearam ondas maciças de urbanização e promoveram a ascensão das grandes cidades da Europa. Essas novas colmeias de comércio e eixos de transporte misturaram as pessoas como nunca antes, criando poderosa máquina de uma nova cultura. Tudo de que precisava eram meios de comunicação de massa para dar-lhe asas.

Em meados do século XIX, surgiram várias tecnologias que contribuíram para a difusão da cultura. Primeiro, a melhoria dos recursos de impressão possibilitou a expansão da imprensa como principal meio de comunicação de massa, fenômeno reforçado ainda mais por novas técnicas que popularizaram a fotografia. Finalmente, em 1877, Edison inventou o fonógrafo. Essas tecnologias geraram a primeira grande onda de cultura popular, difundida por meios como jornais e revistas ilustradas, romances, partituras impressas, panfletos políticos, cartões-postais, livros infantis e catálogos comerciais.

Juntamente com as notícias, os jornais divulgavam as novas modas dos centros urbanos de Nova York, Londres e Paris. Então, no começo do século XX, Edison criou mais um mercado de massa, com o cinema, que proporcionou às estrelas do palco nova mídia gravada para alcançar grandes públicos e "encenar" em várias cidades ao mesmo tempo.

Esses poderosos veículos de cultura exerceram o impacto de ligar as pessoas no tempo e no espaço, sincronizando efetivamente a sociedade. Pela primeira vez na história, era quase certo que não só seu vizinho, mas também muitas pessoas de toda a cidade e talvez do país tinham lido as mesmas notícias que você nos jornais matutinos e extraído conhecimentos das mesmas músicas e filmes.

Somos uma espécie gregária, altamente influenciada pelo que os outros fazem. E agora, com o cinema, havia um meio que era capaz de não só mostrar o que outras pessoas estavam fazendo, mas também impregnar-se de glamour tão inebriante que era difícil resistir. Essa foi a aurora da era das celebridades.

Mas a ascensão de tecnologias tão poderosas de cultura de massa não foi aclamada por todo o mundo. Em 1936, o filósofo marxista Walter Benjamin manifestou preocupação com a perda da "aura" (as qualidades transcendentes da arte) numa era de reprodução mecânica. Enfatizando os exemplos da fotografia e do cinema, além da música gravada, em vez de produzida ao vivo, Benjamin advertiu que "a reprodução mecânica da arte muda a reação das massas. A atitude reacionária em relação a uma tela de Picasso se transforma em reação progressista em relação a um filme de Chaplin... O convencional é desfrutado sem crítica, e o verdadeiramente novo é criticado com aversão".

Mas ele ainda não tinha visto nada. A explosão iminente dos meios de broadcast representados pelo rádio e pela televisão acabaria mudando completamente o jogo. O poder das ondas eletromagnéticas consiste em que elas se difundem em todas as direções basicamente *de graça*, característica que as tornou tão surpreendentes quando foram lançadas quanto viria a ser a Internet cinqüenta anos depois. A capacidade de alcançar todas as pessoas num raio de dezenas de quilômetros ao custo de uma única transmissão era tão atraente sob o ponto de vista econômico que a radiodifusora RCA entrou no negócio de fabricação de aparelhos de rádio em princípios da década de 1920 para subsidiar e, portanto, acelerar a adoção de receptores capazes de captar a programação e aumentar a audiência

Mas as transmissões locais e regionais ainda alcançavam apenas públicos locais e regionais, que em geral não eram bastante grandes para anunciantes nacionais. A expansão do alcance exigiria nova tecnologia. Em 1922, as divisões operacionais de longa distância e locais da AT&T já desenvolviam tecnologias para a transmissão de áudio de voz e música pelas então novas redes de telefonia de longa distância. A emissora WEAF, de Nova York, que havia muito tempo era campo de provas de novas tecnologias, montou uma programação regular e promoveu algumas das primeiras transmissões com endosso ou patrocínio comercial, que eram distribuídas para emissoras além de Nova York por meio de linhas telefônicas de longa distância. O sucesso foi imediato e construiu vínculos com outras estações capazes de atuar nos dois sentidos, tornando nacional o que antes era cobertura local de eventos esportivos ou políticos.

Isso foi o começo do que ficaria conhecido como "cadeia" ou "rede" de transmissão. Também foi o início de uma cultura nacional comum, sincronizada com o toque de três notas da NBC, que, de início, foi um sinal do sistema aos engenheiros de rede para trocar entre os canais de notícias e de entretenimento.

Entre 1935 e os anos 50, a Era de Ouro do Rádio promoveu a ascensão de estrelas nacionais, como Edward R. Murrow e Bing Crosby. Até que a televisão assumiu o controle, dando origem à cultura em passo de ganso. Em 1954, nada menos que 74% das famílias com televisores assistiam a *I Love Lucy*, todas as noites de domingo.

A Idade de Ouro da Televisão marcou o pico do chamado efeito bebedouro, expressão que descrevia a conversa homogeneizada nos escritórios em torno de um mesmo evento cultural. Nas décadas de 1950 e 1960, era seguro supor que quase todo o mundo no escritório tinha visto a mesma coisa na noite anterior. Nos Estados Unidos, a maioria das pessoas provavelmente havia assistido a Walter Cronkite ler as notícias no jornal da noite, para depois sintonizar o principal programa do horário nobre: *The Beverly Hillbillies, Gunsmoke* ou *The Andy Griffith Show*

Ao longo das décadas de 1970, 1980 e 1990, mesmo com o lançamento de novos canais, a televisão continuou a ser o grande fator de unificação dos Estados Unidos. O horário de pique nas redes de esgoto coincidia com o intervalo das finais de campeonatos. Os recordes de utilização das redes telefônicas ocorreram durante o grande afluxo de chamadas para votação na primeira temporada de *American Idol*. Todos os anos, a propaganda em TV atingia novas marcas de preços, à medida que as empresas pagavam cada vez mais por fragmentos do horário nobre. E por que não? A TV definia a tendência dominante. O horário nobre talvez não fosse o único, mas era o que realmente importava.

Porém, à medida que os anos 90 chegavam ao fim, com as grandes redes se refestelando no sucesso comercial, a base cultural estava mudando sob seus pés. As primeiras rachaduras apareceriam no campo de batalha usual da rebelião juvenil, a música.

Embora o fonógrafo, pela primeira vez, tenha transformado a música em algo mais do que apenas desempenho, foi o rádio que criou o ídolo popular. Nas décadas de 1940 e 1950, *Your Hit Parade* tornou-se programa obrigatório das noites de sábado, descrevendo-se como "Tabulação exata e autêntica das preferências da América em música popular". Até que, com o apelo jovem do R&B e do rock and roll, surgiram as primeiras listas de sucesso em que predominavam personalidades, além do DJ, como celebridades do rádio. Na década de 1950, Alan Fred e Murray "the K" Kaufman ajudaram a transformar o rádio na mais poderosa máquina de produção de sucessos que o mundo já conhecera.

A máquina atingiu o auge com *American Top 40*, programa semanal, criado por Casey Kasem, na década de 1970, e transmitido por uma rede de emissoras, com a duração inicial de três horas, em que se apresentavam as primeiras quarenta músicas das cem mais quentes do *Billboard*. Em princípios da década de 1980, o programa se estendia por quatro horas e podia ser ouvido todos os domingos, em mais de 500 emissoras de rádio, apenas nos Estados Unidos. Para uma geração de crianças que cresceu nas décadas de 1970 e 1980, esse foi o sinal portador da cultura pop. Todas as semanas, milhões delas se sincronizavam com o resto do país, acompanhando obsessivamente as bandas que subiam e desciam na classificação, numa lista de músicas que não encheriam uma única prateleira numa loja de discos.

O FIM DA PARADA DE SUCESSOS

Ao irromper o século XXI, a indústria de música – o máximo em máquina de sucesso – comprazia-se com o próprio poder. O sucesso comercial retumbante de artistas populares entre adolescentes – como Britney Spears e Backstreet Boys – mostrou que o negócio estava em sintonia fina com a cultura jovem dos Estados Unidos. As gravadoras finalmente haviam aperfeiçoado o processo de fabricação de arrasa-quarteirões e agora seus departamentos de marketing podiam prever e, mais do que isso, criar demanda com precisão científica.

Em 21 de março de 2000, a Jive Records demonstrou sua força, com o lançamento de *No Strings Attached*, segundo álbum da *NYSNC, o mais recente grande sucesso em bandas de garotos, que se desenvolvera sob um selo ainda maior, a BMG, mas que, por sugestão de seus gurus de marketing, se mudara para a nova casa, com orientação mais urbana, para conquistar mais aceitação e credibilidade entre os jovens das cidades e contrapor-se à sua imagem um tanto canhestra. O álbum vendeu 2,4 milhões de exemplares na primeira semana, transformando-se na máquina de vendas mais rápida de todos os tempos, e se manteve no topo dos gráficos durante oito semanas, chegando a 11 milhões de cópias até o fim do ano.

A indústria desvendara o código comercial. Ela havia descoberto a fórmula secreta para produzir hits: vender homens jovens e varonis a jovens mulheres. O que funcionara com Elvis Presley agora podia ser replicado em escala industrial. Tudo tinha a ver com aparência e personalidade produzidas. A música em si, que era terceirizada para um pequeno exército de profissionais (52 pessoas constam da lista de créditos de *No Strings Attached*), pouco importava.

As gravadoras tinham boas razões para se sentirem confiantes. Os fãs corriam como manadas para as lojas de discos. Entre 1990 e 2000, as vendas de álbuns dobraram, a taxa de crescimento mais acelerada da história do setor. Quase metade dos 100 maiores campeões de vendas da história havia sido vendida nesse período. O negócio de música só ficava atrás de Hollywood nas fileiras da indústria de entretenimento.

Contudo, ao mesmo tempo em que a *NSYNC comemorava sua grande vitória, o solo tremia nas bases do setor. A Nasdaq despencara na semana anterior à do lançamento do álbum e continuou a cair de maneira doentia durante o resto do ano, em conseqüência do estouro da bolha das pontocom. Nenhum álbum naquele ano bateu recordes, enquanto caíam as vendas totais do setor, fenômeno tão raro que só ocorrera duas outras vezes em duas décadas.

Nos anos seguintes, mesmo depois da recuperação da economia em geral, a situação da indústria de música se agravou ainda mais. Algo fundamental mudara em 2.000. As vendas caíram 2,5 % em 2001, 6,8% em 2002 e se mantiveram em queda. Em fins de 2005, depois de cair mais 7%, as vendas de músicas nos Estados Unidos encolheram mais de um quarto desde o pico. Vinte dos cem principais álbuns de todos os tempos haviam sido lançados no período de cinco anos entre 1996 e 2000. Os cinco anos seguintes produziram apenas dois grandes sucessos – *Speakerboxxx/The Love Below,* da dupla OutKast e *Come Away with Me*, de Norah Jones, na 92ª e na 95ª posições, respectivamente.

É muito provável que o recorde da primeira semana da *NSYNC nunca venha a ser quebrado. Imagine se essa banda de garotos entrar para a história não só por lançar Justin Timberlake, mas também por atingir o pico da bolha dos hits, o último pop manufaturado a usar a máquina de marketing bem sintonizada do século XX com toda a sua capacidade, antes do emperramento das engrenagens e da quebra dos eixos.

O gráfico abaixo mostra os grandes hits musicais desde 1958: ouro (vendas de mais de 500 mil), platina (1 a 2 milhões), multiplatina (2 a 10 milhões) e diamante (acima de 10 milhões).

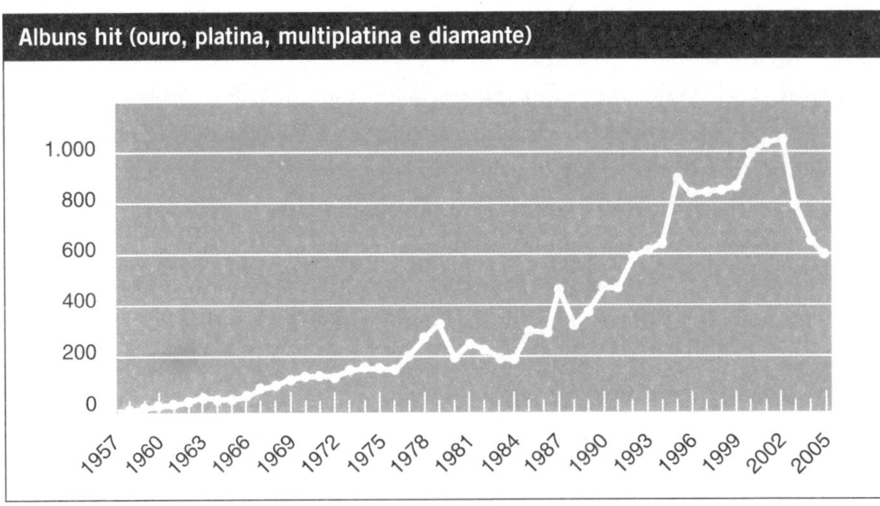

Albuns hit (ouro, platina, multiplatina e diamante)

Entre 2001 e 2005, as vendas totais da indústria de música caíram em um quarto. Mas o número de álbuns hit se reduziu à metade. Em 2000, os cinco álbuns mais vendidos – inclusive os megahits de Britney Spears e Eminem –

venderam no total 38 milhões de cópias. Em 2005, os cinco álbuns mais vendidos chegaram à metade disso; apenas 19,7 milhões de exemplares. Em outras palavras, embora a indústria de música esteja ferida, a máquina de grandes sucessos está ainda mais estropiada. Os clientes se deslocaram para áreas menos dominantes, dispersando-se entre milhares de subgêneros diferentes. Em música, pelo menos, isso parece o fim da era dos arrasa-quarteirões.

QUEM MATOU OS ÁLBUNS HIT?

O que será que levou uma geração dos melhores clientes da indústria – fãs na adolescência e na casa dos vinte anos – a abandonar as lojas de discos? A resposta do setor foi simplesmente "pirataria": Os efeitos combinados do Napster e outras tecnologias de troca de arquivos on-line, de um lado, e os CDs regraváveis, de outro, fomentaram uma economia subterrânea de qualquer música, a qualquer hora, de graça. Não obstante as várias ações ajuizadas pela indústria fonográfica, o tráfego nas redes de troca de arquivos peer-to-peer ("P2P") se mantém em crescimento, nas quais hoje cerca de 10 milhões de usuários compartilham arquivos de música todos os dias.

No entanto, embora a tecnologia tenha de fato desencadeado a fuga de clientes, ela não se limita a criar condições para que os aficionados contornem a caixa registradora. Também oferece enorme variedade de escolhas em termos de o que podem ouvir. Em geral, as redes de trocas de arquivos oferecem mais músicas do que qualquer loja de CD. Hoje, os ouvintes não só pararam de comprar tantos CDs quanto antes, mas também estão perdendo o gosto pelos grandes sucessos que até então atraíam multidões para as lojas, nos dias de lançamento. Ao se defrontarem com a possibilidade de escolher entre uma banda de garotos ou algo novo, cada vez mais pessoas estão optando pela exploração de novidades, e quase sempre ficam mais satisfeitas com os resultados da busca.

A troca de arquivos P2P é tão maciça que uma pequena indústria se desenvolveu em torno dela, para avaliá-la e aprender com a experiência. Entre esses novos negócios, o principal é BigChampagne, que monitora todos os arquivos compartilhados nos principais serviços P2P. O que emerge desses dados é nada menos que uma migração cultural dos artistas de hits para os artistas de nichos.

Hoje, os fãs de música estão trocando mais de 25 milhões de faixas, quase todas elas bem distantes das paradas de sucesso. Algumas subculturas florescentes são a dos "mashups" (tocar uma faixa de um artista sobre outra faixa de outro artista) e a das músicas compostas nos chips de oito bits das máquinas de videogame Nintendo. Outra mania é baixar indie rock (rock alternativo ou rock independente), do tipo que não toca nas emissoras de rádio. As bandas de garotos não são muito populares.

A ascensão das redes de trocas de arquivo não foi a única mudança tectônica na cultura. Em 2001, a Apple lançou o primeiro iPod, MP3 player com aparência simples, mais ou menos com 10 cm de comprimento e 5 cm de largura e menos de 2,5 cm de espessura. Não foi, de modo algum, o primeiro tocador de MP3 no mercado, mas, graças à sua grande simplicidade, ao desenho elegante e a uma campanha de marketing altamente eficaz, o iPod tornou-se o primeiro dispositivo portátil de música digital indispensável. Em breve, à medida que as pessoas começavam a descartar seus walkmans e diskmans, os fones brancos do iPod tornaram-se onipresentes.

O atributo realmente revolucionário do iPod é sua capacidade de armazenamento de até sessenta gigabytes, permitindo que os usuários levem consigo verdadeiras discotecas portáteis, com até dez mil músicas, equivalentes ao estoque de pequenas lojas. Nos anos seguintes, o iPod transformou-se na trilha sonora pessoal de milhões de pessoas, nas ruas, no trabalho ou nos meios de transporte.

Mas rechear os iPods com trilhas pagas exige muitos milhares de dólares. Em comparação, a gratuidade é um poderoso adversário. Baixar de graça músicas digitais da Internet para um PC era a alternativa irresistível para encher o iPod, cujas várias formas foram estimuladas por famosa campanha publicitária da Apple. Em conseqüência, multiplicaram-se as redes P2P, abastecidas pela combinação dos estoques de milhões de usuários. Resultado: sem dúvida, muita pirataria, mas também a possibilidade de seleção ilimitada e maciça – variedade centenas de vezes superior à de qualquer loja, e tudo basicamente disponível em qualquer laptop.

Evidentemente, esses métodos revolucionários de adquirir música também geraram diversidade sem igual de alternativas para *descobrir* novas músicas. Enquanto as gravações de CDs e as trocas entre amigos é "marketing viral" (algo que se transmite de pessoa para pessoa) do tipo mais poderoso, o compartilhamento de *playlists* (função específica de programas de media player, que organiza e controla as músicas armazenadas num PC) é propaganda boca a boca em escala industrial. E ainda existem serviços de recomendação, como a Pandora e centenas de estações de rádio pela Internet, negócios que não só prosperam, ao revelar aos fãs os artistas underground mais sensacionais, mas também atendem às preferências pessoais com precisão cada vez maior.

E se houvesse quatrocentos programas de rádio do tipo Top 40s, um para cada pequeno nicho musical? De repente, o conceito de hit é substituído pelo de *micro-hit*. Em lugar da estrela solitária, surge um enxame de microestrelas, e um número minúsculo de elites de mercados de massa converte-se em número ilimitado de demi-elites ou quase-elites. A quantidade de "hits" se multiplica, cada um com um público menor, porém, supostamente, mais engajado.

Nada disso é fantasia. É a nova situação da música hoje. Um bom serviço de músicas on-line, como a Rhapsody, oferecerá pelo menos 400 gêneros e subgêneros (desdobrando os gêneros em novas categorias muito estreitas, como "eletrônica/dança>beats & breaks, cut&paste"), cada um com sua própria lista das dez melhores. De repente, os 40 hits se transformaram em mais de 4 mil, cujas variedades mais estreitas são muito mais significativas para os fãs do gênero do que a playlist nacional de Casey Kasem. E ainda existe o número infinito de listas das dez melhores, criadas de maneira dinâmica para cada cliente, com base nos padrões de escuta e preferência, por mais estreitos que sejam.

AGRURAS DO BROADCAST

Os problemas da indústria de música não estão limitados à venda de CDs. Os programas de rock das emissoras de rádio, há muito tempo o veículo de marketing favorito das gravadoras, estão enfrentando as mesmas agruras. Em 1993, os americanos passavam cerca de 23 horas e 15 minutos por semana sintonizados com as emissoras de rádio. Na primavera de 2004, esse número caiu para 19 horas e 45 minutos. O nível de audiência atingiu o ponto mais baixo em 27 anos, e a programação de rock é a que está sofrendo mais. Em 2005, nos Estados Unidos, uma rádio de rock saiu do mercado, em média, *a cada semana*. Em geral, essas emissoras se deslocaram para talk-shows ou para programas destinados ao público latino, que são mais "adesivos" (mantêm a atenção do público por mais tempo) do que os estilos musicais rock e pop, que segura a audiência apenas enquanto as músicas da moda estiverem tocando. O programa *American Top 40* já não exerce o fascínio de antigamente; Casey Kasem desfruta de sua confortável aposentadoria.

Os especialistas discutem sobre as causas básicas do fenômeno, mas eis os principais candidatos:

- **A ascensão do fenômeno iPod:** Com a grande novidade das rádios pessoais, quem precisa de FM?
- **O telefone celular:** Os motoristas presos nos congestionamentos eram a salvação do rádio nos anos 80. Hoje, ainda ficamos paralisados nos engarrafamentos, mas, enquanto isso, batemos papo pelo celular.
- **Mudança em 1996 na legislação americana sobre comunicações:** Ao acrescentar ao dial mil emissoras de FM, a nova lei acirrou a competição e agravou a situação das rádios existentes. A mudança também atenuou os limites de propriedade em cada mercado, resultando na...
- **Clear Channel:** Geralmente responsabilizada pelas dificuldades do rádio, essa gigantesca empresa de mídia é tanto sintoma quanto causa das brutais dificuldades econômicas da indústria. A lei federal já mencionada solapou as bases das rádios locais em fins da década de 1990. A Clear Channel arrebanhou muitas emissoras problemáticas e hoje possui mais de 1.200 rádios até então independentes, uma em cada dez. Seu plano era reduzir drasticamente os custos dessas emissoras, implementando programação centralizada e programação local computadorizada. O resultado foi pura homogeneização.
- **Campanha contra a obscenidade**: Nos Estados Unidos, uma das atribuições da Federal Communications Commission é o policiamento do que é apresentado nas emissoras de rádio e de televisão, mas a FCC jamais exerceu essa função com tanto rigor quanto nos últimos cinco anos. O principal alvo foi Howard Stern, grotesco personagem do mundo do rádio, com um gosto especial por baixarias. Depois de várias multas sem precedentes, Stern finalmente desistiu das transmissões terrestres. Em fins de 2005, ele partiu para a Sirius, Rádio por Satélite, onde iniciou seu programa para assinantes, quase sem censura, em janeiro de 2006. Hoje, os profissionais de rádio e televisão têm mais razões para recear que suas transmissões possam custar-lhes não só dinheiro, mas também o emprego. Resultado: mais homogeneização.

A conseqüência desse colapso das rádios de rock é que a era do Top 40 está chegando ao fim. A música em si não caiu em desfavor – muito ao contrário. Nunca houve melhores tempos para artistas e fãs. A Internet é que se tornou o veículo favorito para escutar música. O que caiu em desfavor foi o tradicional modelo de marketing de vender e distribuir música. O sistema de produção e distribuição de músicas, que atingiu proporções gigantescas, nas costas das máquinas de fabricar sucessos do rádio e da televisão, gerou um modelo de negócios dependente de grandes hits de platina – e hoje já não existe tanto arrasa-quarteirão. Estamos testemunhando o fim de uma era.

Todo o mundo com esses fones brancos no ouvido está ouvindo o que é na verdade suas emissoras de rádio exclusivas, sem comerciais. A cultura deslocou-se do que antes era a mania de seguir as multidões até o topo dos gráficos para a busca efetiva do próprio estilo e para a exploração das trilhas que se afastam da tendência dominante, onde se depara com a relativa obscuridade e com o retorno aos clássicos.

Num discurso de 2005, o chairman da News Corp., Rupert Murdoch, demonstrou que estava entre os primeiros próceres da mídia a captar a magnitude do atual abismo entre a elite e os amadores. "Os jovens se recusam a confiar em figuras divinas que lhes dizem do alto o que é importante", afirmou. "Querem controlar a própria mídia, em vez de serem controlados por ela."

O que está acontecendo na música se repete em praticamente todos os outros setores da mídia e do entretenimento de massa. Veja as seguintes estatísticas referentes a 2005:

- A receita dos filmes de Hollywood caiu quase 7%, em conseqüência do declínio do público que começou em 2001 e persiste em ritmo acelerado.
- A leitura de jornais, que atingiu o pico em 1987, diminuiu 3% (maior queda num único ano) e hoje se situa em níveis sem precedentes desde os anos 60.
- A venda de revistas nas bancas de jornais situa-se no nível mais baixo desde que começaram a compilar-se os números, há mais de trinta anos.
- Os índices de audiência das redes de TV continuam a cair, à medida que os espectadores se dispersam para canais a cabo. Desde 1985, a participação das redes nas audiências de TV caiu de três quartos para menos da metade.

O efeito bebedouro está perdendo a força. Hoje, o programa de televisão com maior audiência nos Estados Unidos, *CSI*, é assistindo por apenas 15% dos domicílios. Esse número não seria suficiente para incluí-lo entre as dez maiores audiências na década de 1970. Com efeito, apenas um entre os programas de maior audiência de todos os tempos são de fins dos anos 70 e de princípios dos 80 (o único mais novo mais novo é Olimpíadas de Inverno de 1994, que ainda é de mais de uma década). Em conjunto, as centenas de canais apenas a cabo hoje ultrapassaram as redes em total de audiência, mas nenhum deles exerce o domínio isolado.

Até mesmo os programas de televisão "imperdíveis" já não são o que foram no passado. A World Series de 2005 apresentou o mais baixo índice de audiência de todos os tempos, caindo 30% em relação ao ano anterior. As finais dos jogos da NBA em 2005 também se situaram em níveis de baixa quase recordes, registrando queda de quase um quarto em comparação com 2004. Os índices do Grammy Awards de 2005 caíram 10% em comparação com os do ano anterior. E as Olimpíadas de Inverno de 2006 contaram com o mais baixo índice de audiência em vinte anos, 37% menos que os jogos de 2002, em Salt Lake City.

Eis o que afirmou Patrick Goldstein, crítico do *LA Times:* "Somos hoje um país de nichos. Ainda existem filmes arrasa-quarteirão, grandes sucessos de TV e CDs que se transformam em campeões de venda, mas cada vez menos exemplos que refletem o espírito de cultura pop comunitária. A ação se deslocou para outros pontos, e o país vê programas a cabo e lê blogs que se destinam a públicos específicos."

O advento do TiVo e de outros DVRs (Digital Video Recorder) intensificou a dissolução do efeito bebedouro, eliminando também o componente *tempo*. Hoje, mesmo se as pessoas estão assistindo aos mesmos programas, é possível que não os estejam vendo na mesma noite ou ao mesmo tempo. Quem quer ouvir a conversa do pessoal que viu o programa em tempo real e estragará a surpresa do programa que você gravou para hoje à noite?

A ECONOMIA MOVIDA A HITS PRODUZ UMA CULTURA MOVIDA A HITS

Ainda que a cultura do arrasa-quarteirão esteja desvanecendo, seus efeitos sobre nossos pressupostos sobre a mídia ainda são muito fortes. As indústrias de mídia e entretenimento ainda se orientam para a descoberta, financiamento e criação de campeões de vendas.

Os produtos de entretenimento, filmes, programas de televisão ou CDs, podem ser caros para fazer, comercializar e distribuir. Por exemplo, o custo médio de uma produção de Hollywood é hoje de US$60 milhões, necessitando-se de pelo menos a mesma importância para marketing. Evidentemente, é difícil prever que filmes sensibilizarão os consumidores, razão por que os atores e diretores testados e comprovados alcançam remunerações tão altas – trazem um pouco de previsibilidade para um negócio tremendamente imprevisível. No entanto, como mesmo as estrelas produzem fiascos, os estúdios, gravadoras e redes adotam uma abordagem de portfolio para diluir o risco.

Como os capitalistas de risco, diversificam suas apostas entre vários projetos, investindo em cada um apenas o suficiente para dar-lhe alguma chance na luta pelo sucesso e torcem para que, na melhor das hipóteses, a maioria dos projetos atinja o ponto de equilíbrio e apenas uns poucos sejam fracassos. Isso significa que as exceções que se transformarem em sucesso compensarão a mediocridade dos outros.

Nesse sentido, esses negócios *precisam* desesperadamente de sucessos. E não estamos falando de produtos apenas lucrativos – referimo-nos a megahits descomunais. Os altos custos de produção e as incertezas do sucesso exercem fortes pressões para que os vencedores não só vençam, mas também para que conquistem grandes vitórias. E o resto? Bem, esses serão os perdedores. Não importa que tenham sido aclamados pela crítica ou que tenham sido ouvidos ou vistos por milhões de pessoas. Se não recuperarem o dinheiro neles investido várias vezes, não estarão cumprindo a missão de sustentar o resto do portfolio.

Produzir um hit não é exatamente o mesmo que produzir um bom filme. Há coisas que se fazem e não se fazem no esforço para atrair dezenas de milhões de pessoas para as bilheterias. Paga-se tanto quanto possível para contratar os astros mais famosos para o projeto. Não se tenta ser "esperto demais". O "happy ending" é indispensável. Não se mata o protagonista. Se for um filme de ação, quanto mais efeitos especiais, melhor. A propósito, se todos os outros fatores forem iguais, provavelmente é bom que seja um filme de ação. Sem dúvida, é possível não observar essas regras e ainda produzir um grande sucesso, mas por que correr riscos? Afinal, você está investindo muito dinheiro.

Essa mentalidade movida a hits extravasou os limites de Hollywood e impregnou-se na cultura americana. Temos sido condicionados pelas exigências econômicas de uma máquina de sucessos e não nos satisfazemos com nada menos. Internalizamos a contabilidade do capital de risco do entretenimento. Essa é a razão por que monitoramos os resultados das bilheterias dos espetáculos da mesma maneira como acompanhamos os esportes profissionais – observando os escores e separando os vencedores notórios dos perdedores contumazes.

Em nossa fixação pelo poder das estrelas, vibramos com o salário astronômico das grandes celebridades e observamos suas vidas públicas absurdas com interesse que excede em muito nosso interesse por seu trabalho. Não importa que se trate de atletas superstars ou de executivos carismáticos, prestamos atenção desmedida à ponta do topo do monte. Em outras palavras, fomos treinados para ver o mundo através das lentes dos hits.

Se não for sucesso é fracasso. Não passou no teste econômico e, portanto, nunca devia ter sido produzido. Com essa mentalidade movida a hits, a história do entretenimento é escrita pelos arrasa-quarteirões e o melhor teste de qualidade é a receita das bilheterias. E tais paradigmas não se limitam a Hollywood. Esse também é o critério para distribuir espaço nas prateleiras das lojas, definir os programas que entram no horário nobre da televisão e elaborar as playlists das emissoras de rádio. Tudo se resume em alocar recursos escassos aos mais "merecedores", o que significa dizer os mais populares.

Em última instância, nossa resposta à cultura de hit é reforçar ainda mais a cultura de hit. O jogo do espaço das prateleiras é um jogo de soma zero: um produto toma o lugar do outro. Forçado a escolher, cada elo da indústria do entretenimento opta, muito naturalmente, pelos produtos mais populares, outorgando-lhes posições privilegiadas. Ao concentrarmos toda a força comercial nos grandes vencedores, estamos, na verdade, ampliando o abismo entre os vitoriosos e o resto. Sob o ponto de vista econômico, isso é o mesmo que dizer: "Se pode haver apenas uns poucos ricos, que pelo menos sejam super-ricos." A conseqüência disso é que a encosta íngreme da curva de demanda torna-se ainda mais escarpada.

Em lugar do bebedouro do escritório, que transpõe as fronteiras culturais como apenas a diversidade aleatória que se encontra nos locais de trabalho é capaz, estamos constituindo cada vez mais nossas próprias tribos, ou seja, grupos cuja coesão decorre mais da afinidade e dos interesses comuns do que da programação padronizada das emissoras. Hoje, as conversas em torno do bebedouro são cada vez mais virtuais – os bebedouros são muitos e as pessoas que se reúnem ao redor deles passam por um processo seletivo espontâneo. Estamos evoluindo de um mercado de massa para uma nova forma de cultura de nicho, que se define agora não pela geografia, mas pelos pontos em comum.

3

UMA BREVE HISTÓRIA DA CAUDA LONGA

DO WISH BOOK DA SEARS AO CARRINHO DE COMPRAS VIRTUAL

Embora hoje a Cauda Longa se manifeste principalmente como fenômeno da Internet, ela não começou com a Amazon ou a eBay, nem mesmo com a Web. Em vez disso, é a culminância de uma sucessão de inovações em negócios que remontam a mais de um século – avanços na maneira como descobrimos, produzimos, distribuímos e vendemos bens. Reflita, por exemplo, sobre todos os fatores não relacionados com a Internet que possibilitaram as compras na Amazon: FedEx, padrões ISBN, cartões de crédito, bancos de dados relacionais e até códigos de barras.

Essas inovações surgiram e evoluíram ao longo de décadas. A contribuição da Internet foi criar condições para que as empresas entrelaçassem esses tipos de melhorias de maneira a ampliar seu poder e estender seu alcance. Em outras palavras, a Web unificou os elementos de uma revolução na cadeia de suprimentos que vinha fermentando havia décadas.

Com efeito, as verdadeiras raízes da Cauda Longa e do espaço ilimitado nas prateleiras retrocedem a fins do século XIX e aos primeiros depósitos centralizados gigantescos – edifícios que mais pareciam cavernas, construídos em áreas industriais, nas proximidades de entroncamentos ferroviários, no Meio-Oeste Americano, a partir de Chicago. Sob seus imensos telhados de aço, a era de escolhas e de disponibilidades restritas erigiu-se em torres de paletes de madeira, resultantes dos grandes volumes de compras necessários para abastecer a produção em massa. Os vagões ferroviários entregavam essa nova variedade por meio de uma rede de trilhos de aço que estava transformando a cultura e a economia do país.

O homem que primeiro mostrou ao consumidor americano o que tudo isso podia significar foi um agente ferroviário de North Redwood, Minnesota. Seu nome era Richard Sears. Em 1886, um joalheiro de Chicago enviou por engano um caixote de relógios para um comerciante local, que não quis ficar com a encomenda. Sears comprou os relógios e os revendeu com bom lucro para outros agentes ferroviários ao longo da ferrovia. Em seguida, comprou outros relógios e fundou uma empresa de distribuição.

Em 1887, transferiu o negócio para Chicago e publicou um anúncio no *Chicago Daily News* procurando alguém que soubesse consertar relógios (não fazia sentido sucatear os relógios defeituosos que haviam sido devolvidos). Alvah C. Roebuck respondeu ao anúncio. Seis anos depois, os dois formaram uma sociedade e fundaram a Sears, Roebuck & Co., que usava catálogos para vender relógios por reembolso postal a fazendeiros que estavam sendo explorados pelas lojas locais e por um exército de intermediários.

A promessa da Sears, Roebuck and Co. era simples, de acordo com a história da empresa: "Graças às compras em grandes volumes, às ferrovias e ao correio, e, mais tarde, às entregas gratuitas no meio rural e às entregas de pacotes pelo correio, ela oferecia uma boa alternativa às lojas rurais de alto preço."

O que começou apenas com relógios logo expandiu suas atividades para abranger tudo de que uma casa ou uma empresa rural pudesse precisar. A empresa enviava catálogos aos fazendeiros, acompanhados de bilhetes manuscritos pelo próprio Sears, e recebia e expedia as encomendas numa sucessão de edifícios cada vez maiores em Chicago. A dupla acabou construindo um enorme prédio de depósitos e escritórios na Zona Oeste da cidade, em terreno com 162 mil metros quadrados. Ao ser inaugurado, em 1906, com mais de 3 milhões de metros quadrados de espaço interno, o prédio era o maior edifício empresarial do mundo.

O que a funcionalidade dos depósitos e a eficiência operacional da Sears, Roebuck conseguiram foi nada menos que revolucionário. Imagine-se na posição de um fazendeiro, vivendo nas remotas pradarias do Kansas, mais de cem anos atrás. Você está a várias horas de viagem da loja mais próxima. Para agravar a situação, nem a gasolina nem os produtos são baratos. Até que um dia, você recebe pela entrega postal semanal o "Wish Book" da Sears de 1897 – 786 páginas oferecendo praticamente tudo, a preços inacreditáveis.

O Wish Book de 1897 era – e ainda é – espantoso. Mesmo hoje, na era da Amazon, parece impossível a existência de tamanha variedade. Comprimido em algo do tamanho de um catálogo telefônico, encontram-se 200 mil itens e variações, tudo descrito em tipos minúsculos, além de cerca de 6 mil ilustrações litográficas. Eis um exemplo das primeiras dez páginas: 67 espécies de chá, 38 espécies de café e 29 espécies de chocolate. Em seguida, aparecem várias centenas de diferentes especiarias e extratos, e igual quantidade de frutas enlatadas ou cristalizadas, seguidas de algumas ofertas de outros alimentos. Na décima primeira página, inicia-se a oferta de mais de sessenta espécies de sabão. Nas outras mais de 770 páginas, vê-se de tudo, de remédios a armas (inclusive um revólver de 68 cents!), além de roupas, instrumentos musicais e um violino de dois dólares.

Tudo isso era de fundir a cuca de qualquer família rural. Por meio de um esquema simples de entrega postal, a oferta de produtos disponíveis aumentou centenas de vezes, em comparação com o estoque típico das lojas gerais. Além disso, a compra por catálogo permitia, não raro, reduções superiores a 50% nos preços, mesmo considerando os custos de expedição.

A Sears contagiava rapidamente os clientes potenciais, constituindo-se num dos primeiros exemplos de "marketing viral". Em 1905, a empresa escreveu a seus melhores clientes, em Iowa, pedindo que cada um deles distribuísse 24 catálogos entre seus amigos e vizinhos. Esses clientes enviaram à Sears os nomes das pessoas a quem forneceram os catálogos. Quando essas pessoas enviavam pedidos, os clientes originais, por sua vez, recebiam prêmios por seu trabalho: um fogão, uma bicicleta ou uma máquina de costura.

Do mesmo modo, as técnicas de cadeia de suprimentos que a Sears usava para realizar o milagre da abundância não são tão desconhecidas hoje: uma combinação de mercadorias em estoque em seus depósitos e numa rede de "depósitos virtuais" de fornecedores, que expediam as mercadorias diretamente de suas fábricas para os clientes. A Sears atuava até como agente de fabricantes de charretes sob encomenda.

Nos próprios depósitos em si as inovações eram surpreendentes. Preocupados com as ineficiências na expedição, os gerentes da Sears desenvolveram um sistema pelo qual atribuía-se a cada pedido, no momento do recebimento, um prazo rígido para entrega. O(s) item(ns) tinha(m) de estar em determinado lote, na sala de montagem de mercadorias, até certa data. Para cumprir tais especificações, o pedido viajava do depósito atacadista para a área de embalagem por meio de um sistema complexo de correias e túneis.

Esse sistema de programação decuplicou a capacidade de processamento da unidade de Chicago. Em breve, o sistema era conhecido como a "a sétima maravilha" do mundo dos negócios. Diz-se que Henry Ford a visitou para estudar sua técnica eficiente de linha de montagem.

Ironicamente, foram as próprias linhas de montagem que acabaram forçando a Sears a dar o próximo passo na marcha para a plenitude, *a superloja*. Com os automóveis a preços acessíveis e o advento de melhores estradas, os clientes rurais da Sears não mais estavam limitados às compras por catálogo. Enquanto isso, começava a grande urbanização dos Estados Unidos e os mesmos clientes rurais estavam abandonando as fazendas pelas fábricas. Em 1900, a população rural ainda era mais numerosa do que a população urbana. Em 1920, a situação se reverteu.

Os consumidores urbanos preferiam lojas a catálogos. Em 1925, a Sears abriu uma loja e sua unidade de processamento de pedidos de Chicago. O experimento foi um sucesso imediato. Antes do fim do ano, a Sears havia inaugurado sete outras lojas de varejo – quatro em unidades de processamento de pedidos. Em fins de 1927, já contava com 27 lojas. Enorme variedade e preços baixos eram atraentes para todos, e as mesmas eficiências de cadeia de fornecimento que a Sears havia desenvolvido para o atendimento das encomendas postais permitiam que a empresa também oferecesse diversidade sem precedentes em suas lojas de varejo, ajudando a preparar o terreno para o que viria a ser o modelo Wal-Mart.

Os Estados Unidos foram fisgados pelas escolhas. As superlojas ofereciam multiplicidade de opções a preços convidativos. Elas praticavam a religião das economias de escala (lojas maiores e mais eficientes), conceito cuja compreensão exigia não mais do que comparação de preços entre comerciantes tradicionais e superlojas. Mas até que ponto a tendência prosseguiria?

ALIMENTANDO A CAUDA

A indústria de alimentos seria a próxima fronteira. O primeiro supermercado foi uma loja da King Kullen, inaugurada no Queens, Nova York, em 4 de agosto de 1930, nas profundezas da grande depressão. Comparável aos atuais varejões, essas lojas vendiam mais do que mil variedades de produtos, atuando como catalisador de uma nova era de varejo de alimentos. Como a Sears, a King Kullen oferecia maior variedade, preços mais baixos e *one-stop shopping*, ou seja, a possibilidade de comprar tudo num só lugar, além da possibilidade de os clientes escolherem os produtos diretamente das prateleiras.

Além do auto-serviço e da abundância, surgiu a necessidade de transportar e armazenar quantidades de alimentos suficientes para a semana, em lugar das compras diárias da era da mercearia. Fundamentais para o sucesso inicial dos supermercados foram o carrinho de compras, adotado inicialmente em 1937, o automóvel, os estacionamentos gratuitos e as geladeiras mecânicas nas casas e nas lojas.

Em sua história oficial do setor, o Food Marketing Institute descreve o efeito:

> O supermercado ajudou a criar a classe média. Seus preços baixos liberaram dinheiro suficiente para as famílias gastarem com carros, casas, educação, além de outras necessidades e amenidades da vida. Com a proliferação dos supermercados nas décadas de 1950 e 1960, eles passaram a desempenhar papel fundamental na criação da classe média americana. No 25º aniversário dos supermercados, o presidente Kennedy afirmou que as técnicas de marketing de massa de baixo custo dos supermercados "...permitiram melhor padrão de vida e representaram importante contribuição para nosso crescimento econômico".
>
> Durante a Guerra Fria, de 1958 a 1988, a maioria dos cerca de 50 mil cidadãos soviéticos que viajaram para os Estados Unidos visitou supermercados. O supermercado era uma vitrine de como a economia de livre-mercado era capaz de oferecer fartura de alimentos a preços acessíveis e transformou-se em metáfora de recursos do capitalismo inacessíveis no comunismo. Em sua autobiografia, Boris Yeltsin apresentou o seguinte relato de sua visita em 1989 a um supermercado, em Houston: "Quando vi aquelas prateleiras apinhadas de centenas ou milhares de latas, caixas e mercadorias de todos os tipos possíveis, pela primeira vez me senti com náuseas de desespero em relação ao povo soviético e ao fato de um país super-rico como o nosso ter afundado em estado de tamanha pobreza! É terrível lembrar-se disso."

A mercearia típica da década de 1920 oferecia cerca de 700 itens, a maioria vendido a granel, e os consumidores precisavam comprar em outros lugares mercadorias como carne, hortifrutigranjeiros, laticínios e outras. O supermercado reunia todos esses itens num só lugar. Além disso, o número de produtos oferecidos chegou a 6 mil, em 1960; 14 mil, em 1980 e mais de 30 mil, hoje.

O CONSUMIDOR POR TELEFONE

A próxima grande expansão em variedade mais uma vez ocorreu nas próprias casas, com o lançamento dos números 800 pelas empresas de telefonia, isentos de tarifa. Eles começaram com expectativas modestas. Em 1967, a AT&T lançou um novo produto chamado "interstate inward WATS (Wide Area Telefphone Service)", também conhecido como "Automated Collect Calling", que se destinava principalmente a combater a esperada escassez de telefonistas nas empresas. As telefonistas não estavam dando conta da quantidade de chamadas a cobrar que eram aceitas pelas empresas. A AT&T imaginou que o novo serviço ajudaria a resolver os problemas de escassez de pessoal, mas, sob outros aspectos, não seria muito atraente. A empresa nunca supôs que em 1992, apenas 25 anos depois, 40% das chamadas por sua rede de longa distância seriam isentas de tarifas.

Esse tipo de telefonema a cobrar permitiu o retorno das compras por catálogo. A era moderna dos automóveis deslocou a população das cidades para as áreas periféricas, ou subúrbios, onde a seleção de produtos era limitada pelos shopping centers locais. A nova geração cada vez mais rica e materialista de residentes nas imediações das cidades estava pronta para retomar a onda de gastos e, a partir de meados da década de 1970, também passou a contar com os cartões de crédito para ajudá-la a realizar seus desejos. O número 800 foi o catalisador indispensável para o novo boom de compras por telefone.

Em contraste com a era de grandes depósitos centralizados da Sears, contendo tudo, essa nova onda de catálogos se direcionava mais para nichos específicos. As novas tecnologias de impressão em cores criaram condições para que os varejistas de nicho imprimissem centenas de milhares ou até de milhões de catálogos e que bombardeassem por meio de mala-direta o público-alvo com mostruários impressos de suas mercadorias, cuja qualidade de impressão nada ficava devendo às revistas semanais. Taxas de resposta inferiores a 1% ainda podiam ser lucrativas.

Mais uma vez, os produtos de nicho encontraram maneiras de alcançar os públicos da tendência dominante. Materiais esportivos, itens de vestuário, artigos de decoração, lingerie, mobílias para jardim, produtos para passatempo – cada mês oferecia novo desfile de um amplo estoque em varejo especializado. Bastava um telefonema e um cartão de crédito para que os consumidores recebessem seus produtos em uma ou duas semanas. No entanto, por mais impressionante que parecesse essa cornucópia postal, o computador pessoal em breve a tornaria minúscula.

A ÚLTIMA PALAVRA EM CATÁLOGO

A ascensão do comércio eletrônico pela Internet em princípios da década de 1990 começou como evolução do modelo de catálogo, com mais conveniência em termos de processamento de pedidos, sortimentos mais abrangentes e alcance mais amplo, a custos ainda mais baixos. A Internet era um meio para oferecer catálogos a todos – sem necessidade de impressão nem de postagem. Sem dúvida, funcionaria como o catálogo, porém de maneira mais eficaz e mais extensa.

Evidentemente, algumas categorias eram mais promissoras do que outras. Mas quais?

Essa foi a pergunta de Jeff Bezos a si mesmo, sentado em sua cadeira na empresa de fundos de hedge D. E. Shaw, em Nova York. Corria o ano de 1994 e a Internet começava a decolar, crescendo a 2.300% ao ano, a partir de sua então pequena base de usuários. Gênio em matemática, Bezos recebeu de seu chefe a incumbência de encontrar oportunidades de negócios na Internet. Eis seus comentários, mais de dez anos depois, num evento no Vale do Silício:

> Fui à Direct Marketers Association e obtive a lista de tudo que era vendido a distância. Roupas destacava-se como a principal categoria de vendas a distância. Alimentos finos era a número dois. Bem abaixo, no final da lista, aparecia livros, e essa categoria estava lá apenas por causa de coisas como o Book of the Month Club, pois realmente não havia catálogos de papel, assim dizendo, que vendessem livros.

O início da década de 1990 foi uma época de boom para a indústria editorial nos Estados Unidos. A Crown Books já havia transformado o negócio, com uma cadeia de lojas de descontos. Depois, a Barnes & Noble e a Borders deram um passo adiante, ao lançarem enormes superlojas. Por vezes construídas onde antes havia velhos cinemas ou boliches, essas megastores continham nada menos que 100 mil títulos, estoque cinco vezes maior do que o da média das livrarias locais. Isso representou enorme aumento na disponibilidade e nas escolhas, iniciando uma era de abundância para os compradores de livros.

Os livros estavam ficando mais baratos e mais fartos – o que mais se poderia desejar?

Mais uma vez, Bezos fez a mesma pergunta:

Eu estava peneirando as coisas. Quando se usava a Internet em 1994, com os browsers e as tecnologias primitivas então disponíveis, a experiência era dolorosa. O browser estava sempre dando problema, o que se tinha não funcionava bem e a largura de banda era mínima, mesmo que se dispusesse do melhor na época.

Concluí que, considerando a tecnologia da época, era possível conseguir os mesmos resultados de outras maneiras, que sempre seriam preferíveis à Internet. Ninguém compraria roupas pela Internet, embora essa fosse a melhor categoria, porque os catálogos e as lojas eram muito mais eficazes. Esse foi meu critério: escolher uma categoria em que se poderia melhorar substancialmente a experiência de compra dos clientes, sob algum aspecto para o qual a Internet fosse fundamental.

Ocorre que a seleção é fator muito importante da experiência de compra dos clientes na categoria livros. Também ocorre que não se pode ter um catálogo muito grande de livros no papel; é totalmente impraticável. A cada ano se publicam mais de cem mil livros, e mesmo uma superloja não pode manter todos esses livros em estoque. As maiores superlojas têm 175 mil títulos e só três são desse tamanho. E assim surgiu a idéia: que a Amazon.com seja o primeiro lugar onde se pode encontrar e comprar com facilidade um milhão de livros diferentes.

Hoje, sabemos que esse especialista em matemática acertou na mosca, ao identificar oportunidades inexploradas no que parecia ser uma indústria muito madura: a de livros. Embora houvesse muitas editoras, quase toda a distribuição se concentrava nas mãos de apenas dois varejistas, cujos depósitos se distribuíam estrategicamente por todo o território americano, para atender a qualquer necessidade.

Tudo isso sugeria uma grande chance para um varejista virtual.

Embora 175 mil títulos parecesse muito, Bezos sabia que os estoques até das maiores superlojas não passavam de frações minúsculas dos livros disponíveis. E ser capaz de não só encontrar títulos de livros, mas também de ler resenhas de outros leitores sem dúvida tornaria mais fácil para os clientes encontrar o que realmente queriam.

Na época, havia pelo menos 1,5 milhão de livros impressos em língua inglesa – mesmo as superlojas tinham apenas 10% desse total. Hoje, as listas de bancos de dados on-line de livros impressos abrangem mais de 5,6 milhões de títulos. Bezos também sabia que quantidades crescentes de catálogos de editoras estavam pipocando on-line, oferecendo livros acadêmicos, livros sobre comércio, livros publicados pelo próprio autor, e assim por diante. Não havia razão para que a Amazon não pudesse oferecer todos eles.

A Internet possibilita a eliminação da maioria das barreiras físicas à seleção ilimitada. As superlojas de tijolo e argamassa tinham escala, mas ainda precisavam lidar com as limitações das prateleiras, paredes, pessoal, localidades, horas de trabalho e clima. Por serem maiores e mais eficientes do que as livrarias independentes, as superlojas podiam oferecer maior seleção. No entanto, mesmo seu modelo de negócios batia no muro antes de esgotar a oferta de títulos disponíveis.

Hoje, as compras on-line ultrapassaram as compras por catálogo, já abrangem cerca de 5% dos gastos com varejo nos Estados Unidos e ainda estão crescendo à taxa espantosa de 25% ao ano, avançando a passos largos para cumprir a previsão inicial de Bezos de que o varejo on-line acabaria alcançando em torno de 15% do varejo total, o que lhe garantiria mais de um décimo da economia americana, de US$12 trilhões.

Um dos maiores grupos é composto pelos sites on-line dos gigantes de tijolo e argamassa. A BN.com complementa a marca da Barnes & Noble, com um site que oferece variedade semelhante à da Amazon. Os cartões de desconto funcionam igualmente em ambos os canais e ainda se consegue entrega no mesmo dia em Manhattan, onde a B&N tem várias superlojas. Se determinada loja não tiver o livro em estoque, os funcionários ainda são capazes de atender ao pedido do cliente, providenciando sua entrega on-line. O mesmo se aplica ao lado on-line do Wal-Mart, Best Buy e vários outros varejistas: o espaço de prateleira ilimitado dos varejistas de Internet lhes permite oferecer aos clientes mais variedade e conveniência, reforçando a lealdade à marca pelos clientes existentes e estendendo-a aos novos clientes, que podem ou não estar perto de uma loja física.

CAUDAS LONGAS EM TODOS OS LUGARES

Desde os varejistas puramente virtuais, como a eBay, até o lado on-line dos varejistas tradicionais, as virtudes do espaço de prateleira ilimitado, da abundância de informações e das maneiras inteligentes de encontrar o que se quer – que em conjunto constituem a visão original de Bezos – se mostraram sob todos os aspectos tão atraentes quanto ele supôs. E, em conseqüência, depara-se com mercados de Cauda Longa praticamente em todos os lugares para onde se olha.

Da mesma maneira como o Google está descobrindo maneiras de explorar a Cauda Longa da propaganda, a Microsoft está esticando a cauda dos videogames para abranger jogos cada vez menores e mais baratos que se podem baixar pelas redes Xbox Live. Os projetos de software de fonte aberta, como o Linux e o Firefox, são a Cauda Longa do talento em programação, enquanto a terceirização global aproveita a Cauda Longa do trabalho. Enquanto isso, a Internet permitiu que a mais longa das caudas, a da pornografia, atendesse a todas as preferências e excentricidades imagináveis.

Exemplos mais esotéricos abrangem a proliferação de microcervejarias, como a "Cauda Longa da cerveja", o crescimento de T-shirts, sapatos e outras roupas personalizadas, como a "Cauda Longa da moda" e a disseminação de universidades on-line, como a "Cauda Longa da educação".

Finalmente, apenas para dar uma idéia da amplitude com que se aplica a teoria, reflita sobre a seguinte análise da "Cauda Longa da segurança nacional", por John Robb, analista militar que dirige o site Global Guerrillas:

> Tradicionalmente, a situação de guerra (a capacidade de mudar a sociedade por meio da violência) tem sido limitada aos Estados nacionais, exceto em raros casos. Os Estados exercem o monopólio da violência. O resultado tem sido a distribuição limitada e truncada da violência. Mas esse monopólio está sendo ameaçado por três tendências:
>
> - A democratização das ferramentas de guerra. Os produtores de nicho (por exemplo: gangues) estão sendo viabilizados pelo impacto da globalização. Para participar, tudo de que se precisa é de alguns homens, alguns abridores de caixas e um avião (como exemplo de ferramentas simples combinadas com a alavancagem decorrente da ubiqüidade da infra-estrutura econômica).
> - A amplificação dos danos causados pelos produtores de nicho das situações de guerra. A mágica da disseminação e da destrutividade dos sistemas de guerrilha globais, que convertem ataques pouco dispendiosos em grandes eventos econômicos e sociais.
> - A aceleração da propaganda boca a boca. Os novos grupos são capazes de, com mais facilidade, arregimentar e treinar recrutas, transmitir sua mensagem para um grande público, localizar outros grupos (aliados) e coordenar as respectivas atividades.

Resultado: desenvolveu-se uma Cauda Longa. Por toda parte, floresceram novos produtores de nicho de violência. A demanda pelos resultados a serem produzidos por esses fornecedores de nicho também aumentou radicalmente. Grandes conceitos (como a luta entre o Islamismo e os Estados Unidos), sem o patrocínio de Estados, sobrecarregaram fornecedores de nicho, como a Al Qaeda e seus clones.

4

AS TRÊS FORÇAS DA CAUDA LONGA

FAÇA, DIVULGUE E ME AJUDE A ENCONTRAR

A teoria da Cauda Longa pode ser resumida nos seguintes termos: nossa cultura e nossa economia estão cada vez mais se afastando do foco em alguns hits relativamente pouco numerosos (produtos e mercados da tendência dominante), no topo da curva da demanda, e avançando em direção a uma grande quantidade de nichos na parte inferior ou na cauda da curva de demanda. Numa era sem as limitações do espaço físico nas prateleiras e de outros pontos de estrangulamento da distribuição, bens e serviços com alvos estreitos podem ser tão atraentes em termos econômicos quanto os destinados ao grande público.

Mas isso não é o suficiente. A demanda deve seguir a nova oferta. Do contrário, a cauda murcharia. Como a cauda é avaliada não só sob o aspecto da variedade disponível, mas também do público que migra para ela, a verdadeira forma da demanda se revela apenas quando os consumidores dispõem de escolhas infinitas. São as vendas agregadas, o uso ou outras manifestações de todas as pessoas nos novos nichos disponíveis que convertem a expansão maciça das alternativas em força econômica e cultural. A Cauda Longa começa com um milhão de nichos, mas apenas isso não é significativo, até que eles sejam procurados por pessoas que os almejam.

Em conjunto, tudo isso se traduz em seis temas da era da Cauda Longa (a essa altura, essa expressão já deve soar familiar):

1. Em praticamente todos os mercados, **há muito mais nichos do que hits**. Essa desproporção aumenta a taxas exponenciais, à medida que as ferramentas de produção se tornam mais baratas e mais difusas.
2. **Os custos de atingir esses nichos estão caindo drasticamente**. Graças a uma combinação de forças, como distribuição digital, poderosas tecnologias de busca e massa crítica na difusão da banda larga, os mercados on-line estão reconfigurando a economia do varejo. Assim, em muitos mercados, **agora é possível oferecer muito maior variedade de produtos**.
3. A simples oferta de maior variedade, contudo, não é suficiente para deslocar a demanda. Os consumidores devem dispor de maneiras para encontrar os nichos que atendem às suas necessidades e interesses particulares. Um vasto espectro de ferramentas e técnicas – como recomendações e classificações – são eficazes para esse propósito. **Tais "filtros" são capazes de impulsionar a demanda ao longo da Cauda**.
4. Quando se conjugam essa grande expansão da variedade e a notável eficácia dos filtros que facilitam a seleção, **a curva da demanda se torna mais horizontal e mais longa**. Ainda existem hits e nichos, mas os hits estão ficando relativamente menos populares, enquanto os nichos se tornam cada vez mais populares.
5. Todos esses nichos em conjunto podem constituir um mercado tão grande quanto o dos hits, se não maior. Embora nenhum dos nichos venda grandes quantidades, **são tantos os produtos de nicho que, como um todo, podem compor um mercado capaz de rivalizar com o dos hits**.
6. Com a livre atuação de todos esses fatores, a **forma natural da curva de demanda se revela** em sua plenitude, sem as distorções resultantes dos gargalos de distribuição, da escassez de informações e das escolhas limitadas nas prateleiras. Além disso, essa forma é muito menos influenciada pelos hits do que supúnhamos. Ao contrário, é tão diversificada quanto a própria população.

Em síntese: A Cauda Longa nada mais é do que cultura sem os filtros da escassez econômica.

COMO SURGEM AS CAUDAS LONGAS

Nada disso acontece sem um importante gatilho econômico: a redução dos custos de alcançar os nichos. O que possibilita a queda desses custos? Embora a resposta varie de mercado para mercado, a explicação geralmente envolve a atuação de uma ou mais de três forças poderosas.

Força 1: Democratização das ferramentas de produção

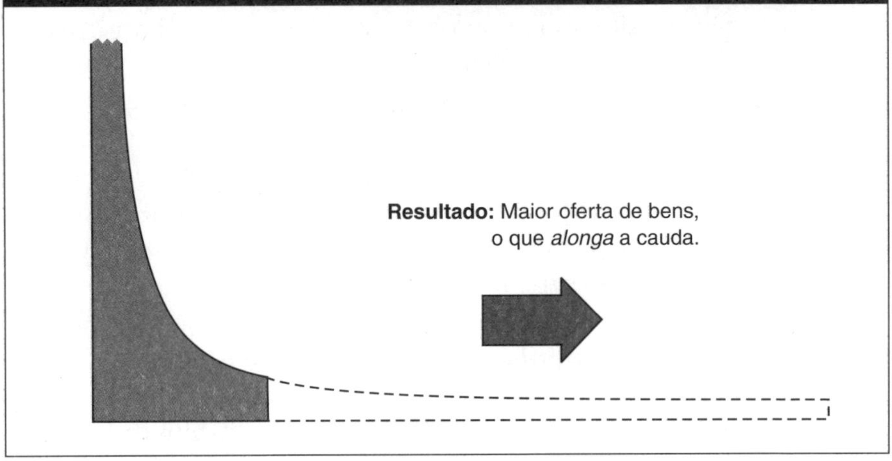

A primeira é a *democratização das ferramentas de produção*. O melhor exemplo disso é o computador pessoal, que pôs todas as coisas, desde as máquinas de impressão até os estúdios de produção de filmes e de músicas, nas mãos de todos. O poder do PC significa que as fileiras de "produtores" – indivíduos que hoje são capazes de fazer o que poucos anos atrás era feito apenas por profissionais – aumentaram em milhares de vezes. Hoje, milhões de pessoas têm a capacidade de produzir pequenos filmes ou álbuns e publicar seus pensamentos para todo mundo – o que de fato é feito por quantidade de pessoas surpreendentemente grande. O talento não é universal, mas é muito difuso: dê a uma quantidade bastante grande de pessoas a capacidade de criar e daí sem dúvida surgirão obras de valor.

O resultado é que o universo de conteúdo disponível hoje está crescendo mais rápido do que em nenhuma outra época. Essa é a característica que alonga a cauda para a direita, aumentando várias vezes a oferta de bens. Em música, por exemplo, o número de novos lançamentos cresceu à taxa fenomenal de 36% em 2005, para 60 mil títulos (a partir de 44 mil, em 2004), devido em boa parte à facilidade com que os artistas hoje podem gravar e lançar suas próprias músicas. Ao mesmo tempo, as bandas enviaram mais de 300 mil faixas gratuitas para o site MySpace, esticando ainda mais a cauda.

Força 2: Democratização das ferramentas de distribuição

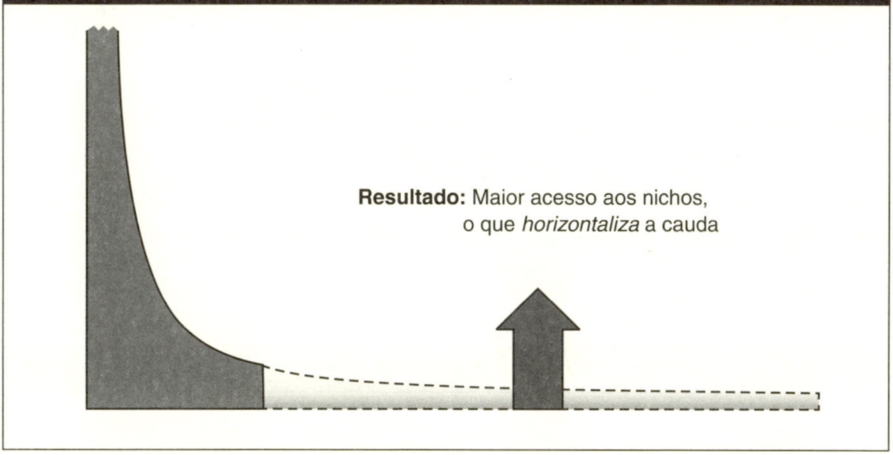

Uma segunda força está *reduzindo os custos de consumo*, *pela democratização da distribuição*. O fato de qualquer um ser capaz de produzir conteúdo só é significativo se outros puderem desfrutá-lo. O PC transformou todas as pessoas em produtores e editores, mas foi a Internet que converteu todo o mundo em distribuidores.

Em sua forma mais drástica, essa é a economia dos bits *versus* átomos, ou seja, a diferença entre as frações de cents para distribuir conteúdo on-line e os múltiplos de dólares para fazê-lo com caminhões, depósitos e prateleiras. No entanto, mesmo para os bens físicos, a Internet reduziu drasticamente os custos para alcançar os consumidores. Durante décadas e bilhões de dólares, o Wal-Mart construiu a mais sofisticada cadeia de suprimentos do mundo, para oferecer variedade maciça a preços baixos a dezenas de milhões de clientes em todo o mundo. Hoje, qualquer pessoa pode alcançar um mercado do mesmo tamanho, com um simples cadastro no eBay.

A Internet simplesmente torna mais barato alcançar mais pessoas, aumentando efetivamente a liquidez do mercado na Cauda, o que, por sua vez, se traduz em mais consumo, elevando efetivamente o nível da linha de vendas e ampliando a área sob a curva.

A terceira força é a *ligação entre oferta e demanda*, apresentando os consumidores a esses novos bens, agora disponíveis com mais facilidade, e empurrando a demanda cauda abaixo. Esse aspecto pode assumir qualquer forma, desde a busca da sabedoria das multidões pelo Google até as recomendações de músicas pela iTunes, juntamente com a propaganda boca a boca dos blogs e das resenhas de clientes. O resultado de tudo isso para os clientes é reduzir os "custos de busca" para encontrar o conteúdo dos nichos.

Em economia, custo de busca é qualquer coisa que interfira na descoberta do que se tem em mira. Alguns desses custos são não-monetários, como perda de tempo, aborrecimentos e confusão. Outros têm expressão em moeda, como comprar algo errado ou pagar preço excessivo por não encontrar alternativas mais baratas. Qualquer coisa que facilite encontrar o que se procura ao preço que se quer reduz os custos de busca.

Força 3: Ligação entre oferta e procura

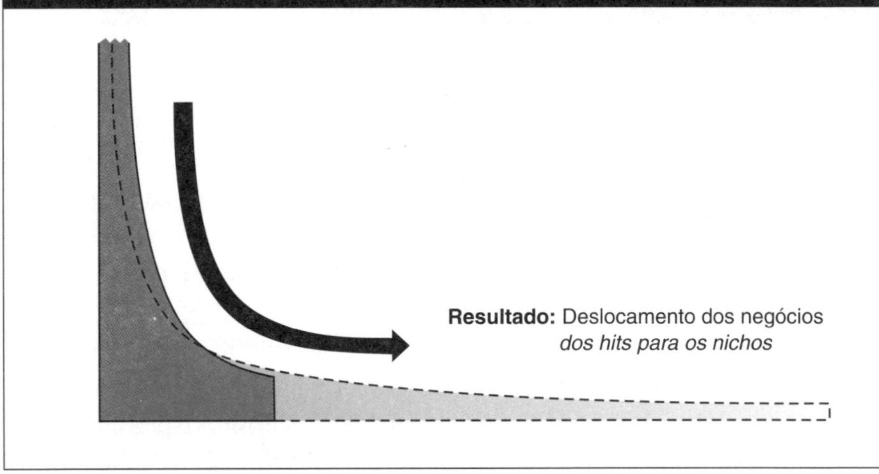

Mais adiante, neste livro, analisaremos com mais detalhes esse aspecto, mas, em geral, os outros consumidores nos fornecem a melhor orientação, pois seus incentivos estão mais bem alinhados com os nossos. O Netflix e o Google exploram a sabedoria coletiva dos consumidores, observando-os aos milhões e traduzindo as informações daí decorrentes em resultados de busca ou em recomendações relevantes.

Os consumidores também atuam como guias individuais quando divulgam pela Internet, em sites de vendas ou nos próprios blogs, suas opiniões sobre alguma coisa. Como agora é fácil acessar essas informações básicas quando se está procurando algo novo, é maior a probabilidade de encontrar o que se quer com rapidez sem precedentes. O efeito econômico daí decorrente é encorajar mais buscas fora do mundo conhecido ou pelos meios não-convencionais, o que impulsiona ainda mais a demanda para os nichos.

Outra coisa que acontece quando os consumidores conversam entre si é descobrirem que, em conjunto, suas preferências são muito mais diversificadas do que sugerem os planos de marketing. Seus interesses se desmembram em comunidades de afinidade cada vez mais estreitas, que se aprofundam cada vez mais nas respectivas preferências, como sempre ocorre quando as mentes atuam em conjunto. Encorajados pela empresa, virtual ou real, eles exploram juntos o desconhecido, afastando-se cada vez mais dos caminhos batidos pelo uso.

A explosão dessas tecnologias que ligam os consumidores é o que impulsiona a demanda da cabeça para a cauda da curva. Em outras palavras, a terceira força alimenta ainda mais a demanda pelos nichos e horizontaliza a curva, deslocando seu centro de gravidade para a direita.

• • •

Reflita sobre cada uma dessas forças como representantes de um novo conjunto de oportunidades no mercado emergente da Cauda Longa. A democratização das ferramentas de produção está promovendo enorme aumento na quantidade de produtores. A economia digital hipereficiente está gerando novos mercados. E, finalmente, a capacidade de explorar a inteligência dispersa de milhões de consumidores para que as pessoas encontrem o que lhes é mais adequado está determinando o surgimento de todos os tipos de novas recomendações e de métodos de marketing, atuando basicamente como os novos formadores de preferências.

Em resumo, tudo se encaixa mais ou menos no seguinte:

	Força	Negócio	Exemplo
1	**Democratização da produção**	*Produtores e fabricantes* de ferramentas de Cauda Longa	Câmeras de vídeo digitais, software para edição de música e vídeo, ferramentas de blogging
2	**Democratização da distribuição**	*Agregadores* da Cauda Longa	Amazon, eBay, iTunes, Netflix
3	**Ligação da oferta e demanda**	*Filtros* da Cauda Longa	Recomendações do Google, dos blogs e da Rhapsody, e listas de best-sellers

Os próximos três capítulos analisarão com mais detalhes essas novas oportunidades de negócios.

5

OS NOVOS PRODUTORES

NUNCA SUBESTIME O PODER DE UM MILHÃO DE AMADORES COM AS CHAVES DA FÁBRICA

Na noite de 23 de fevereiro de 1987, o observatório de Kamiokande II, no Japão, detectou 24 neutrinos numa explosão, que durou 13 segundos. Embora 24 neutrinos talvez não pareça muito, o observatório geralmente detecta apenas dois ou três em uma hora, e raramente em conjunto. Portanto, o acontecimento foi algo especial. Mas, para compreender seu verdadeiro significado foi necessário esperar algumas horas, de modo que outras observações também fossem relatadas.

Os astrofísicos já teorizavam havia muito tempo que quando uma estrela explode boa parte de sua energia é liberada sob a forma de neutrinos – partículas subatômicas de baixa massa que voam através dos planetas como balas através de tecido de papel. Parte da teoria é que na primeira fase desse tipo de explosão a única evidência observável é uma chuva dessas partículas, demorando mais algumas horas para que o inferno se manifeste sob a forma de luz visível. Em conseqüência, os cientistas previram que quando uma estrela se transforma em supernova perto de nosso sistema solar, detectaríamos os neutrinos cerca de três horas antes de percebermos a explosão no espectro visível.

A maneira de testar essa correlação entre neutrinos e luz visível era fazer ambas as observações e medir a diferença de tempo entre elas. Mas o problema referente à parte óptica dessa observação conjugada era a necessidade de olhar para a área certa do céu. Isso não era grande problema para os observatórios de neutrino. Por causa de seu layout esférico, a parede detectora de Kamiokande era capaz de registrar os neutrinos que penetravam na atmosfera terrestre, qualquer que fosse a sua direção. No entanto, para perceber a explosão com luz visível, o telescópio deveria estar apontado exatamente para o lugar certo, na hora certa. E não precisa dizer que havia muito firmamento para ser vasculhado.

Simplesmente não havia quantidade suficiente de astrônomos profissionais capaz de cobrir um pedaço do céu bastante grande para garantir alguma chance de localizar o fenômeno. Mas existiam milhares de astrônomos amadores que ficariam muito felizes em participar dessa iniciativa. Munidos de telescópios dobsonianos computadorizados, relativamente baratos, que permitem aberturas muito amplas, que não raro chegam a 12 polegadas, mesmo em aparelhos com menos de 1,5 metro, e que também contam com sensores CCD (charge-coupled device) muito sensíveis, os atuais astrônomos amadores podem fotografar o universo com mais exatidão e nitidez do que os astrônomos profissionais de um século atrás, cujos telescópios eram do tamanho de uma casa.

A primeira pessoa a ver a Supernova 1987A foi um observador que se situava em algum ponto entre amador e profissional. Ian Shelton, canadense, que abandonara o curso de pós-graduação, tomava conta de um observatório nos Andes chilenos, em troca de tempo no telescópio de 24 polegadas, quando não estivesse sendo usado pelos astrônomos acadêmicos. Uma dessas horas vagas ocorreu na noite de 23 de fevereiro, em que ventava muito. Naquela noite, Shelton decidiu usar o telescópio para explorar durante três horas a Grande Nebulosa de Magalhães.

Ocorre que exatamente 168 mil anos antes, a precisamente 168 mil anos-luz de distância, uma estrela explodira nas bordas da Nebulosa de Tarântula. No entanto, vista do planeta Terra e aos olhos de Shelton, a explosão parecia estar ocorrendo exatamente naquele momento: um enorme ponto luminoso de repente surgiu num canto da nebulosa, onde nada significativo havia antes. Shelton ficou olhando para as fotografias durante vinte minutos antes de ir para fora, ver a ocorrência com os próprios olhos. Sem dúvida, lá estava ela: a primeira supernova testemunhada a olho nu desde 1604.

A ligação entre Shelton e o observatório de Kamiokande II é de tempo. O observatório de neutrino localizou sua explosão às 7h35, hora universal. Shelton observou a primeira luz brilhante por volta de 10 horas, hora universal – pouco menos de três horas depois da chuva de neutrino. Até aqui, a teoria está certa. Contudo, será que ela poderia ter aparecido mesmo ainda mais cedo, antes de Shelton começar sua observação?

Felizmente, dois outros astrônomos amadores também estavam trabalhando naquela noite, usando telescópios não-profissionais menores. Na Nova Zelândia, Albert Jones, veterano que acumulara mais de meio milhão de observações, vasculhara com cuidado a Nebulosa de Tarântula, às 9h30, hora universal, e não percebera nada de anormal. Robert McNaught, outro amador, fotografou a explosão as 10h30, na Austrália, confirmando a hora de Shelton. Assim, a luz surgiu em algum momento entre 9h30 e 10 horas.

Foi assim que aconteceu uma das maiores descobertas astronômicas do século XX. Uma teoria básica sobre o funcionamento do universo foi confirmada graças a amadores na Nova Zelândia e na Austrália, a um amador que tentava virar profissional no Chile e a físicos profissionais nos Estados Unidos e no Japão. Quando um trabalho científico finalmente anunciou a descoberta para o mundo, todos compartilharam sua autoria.

Demos, centro de altos estudos inglês, descreveu a ocorrência como momento decisivo no advento da era "Pro-Am", época em que profissionais e amadores trabalham lado a lado: "A astronomia era praticada em institutos de pesquisa da 'grande ciência'. Agora, ela também depende da colaboração Pro-Am. Muitos amadores continuam a trabalhar sozinhos e muitos profissionais ainda se encafuam em suas instituições acadêmicas. Mas surgiram redes de pesquisa global, interligando profissionais e amadores com interesses comuns em estrelas eruptivas, cometas e asteróides."

Timothy Ferris, em *Seeing in the Dark*, história da moderna astronomia amadora, observa o seguinte: "Se fôssemos escolher uma data em que a astronomia evoluiu dos velhos tempos dos profissionais solitários em seus telescópios para uma rede mundial conectando profissionais e amadores... uma boa candidata seria a noite de 23 de fevereiro de 1987." E o Demos conclui: "A astronomia está se transformando rapidamente numa ciência baseada em vasto movimento aberto Pro-Am, que atua ao lado de um conjunto muito menor de astrônomos e astrofísicos profissionais."

As tecnologias que possibilitaram esse movimento Pro-Am em astronomia são a óptica dobsoniana, CCDs e a Internet como mecanismo para a troca de informações. Essas ferramentas inflaram as fileiras dos astrônomos amadores e aumentaram em muito seu impacto. Ao longo das últimas duas décadas, a astronomia se transformou em um dos campos mais democratizados da ciência, em parte porque ficou muito claro o importante papel desempenhado pelos amadores.

Freqüentemente, a NASA chama amadores para ver asteróides específicos que talvez estejam em rota de colisão com a Terra, tarefa de observação coordenada por um grupo de troca de mensagens de e-mail chamado Minor Planet Mailing List, coordenado por Richard Kowalski, carregador de bagagens da US Airways na Flórida, durante o dia, e astrônomo à noite. Alguns dos oitocentos amadores da lista registram suas observações por diversão; outros esperam imortalizar-se, dando o nome a alguma descoberta importante. O notável é que nenhum deles exerce essas atividades por dinheiro.

A astronomia é uma área de atuação natural para o trabalho voluntário. Mais uma vez, a dificuldade em observar o firmamento é olhar para o lugar certo, no momento certo, para assistir aos fenômenos mais interessantes, como asteróides ou evolução estelar. É menos uma questão do tamanho e do preço do telescópio e mais uma questão de quantos olhares estão voltados para o céu, com os instrumentos certos, em determinado instante. Os amadores multiplicam muitas vezes a força de trabalho dedicada à astronomia – atividade que não se limita em ficar no quintal, olhando as estrelas.

O SETI@home ("Search for Extraterrestrial Intelligence at home") é um projeto que explora a capacidade ociosa de computação de mais de meio milhão de computadores domésticos. Depois de coletar horas e horas de ruído branco (*white noise*) oriundo do espaço, o projeto distribui os dados oriundos de seus radiotelescópios para os computadores dos voluntários. Quando não estão usando os computadores, entra em cena um protetor de tela especial. Enquanto exibe imagens cósmicas, o programa varre os bits de cada gravação, na esperança de localizar algum sinal que talvez tenha sido produzido por inteligências alienígenas. Ao distribuir esses dados entre os computadores dos voluntários, o projeto torna-se capaz de examinar quantidade muito maior de sinais do que seria possível sem tal compartilhamento; e o único requisito para participar do projeto é baixar algum software.

Outro projeto abriu as fontes da análise das imagens de Marte. A NASA divulgou fotos com algumas décadas de idade tiradas pelas naves Viking e pediu aos internautas para clicar em todas as crateras que conseguissem ver, classificando-as como novas, degradadas ou "fantasmas". Em geral, esse trabalho é tedioso para cientistas e estudantes de pós-graduação, podendo estender-se por meses ou anos, mas em apenas três meses o projeto "Mars Clickworkers" conseguiu que voluntários identificassem mais de 200 mil crateras. Considerando a média de todos os cliques, esse trabalho amador se revelou quase tão exato quanto o de especialistas em geologia planetária.

Nos softwares de "fonte aberta", pelos quais qualquer pessoa pode contribuir para o projeto, o mantra é: "Quando existem olhos suficientes, todos os bugs são triviais." O mesmo ocorre com a astronomia: se houver observadores suficientes, em breve, veremos um asteróide com o nosso nome – e bastante cedo para ainda fazer alguma coisa.

Evidentemente, os Pro-Ams estão sujeitos a limites. A participação deles consiste, principalmente, em colher dados, não em criar novas teorias sobre astrofísica. Embora, às vezes, não consigam analisar de maneira adequada os dados que coletaram, sua participação na área parece assegurada. Como John Lankford, historiador da ciência, afirmou na revista *Sky & Telescope*, a bíblia dos astrônomos amadores dos Estados Unidos, "sempre restará alguma divisão de trabalho entre profissionais e amadores, mas, no futuro, será cada vez mais difícil distinguir os dois grupos".

DEMOCRATIZAÇÃO DAS FERRAMENTAS DE PRODUÇÃO

O novo no caso é a maneira como é feito, não o conceito em si. Com efeito, Karl Marx foi, talvez, o primeiro profeta da economia Pro-Am. Como observa o Demos, Marx sustentou em *A ideologia alemã*, escrito entre 1845 e 1847, que o trabalho forçado, não-espontâneo e assalariado seria superado pela atividade autônoma. Finalmente, esperava ele, chegaria um tempo em que a "produção material criará condições para que todas as pessoas disponham de tempo ocioso para o exercício de outras atividades". Marx evocava uma sociedade comunista em que "... ninguém tem uma esfera de atividade exclusiva, mas cada uma delas pode ser executada da maneira que mais aprouver a cada um (...) caçar de manhã, pescar de tarde, criar gado à noite, criticar depois do jantar, do mesmo modo como tenho uma mente, sem nunca ter sido caçador, pescador, pastor ou crítico".

Prosseguindo com o vocabulário de Marx, os Pro-Ams são uma criação da primeira força da Cauda Longa, a democratização das ferramentas de produção.

O mesmo efeito que vemos na astronomia se manifesta em vários outros campos. Da mesma maneira como a guitarra elétrica e a garagem democratizaram a música popular quarenta anos atrás, o advento do computador e das ferramentas de produção estão democratizando o estúdio. A GarageBand da Apple, que vem de graça em todos os computadores Mac, cumprimenta o usuário com a sugestão "Grave seu próximo grande hit", e fornece as ferramentas para fazer isso. Além disso, as câmeras de vídeo digitais e os softwares de edição (parte integrante do Windows e do sistema operacional dos Macs) estão colocando essas novas ferramentas nas mãos de todos os cineastas domésticos – algo antes reservado apenas para profissionais.

Em seguida, vem a palavra escrita, sempre na vanguarda do igualitarismo. Embora tenha sido a fotocopiadora que primeiro desmentiu o aforismo de que "o poder da imprensa só beneficia os donos", foram os blogs (abreviação de weblog) que desencadearam a renascença da editoração amadora. Hoje, milhões de pessoas lançam publicações diárias para um público que, no conjunto, é maior que o de qualquer veículo da grande mídia. Por sua vez, os blogs são conseqüência da democratização das ferramentas: o advento de softwares e de serviços simples e baratos que facilitam a tal ponto a editoração on-line que ela se torna acessível a todos.

O mesmo se aplica à edição e impressão de fotos por computador, a videogames que estimulam os jogadores a criar e a compartilhar suas próprias alternativas e à publicação de livros impressos por encomenda. Poucas décadas atrás, duas eram as razões por que muita gente não produzia sucessos cinematográficos: (1) não ter acesso às ferramentas necessárias e (2) não ter talento. Hoje, só resta uma desculpa – e mesmo essa já não é tão convincente quanto antes. Hollywood, com toda a sua eficiência, não é capaz de identificar todos os grandes cineastas potenciais existentes no planeta. A tecnologia, barata e onipresente, consegue resultados muito melhores. Vez por outra, o talento acabava conquistando acesso às ferramentas de produção; agora, é o contrário.

A conseqüência de tudo isso é que estamos deixando de ser apenas consumidores passivos para passar a atuar como produtores ativos. E o estamos fazendo por puro amor pela coisa (a palavra "amador" vem do latim *amator*, "amante", de *amare,* "amar"). O fenômeno se manifesta por toda parte – a extensão em que os blogs amadores estão disputando a atenção do público com a grande mídia, em que as pequenas bandas estão lançando músicas sem selo de gravadora e em que os colegas consumidores dominam as avaliações on-line de produtos e serviços é como se a configuração básica da produção tivesse mudado de "Conquiste o direito de fazê-lo" para "O que o está impedindo de fazer?".

O autor Doc Searls chama esse fenômeno de mudança do consumismo para o "producismo" participativo:

> A "economia do consumo" é um sistema controlado pelos produtores, no qual os consumidores não são nada mais do que fontes de energia que metabolizam produtos em dinheiro. Esse é o resultado absolutamente corrompido do poder absoluto dos produtores sobre os consumidores, desde que os produtores ganharam a Revolução Industrial.

A Apple está oferecendo aos consumidores ferramentas que os convertem em produtores. Essa prática transforma radicalmente tanto o mercado quanto a economia que nele floresce.

Constato essa tendência em meus próprios filhos pequenos, que, enquanto escrevo, estão brincando com machinima – pequenos filmes animados por computador, produzidos por meio de software de videogame. Usando os recursos de 3D de jogos como Halo 2 ou Sims para todos os efeitos visuais, os diretores de machinima precisam apenas escrever um script, controlar os personagens e dar voz aos diálogos. Tudo o mais – cenários, câmeras, personagens e veículos – é feito pelo software de jogo. É como ter um mini-Pixar em todo Xbox ou PC.

A primeira reação das crianças foi ver e aproveitar os filmes de machinima como entretenimento. A segunda foi manifestar curiosidade sobre como são produzidos. E a terceira foi perguntar se conseguiriam produzir um filme sozinhos. (A resposta foi, evidentemente, *sim*.) O que falta à machinima em termos de sofisticação de Hollywood lhe sobra sob o aspecto de inspiração criativa. Toda uma geração se desenvolve, vendo pessoas comuns, iguais a qualquer outra, produzir trabalhos com impressionante criatividade. Isso não pode deixar de causar-lhes forte impressão.

Uma coisa é assistir a um filme ou ouvir uma música e pensar em "gênios" – que alguém muito especial com extraordinário aparato de produção criou essa obra-prima sem igual, que nos marcou com tanta profundidade. No entanto, quando sabemos o que acontece nos bastidores, começamos a perceber que também nós podemos ser os gênios privilegiados. Inspiramo-nos a criar quando as ferramentas de produção são transparentes. Quando as pessoas compreendem como se fazem as grandes obras, é mais provável que elas mesmas queiram fazê-las.

Hoje, milhões de pessoas comuns têm as ferramentas e os modelos para se tornarem produtores amadores. Algumas também terão talento e visão. Como os meios de produção se difundiram com tamanha amplitude, entre tantas pessoas, os talentosos e visionários, ainda que representem uma pequena fração do total, já são uma força a ser levada em conta. Não se surpreenda se algumas das obras mais criativas e influentes das próximas décadas forem produzidas por essa classe Pro-Am de aficionados inspirados, em vez de provirem das fontes tradicionais do mundo comercial. O efeito dessa mudança significa que a Cauda Longa crescerá em ritmo nunca dantes visto.

O FENÔMENO DA WIKIPEDIA

Em janeiro de 2001, um próspero operador de opções, chamado Jimmy Wales, decidiu construir uma grande enciclopédia on-line de uma maneira inteiramente nova – explorando a sabedoria coletiva de milhões de especialistas e semi-especialistas amadores, apenas pessoas comuns que se julgam conhecedoras de alguma coisa. Essa enciclopédia estaria disponível de graça para todo o mundo; e seria criada não por especialistas e editores, mas por todos que quisessem contribuir. Wales começou com poucas dezenas de artigos pré-escritos e um software aplicativo chamado Wiki (palavra havaiana que significa "rápido" ou "veloz"), que cria condições para que qualquer pessoa com acesso à Internet entre num site, edite, apague ou aumente seu conteúdo. Propósito: nada menos que construir um repositório de conhecimentos que rivalize com a antiga biblioteca de Alexandria.

Desnecessário dizer que a pretensão era controversa.

Para começar, não é assim que se devem fazer enciclopédias. Desde os mais remotos primórdios, a compilação de conhecimentos respeitáveis foi tarefa de acadêmicos. Tudo começou com uns poucos polímatas solitários que ousaram tentar o impossível. Na Grécia antiga, Aristóteles se empenhou para registrar todos os conhecimentos de sua época. Quatrocentos anos depois, o nobre romano Plínio, o Velho, produziu um conjunto de 37 volumes com os conhecimentos da época. O estudioso chinês Tu Yu escreveu sozinho sua enciclopédia no século IX. E, no século XVIII, Diderot e alguns amigos (inclusive Voltaire e Rousseau) demoraram 29 anos para criar a *Encyclopédie, ou Dictionnaire Raisonné des Sciences, des Arts e des Métiers*.

O trabalho individual aos poucos evoluiu em grandes empreendimentos de equipe, sobretudo depois da chegada da Revolução Industrial. Em fins do século XVIII, vários membros do Iluminismo Escocês começaram a aplicar os princípios industriais da administração científica e as lições da linha de montagem à criação de uma enciclopédia que o mundo nunca vira antes. A terceira edição da *Encyclopaedia Britannica,* publicada entre 1788 e 1797, chegou a 18 volumes, mais um suplemento de dois volumes, perfazendo mais de 16 mil páginas. Recrutaram-se grupos de especialistas para escrever artigos acadêmicos, sob a direção de um gestor, tudo planejado, organizado e coordenado por minuciosos diagramas de trabalho.

Agora, Wales lançou um terceiro modelo: a enciclopédia aberta e coletiva. Em vez de basear-se numa única pessoa inteligente ou num grupo de indivíduos privilegiados, a Wikipedia explora os conhecimentos de milhares de pessoas de todos os tipos – desde verdadeiros especialistas até observadores interessados – com muitos curadores voluntários que adotam verbetes e mantêm-se atentos à sua evolução. Na nova enciclopédia de Wales, 50 mil wikipedianos auto-selecionados equivalem a um Plínio, o Velho.

Conforme afirmou o escritor Daniel Pink, "em vez de em linhas de autoridade definidas com clareza, a Wikipedia se baseia na descentralização radical e na auto-organização. É fonte aberta em sua forma mais pura. A maioria das enciclopédias começa a fossilizar-se no momento em que se imprimem suas páginas. No entanto, por meio do software Wiki e da colaboração de muita gente, obtém-se algo auto-regenerativo e quase vivo. Esse modelo de produção diferente cria um produto fluido, rápido, renovável e gratuito".

Em 2001, a idéia parecia absurda. Em 2005, esse empreendimento sem fins lucrativos converteu-se na maior enciclopédia do planeta. A Wikipedia oferece mais de 860 mil artigos em inglês – em comparação com os 80 mil da *Britannica* e com os 4.500 da *Encarta* – elaborados por mais de 16 mil colaboradores. Reunindo-se as edições em 75 outras línguas, inclusive esperanto e curdo, o total de artigos da Wikipedia chega a mais de 3,5 milhões.

Tudo de que se precisa a fim de contribuir para a Wikipedia é acesso à Internet. Todos os verbetes têm uma aba "Edite esta página", acessível a qualquer pessoa. Cada indivíduo é especialista em alguma coisa e a beleza da Wikipedia é que praticamente não existe assunto tão estreito que não mereça um verbete. Esse é um aspecto em que é forte o contraste com a *Britannica*. Quando se abre uma grande enciclopédia e não se encontra um verbete para o que se está procurando ou o verbete existente parece inadequado, pouco se pode fazer, a não ser torcer as mãos ou escrever uma carta para o editor, esperando receber resposta. Na Wikipedia, contudo, é possível melhorar o verbete ou criar um novo verbete. Esse tipo de mudança, de ressentimento passivo para participação ativa, faz enorme diferença. Reformulando a velha piada sobre o tempo, todos se queixam da enciclopédia, e agora pode-se fazer alguma coisa para melhorá-la.

A ERA PROBABILÍSTICA

Muito se fala sobre o fato de os verbetes da Wikipedia "não serem sancionados por autoridades no assunto", ou seja, credenciados, o que significa dizer que nem sempre são exatos. Isso, evidentemente, é inevitável quando qualquer pessoa pode escrevê-los ou alterá-los. Ao contrário da *Britannica*, em que cada verbete é elaborado, aperfeiçoado e atualizado por profissionais de competência comprovada, os verbetes da Wikipedia simplesmente surgem como que do vácuo, pelo milagre da aba "Edite esta página".

Em fins de 2005, John Seigenthaler Sr., escreveu um artigo na página de opiniões do *USA Today* a respeito do verbete sobre ele próprio na Wikipedia, verbete este que começava da seguinte maneira:

> John Seigenthaler Sr. era assistente do procurador-geral Robert Kennedy, em princípios da década de 1960. Durante pouco tempo, considerou-se que ele estivesse envolvido diretamente nos assassinatos dos irmãos Kennedy, de John e do irmão Bobby. Nada se provou.

Além da afirmação de que ele fora assistente de Kennedy no início da década de 1960, praticamente todo o resto do verbete era falso e calunioso. Seigenthaler telefonou para Wales e o convenceu a apagar todo o verbete (embora ele mesmo pudesse ter feito a mesma coisa sem dificuldade), mas depois de seu artigo sobre a experiência, desencadeou-se um debate nacional sobre se a Wikipedia era confiável, questão que perdura até hoje.

A resposta não pode ser simplesmente positiva ou negativa, pois é da natureza do conteúdo criado pelos usuários ser confuso e incerto em microescala, ou seja, no nível em que geralmente o experimentamos, da mesma maneira como é extraordinariamente bem-sucedido na macroescala do panorama geral. Mas é necessário que se o compreenda em sua verdadeira natureza.

A Wikipedia, como o Google e a sabedoria coletiva de milhões de blogs, opera com base na lógica exótica da estatística probabilística, ou seja, em que se trata mais de probabilidade do que de certeza. Porém, nosso cérebro não está preparado para raciocinar em termos de estatística e probabilidade. Queremos saber se o verbete de uma enciclopédia está certo ou errado. Fazemos questão de que haja algo sábio (de preferência humano) orientando os resultados do Google.

Quando profissionais – editores, acadêmicos, jornalistas – estão dirigindo o espetáculo, pelo menos sabemos que compete a alguém cuidar de alguns atributos fundamentais, como exatidão. Mas, agora, dependemos cada vez mais de sistemas pelos quais ninguém é responsável; a inteligência é simplesmente "emergente", o que significa dizer que ela parece surgir espontaneamente dos grandes números. Esses sistemas probabilísticos não são perfeitos, mas, sob o ponto de vista estatístico, são otimizados para, com o tempo, tornar-se excelentes. Eles foram concebidos para "aumentar de escala" e melhorar com o tamanho. E um pouco de confusão e possíveis falhas na microescala são o preço que se paga pela eficiência na macroescala.

Mas como isso pode dar certo quando parece tão errado?

Sim, eis aí a dificuldade! Em geral, as pessoas não conseguem entender e aceitar esse dilema. Não é à toa que ainda estamos discutindo Darwin. E por que o livro *A sabedoria das multidões,* de James Surowiecki, sobre a mão invisível de Adam Smith e sobre como muitas pessoas podem ser mais inteligentes do que poucas pessoas, ainda é surpreendente (e ainda deve ser lido) mais de duzentos anos depois da morte do grande escocês. Tanto a economia de mercado quanto a evolução das espécies são conceitos probabilísticos, o que é simplesmente anti-intuitivo para nosso cérebro de mamífero. O fato de que alguns seres humanos inteligentes chegaram a tal conclusão e usaram esse insight para construir os fundamentos de nossa economia moderna, desde o mercado de ações até o Google, é a prova de que nosso software mental (nosso conhecimento coletivo) evoluiu com mais rapidez do que nosso hardware (nossa rede neurônica).

Os sistemas baseados na probabilidade são, para usar o termo de Kevin Kelly, "out of control" (incontroláveis). Em seu livro pioneiro, de mesmo nome, ele examina vários exemplos, desde sistemas democráticos até bandos de aves, em que a ordem parece emergir do caos, aparentemente revertendo o sentido da entropia. Embora o livro já tenha mais de 12 anos, daqui a algumas décadas ainda consideraremos seus insights surpreendentes. Seja como for, ele está certo.

Mas, afinal, a Wikipedia é sancionada por autoridades no assunto e, portanto, é absolutamente confiável e fidedigna? Bem, não. Mas será que existe alguma coisa absolutamente confiável e fidedigna? A *Britannica* é revisada por um pequeno grupo de revisores, com credenciais acadêmicas em média mais elevadas. Sem dúvida, nela há menos furos ou invencionices, se houver, do que na Wikipedia. Mas ela também não é infalível; com efeito, um estudo de 2005 efetuado pela revista *Nature*, periódico científico, relatou que, em 42 verbetes sobre tópicos científicos, constatou-se, em média, quatro erros por verbete na Wikipedia e três na *Britannica*. E pouco depois da divulgação do relatório, os verbetes da Wikipedia foram corrigidos, enquanto a *Britannica* terá de esperar pela próxima reimpressão.

As maiores falhas da *Britannica* são de omissão, não de ação. Ela é superficial em algumas categorias e ultrapassada em muitas outras. E, então, há os milhões de verbetes que simplesmente não existem – e não podem existir, em face de seu processo editorial. Mas a Wikipedia *pode* ampliar-se constantemente para incluir esses verbetes e muitos outros. E é atualizada o tempo todo.

A vantagem dos sistemas probabilísticos é que eles se beneficiam da sabedoria das multidões e, em conseqüência, podem aumentar de escala, tanto em amplitude quanto em profundidade. No entanto, como essa característica sacrifica a certeza absoluta em microescala, é preciso considerar cada resultado isolado com um pouco de dúvida. A Wikipedia deve ser a primeira fonte de informação, mas não a última. Deve ser o site para exploração de informações, mas não a fonte definitiva dos fatos.

O mesmo se aplica aos blogs. Nenhum deles é absolutamente credenciado, confiável e fidedigno. Os blogs são uma forma de Cauda Longa e é sempre um erro generalizar sobre a qualidade ou natureza do conteúdo na Cauda Longa – ela é, por definição, variável e diversa. Mas, em conjunto, os blogs estão se revelando tão fidedignos quanto a grande mídia ou até mais confiáveis. Apenas é necessário ler mais de um deles para decidir.

O mesmo se aplica ao Google, que parece onisciente e imperscrutável. Ele é capaz de estabelecer conexões impossíveis para mim ou para você, pois elas são conseqüência direta da matemática, em escala para nós incompreensível. O Google é, em tese, a primeira empresa que nasceu com a inteligência exótica inerente à "escala maciça", como parte integrante de seu DNA. Essa é a razão de seu enorme sucesso e de sua aparente infinitude.

O autor Paul Graham assim se expressa sobre a questão:

> Evidentemente, a Internet tem uma certa granulação, sua própria natureza específica, e o Google está alinhado com ela. Ambos navegam a favor do vento, em vez de se acomodarem passivos, rezando pela inspiração de um modelo de negócios, como a mídia impressa, ou tentando velejar contra o vento, entrando com ações judiciais contra seus clientes, como a Microsoft e as gravadoras. O Google não tenta forçar situações para que as coisas ocorram à sua maneira. Procura descobrir o que vai acontecer e dá um jeito de estar preparado para quando acontecer.

A Internet é a última palavra em mercado de idéias, regido pela lei dos grandes números. Essa granulação percebida por Graham é a trama da mecânica estatística, a única lógica compreendida pelos sistemas realmente grandes. É possível que algum dia ela também esteja a nosso alcance.

O PODER DA PRODUÇÃO COLABORATIVA

Como um todo, a Wikipedia é, em tese, a melhor enciclopédia do mundo: maior, mais atualizada e, em muitos casos, mais profunda do que a *Britannica*. Mas, no nível de cada verbete, a qualidade varia. Ao lado de artigos de surpreendente academicismo e erudição, encontram-se muitos "stubs", ou seja, previsões de artigos que em geral fornecem informações rudimentares sobre um tópico a ser expandido, e até mesmo spams autógenos.

Nos verbetes populares, que são observados por muita gente, a Wikipedia demonstra notável resistência ao vandalismo e às batalhas ideológicas. Estudo da IBM descobriu que o tempo médio de reparo em verbetes de alta visibilidade da Wikipedia, como "Islamismo", é inferior a quatro minutos. E isso não resulta do trabalho de censores profissionais da enciclopédia. Trata-se simplesmente da reação imediata de um enxame Pro-Am de curadores autônomos que se arrogaram essa função. Contra todas as expectativas, é de um brilhantismo extraordinário. E, à medida que cresce, essa característica auto-reparadora se difundirá para verbetes menos populares.

A essência da questão não é que todos os verbetes da Wikipedia sejam probabilísticos, mas que *toda a enciclopédia* se comporta de maneira probabilística. As chances de se acessar um verbete substancioso, atualizado e exato da Wikipedia referente a qualquer assunto são excelentes, ainda que nem todos os verbetes sejam notáveis.

Em outros termos, a amplitude da qualidade da *Britannica* varia de, por exemplo, 5 a 9, com a média de 7. Na Wikipedia, essa variação é de 1 a 10, com a média de digamos, 5. Mas, considerando que a Wikipedia tem dez vezes mais verbetes do que a *Britannica*, as chances de se encontrar um verbete razoável sobre o tópico que se está pesquisando são, na verdade, mais altas na Wikipedia.

O que torna a Wikipedia de fato extraordinária é sua capacidade de melhorar com o tempo, curando-se organicamente, como se seu enorme exército, em rápido crescimento, de colaboradores espontâneos fosse um sistema imunológico, sempre vigilante e ágil na reação a qualquer coisa que ameace o organismo. E, como qualquer sistema biológico, ele evolui, selecionando traços que ajudem a manter-se um passo adiante dos predadores e fatores patogênicos em seu ecossistema.

O processo tradicional de criação de uma enciclopédia – editores profissionais, escritores acadêmicos e revisão por pares – busca a perfeição. Raramente chega a esse ponto, mas a procura da exatidão e da clareza resulta num trabalho consistente e confiável, mas também muito demorado e dispendioso. O mesmo se aplica a outros produtos das editoras tradicionais: espera-se que um livro seja impresso nos dois lados da página e que não contenha erros de ortografia. Certos padrões de qualidade mínimos raramente deixam de ser cumpridos.

Contudo, no caso dos produtos probabilísticos, existe apenas um nível de qualidade estatístico, o que significa dizer: algumas coisas serão ótimas, outras serão medíocres e ainda outras serão lixo. Essa é a própria natureza da coisa. O erro de muitos críticos é esperar algo diferente. A Wikipedia é simplesmente um animal diferente da *Britannica*. É uma comunidade viva, em vez de um trabalho de referência estático.

O verdadeiro milagre da Wikipedia é que esse sistema aberto de contribuições e edições de usuários amadores não descamba simplesmente para a anarquia. Ao contrário, de alguma maneira ela se converteu, por auto-organização, na mais abrangente enciclopédia da história. Invertendo o sentido da entropia, o impulso catalisador de Jimmy Wales – reunindo alguns verbetes iniciais e criando um mecanismo para novas inclusões – de fato extraiu a ordem do caos.

O resultado é um tipo muito diferente de enciclopédia, que não está sujeita a quaisquer limites de natureza espacial ou quanto aos recursos de produção. Ela oferece todos os verbetes que esperamos de um livro de referência de primeira classe e centenas de milhares de outros inesperados, abrangendo artigos com a profundidade de livros-texto, em assuntos como mecânica quantum, até biografias de personagens de quadrinhos. Em outros termos, inclui todos os hits mais enorme quantidade de nichos.

O modelo clássico da enciclopédia é uma lista supervisionada da erudição convencional. Além dos cânones básicos, que devem ser reconhecidos por autoridades, há outros verbetes, de extensão decrescente, até que se chega ao ponto em que os sacerdotes da *Britannica* decidem: "Isso não vale a pena." E aí termina a enciclopédia clássica. A Wikipedia, ao contrário, *continua*.

Sob certo aspecto, pode-se encarar a Wikipedia como algo equivalente à Rhapsody, site de música. Primeiro, tem-se os mil tópicos mais procurados, que podem ser encontrados em qualquer enciclopédia: Júlio César, Segunda Guerra Mundial, estatística etc. Esses verbetes são como as músicas das paradas de sucesso. Nesse caso, a Wikipedia conta com profissionais da melhor qualidade, que produzem artigos bem escritos, sancionados por autoridades no assunto, os quais apresentam os fatos com o conforto decorrente do conhecimento consabido. Aqui, a principal vantagem do modelo da Wikipedia, de criação pelos próprios usuários, é a capacidade da atualização constante, da extensão ilimitada e dos recursos visuais, como fotos e gráficos, inclusive os numerosos links com materiais de apoio em outros lugares e, talvez, a melhor exposição de alternativas e controvérsias.

No meio da curva, a partir do milésimo verbete, onde termina a *Britannica*, até o 80.000º verbete, encontram-se os assuntos mais específicos, como cesariana, Okinawa, análise de regressão etc. Aqui, o modelo da Wikipedia começa a passar à frente na competição com os profissionais. A disponibilidade de espaço ilimitado permite que os verbetes da Wikipedia sejam mais longos e mais abrangentes. Enquanto a extensão média dos verbetes da *Britannica* é de 678 palavras, mais de 200 mil verbetes da Wikipedia são mais extensos do que isso, o que equivale a mais de duas *Britannicas* inteiras. Enquanto isso, os links externos e as informações atualizadas se destacam como grande vantagem, na medida em que a Wikipedia se transforma em plataforma de lançamento de novas pesquisas.

Finalmente, surge a cauda, do 80.000º verbete ao milionésimo verbete. Esses são os verbetes da Wikipedia que as outras enciclopédias nem tentam incluir. Os verbetes desse grupo – Cifra de César, Coeficiente de Correlação de Spearman, e outros igualmente esotéricos – incluem os melhores (escritos por especialistas apaixonados pelo tema) e os piores (destinados a autopromoção ou exibicionismo). Embora muitos críticos se concentrem nos piores artigos, o aspecto realmente importante da cauda da Wikipedia é inexistência de absolutamente nada parecido com ela em nenhuma outra fonte. Desde a ciência mais profunda até os mais recentes acontecimentos políticos, a Wikipedia chega aonde nenhuma outra enciclopédia ousa explorar, por suas limitações de espaço em papel ou em DVD. A *Britannica* (ainda) não tem um verbete sobre o fenômeno da Cauda Longa, mas o verbete da Wikipedia sobre o assunto, além de bem escrito, exaustivo e exato, tem a extensão de 1.500 palavras, e nenhuma delas foi escrita por mim!

Os autores da Wikipedia tendem a ser pessoas liberais, entusiasticamente engajadas e motivadas pela oportunidade de melhorar o conhecimento público de algum assunto de que são aficionados e profundos conhecedores, população que, em apenas cinco anos, se multiplicou por mil, com a invasão de amadores capacitados, que passaram a contar com as novas ferramentas simples e democráticas de produção de enciclopédias: um browser e uma conexão com a Internet.

Esse é o mundo da "peer production" (produção colaborativa ou entre pares), fenômeno extraordinário, possibilitado pela Internet, caracterizado pelo voluntarismo ou amadorismo de massa. Estamos na aurora de uma era em que a maioria dos produtores, em qualquer área, não será remunerada. A principal diferença entre esses amadores e seus colegas profissionais é simplesmente a lacuna cada vez menor nos recursos disponíveis, para que ampliem o escopo de seu trabalho. Quando as ferramentas de trabalho estão ao alcance de todos, todos se transformam em produtores.

A ECONOMIA DA REPUTAÇÃO

E por que será que agem assim? Por que será que alguém cria algo de valor, de verbetes de enciclopédia a observações econômicas, sem um plano de negócios e, nem mesmo, perspectiva de remuneração? A questão é fundamental para a compreensão da Cauda Longa, sobretudo porque boa parte do que compõe a curva não começa com propósitos comerciais. Ainda mais importante, o assunto é relevante porque representa mais um exemplo de até que ponto nossos pressupostos sobre os mercados devem ser repensados. A motivação para a criação não são os mesmos na cabeça e na cauda da curva. Os modelos econômicos não se aplicam a todos os casos. Pode-se refletir sobre a Cauda Longa como algo que começa como economia monetária tradicional na cabeça e que termina como economia não-monetária na cauda. Entre os dois extremos, predomina uma mistura de ambos os modelos.

No alto, na cabeça, onde os produtos se beneficiam de canais de distribuição de mercado de massa poderosos, mas dispendiosos, predominam os aspectos de negócios. Esse é o domínio dos profissionais e, como tal, por mais que os produtores amem a profissão, trata-se também de trabalho e de fonte de renda. Os custos de produção e de distribuição são altos demais para que a economia fique em segundo plano em relação à criatividade. O dinheiro impulsiona o processo.

Embaixo, na cauda, onde os custos de produção e distribuição são baixos, graças ao poder democratizante das tecnologias digitais, os aspectos de negócios geralmente são secundários. Em vez disso, as pessoas criam por várias outras razões – expressão, diversão, experimentação e assim por diante. A razão por que o fenômeno assume características de economia é a existência de uma moeda no reino capaz de ser tão motivadora quanto o dinheiro: *reputação*. Medida pelo grau de atenção atraída pelo produto, a reputação pode ser convertida em outras coisas de valor: trabalho, estabilidade, público e ofertas lucrativas de todos os tipos.

Tim Wu, professor de direito da Columbia University, denomina o fenômeno de "cultura da exposição" (*exposure culture*). Usando blogs como exemplo, escreve:

> A cultura da exposição reflete a filosofia da Web, na qual ser percebido é tudo. Os autores da Web se ligam uns aos outros, citam com liberalidade e, às vezes, comentam ou anotam artigos inteiros. A transmissão por e-mail de links para artigos ou piadas favoritas integrou-se na cultura dos ambientes de trabalho americana, tanto quanto as conversas de bebedouro. O grande pecado da cultura da exposição não é copiar, mas, em vez disso, deixar de citar de maneira adequada a autoria. No centro dessa cultura da exposição situa-se o todo poderoso software de pesquisa. Se for fácil encontrar o seu site no Google – não o acione em juízo, comemore.

Quando se considera que a curva está povoada de criadores com diferentes incentivos, é fácil aplicar essa idéia também a seus interesses de propriedade intelectual. A Disney e a Metallica talvez estejam fazendo tudo a seu alcance para reforçar e ampliar seus direitos de propriedade intelectual, mas também há muitos outros artistas e produtores, até mais, que vêem a distribuição P2P como marketing de baixo custo. Os músicos podem converter esse público em audiência para seus shows ao vivo, os cineastas indianos o consideram uma espécie de currículo viral e os acadêmicos vêem o download gratuito de seus trabalhos como maneira de intensificar seu impacto e ampliar sua audiência.

Cada uma dessas perspectivas muda a maneira como os criadores encaram os direitos de propriedade intelectual. No topo da curva, os estúdios cinematográficos, as grandes gravadoras e as editoras defendem com ferocidade seus direitos autorais. No meio, domínio dos selos independentes e das editoras universitárias, situa-se uma área cinzenta. Mais abaixo, na cauda, principalmente na zona não-comercial, um número cada vez maior de criadores de conteúdo está optando de maneira explícita por abrir mão de algumas de suas proteções de propriedade intelectual. Desde 2002, uma organização sem fins lucrativos, denominada Creative Commons, está emitindo licenças de igual nome para permitir o uso flexível de certos trabalhos com direitos autorais, em busca de maior valor, para os criadores de conteúdo, da distribuição, da remixagem e de outras divulgações P2P gratuitas de seus interesses e de sua reputação. (Com efeito, fiz isso com meu próprio blog, por todas as razões citadas.)

Em suma, alguns criadores se importam com direitos de propriedade intelectual e outros não. No entanto, a lei não os distingue – os direitos de propriedade intelectual são automaticamente reconhecidos e protegidos, a não ser no caso de renúncia expressa. Em conseqüência, o poder da gratuidade é obscurecido pelo medo de acusações de pirataria e geralmente é visto com suspeita, quanto mais não seja por evocar ecos dos velhos slogans do comunismo e do movimento hippie.

Seja como for, trata-se de algo que estamos começando a reconsiderar, à medida que o poder da "economia da gratuidade ou economia da doação" (*gift economy*) se torna cada vez mais claro – em tudo, desde a blogosfera até a fonte aberta. Numa parte de minha vida profissional (na revista de que sou editor, com circulação de 600 mil exemplares) estou perto da cabeça da curva e em outra (meu blog com 5 mil leitores) estou na cauda. Minhas decisões sobre propriedade intelectual são diferentes em cada situação. Espero que em breve o mercado e a legislação reflitam com mais exatidão essa realidade.

AUTO-EDITORAÇÃO SEM ACANHAMENTO

Encaramos os livros sob lentes comerciais, presumindo que a maioria dos autores quer escrever um best-seller e ficar rico. Mas a realidade é que a grande maioria dos autores não só não participará da lista dos mais vendidos, mas também nem mesmo pretende escrever um livro de enorme popularidade. Anualmente, publicam-se em inglês cerca de 200 mil livros por ano. Menos de 20 mil estarão à venda nas livrarias médias e a maioria não venderá.

Em 2004, 950 mil livros, entre os 1,2 milhão monitorados pela Nielsen BookScan, venderam menos de 99 exemplares. Outros 200 mil venderam menos de mil exemplares. Apenas 25 mil venderam mais de 5 mil exemplares. Nos Estados Unidos, os livros vendem em média 500 exemplares. Em outras palavras, cerca de 98% dos livros são não-comerciais, não importa qual seja a intenção dos editores.

A busca por aceitação no mercado de massa exige concessões – a disposição para abordar questões de amplo interesse, em vez das que atraem apenas uma pequena minoria, e escrever em tom coloquial, em vez de em estilo acadêmico. A maioria dos escritores não consegue agir assim e muitos outros não querem. Ao contrário, quase todos os autores preferem seguir suas paixões e aceitar que não ganharão muito dinheiro. Muitos nada mais querem do que ser lidos por algum grupo de afinidade – por seus pares ou por pessoas com interesses semelhantes.

No entanto, mesmo essas publicações sem fins lucrativos podem dar dinheiro. O livro passa a ser não o produto de valor em si, mas a *propaganda* do produto de valor – os próprios autores. Muitos desses livros não-comerciais seriam mais bem entendidos como veículos de marketing, destinados a melhorar a reputação acadêmica dos autores, divulgar suas atividades de consultoria, render-lhes honorários por palestras ou simplesmente deixar sua marca no mundo. É uma maneira de divulgar sua mensagem.

Para compreender melhor esse mundo, dê uma olhada na Lulu.com, exemplo de uma nova geração de editora DIY – *do-it-yourself* ou faça você mesmo. Por menos de US$200, a Lulu não só coloca suas idéias entre capas, moles ou duras, e lhe atribui um ISBN (International Standard Book Number), mas também garante sua inclusão nas listas dos varejistas on-line. Acessível pela Internet, o livro estará ao alcance de um público de milhões e, quem sabe, até ao lado de *Harry Potter*, se os ventos dos moinhos de recomendações e indicações soprarem nesse sentido. Na Lulu, os exemplares são impressos em lotes com não mais de poucas dúzias e o estoque é reposto por meio de pequenas reimpressões sob encomenda, na medida do necessário. Trata-se de extraordinário progresso em relação ao tão ironizado "modelo de editoração por vaidade", de apenas alguns anos atrás. Em conseqüência, milhares de autores estão agora escolhendo essa alternativa.

No momento em que escrevo, os cinco principais livros auto-editados da Lulu são os seguintes:

1. *Raw Foods for Busy People: Simple and Machine-Free Recipes for Every Day*.
2. *The Havanese* ("The quintessencial handbook for Havanese dog owners, breeders and fanciers").
3. *Investigating Biology – A Laboratory Manual for BIO 100*, 12th Edition
4. *Maximum SAT*
5. *How to Start a Wedding Planning Business*

Todos esses livros venderam entre 5 mil e 50 mil exemplares, o que não é ruim. Oitenta por cento do lucro com essas vendas vão direto para o autor, em comparação com 15% nas edições comuns. Só isso já é um argumento contra a idéia de que a auto-editoração é para fracassados.

No entanto, a maioria dos autores ainda não usa esses serviços de auto-editoração para ganhar dinheiro, nem espera grande sucesso. Boa parte dos outros milhares de clientes da Lulu optam pela auto-editoração por estarem conscientes de que o que estão escrevendo não deve vender o suficiente para tornar compensadora a busca de um editor comercial. Isso não significa que não tenham público potencial; a questão é o tamanho desse público.

Poucos anos atrás, a maioria desses autores não publicaria seus livros, o que seria o bastante para desencorajar muitos deles a não escrever nenhum livro. Mas, hoje, os custos da editoração caíram tanto que quase todo mundo pode ser auto-editor. Isso significa que as pessoas podem escrever livros por qualquer motivo e não mais precisam que as editoras comerciais decidam se vale a pena levá-lo ao mercado.

Os efeitos desse fenômeno estão sendo sentidos em toda a indústria, atingindo até as maiores livrarias. Em 2005, a Barnes & Noble vendeu 20% a mais em títulos exclusivos do que no ano anterior, fenômeno que seu CEO, Steve Riggio, atribui a três forças: (1) as eficiências da impressão sob encomenda, que mantêm as impressoras mais ocupadas; (2) o aumento no número de pequenas editoras independentes e (3) a auto-editoração.

"Nos próximos anos, a definição tradicional de 'livro publicado' terá menos significado", diz. "As pessoas usarão cada vez mais a Internet como primeiro estágio na publicação de seus trabalhos, seja livros, contos, trabalhos em andamento ou artigos sobre suas áreas de especialização. Os melhores dentre essas obras se transformarão em livros físicos. Tendo a me entusiasmar com as perspectivas da indústria de editoração, em face do surgimento de novos meios cada vez mais eficientes e mais sofisticados de dar o primeiro passo na publicação de trabalhos."

Uma das grandes diferenças entre a cabeça e a cauda dos produtores é que, quanto mais se desce na cauda, maior é a probabilidade de que se tenha de manter outro trabalho regular. E não há nada de errado nisso. A diferença entre produtores "profissionais" e "amadores" torna-se cada vez mais nebulosa e é bem possível que acabe perdendo a relevância. Não fazemos apenas aquilo por que somos remunerados, mas também aquilo que *queremos*. E ambos os tipos de atividades podem ser valiosos.

O fenômeno de "jornalismo de cidadãos", na Coréia do Sul, criado em 2000, pela OhmyNews, é outro exemplo. Nesse caso, cerca de cinqüenta repórteres e editores profissionais selecionam, editam e complementam artigos noticiosos escritos por mais de 40 mil amadores, desde estudantes da escola fundamental até professores de pós-graduação. Esses voluntários apresentam entre 150 e 200 artigos por dia, que respondem por mais de dois terços do conteúdo da OhmyNews. Para tanto, recebem um pequeno estímulo monetário: se o artigo sair na primeira página, privilégio de uma pequena fração do total, o autor recebe cerca de US$20. Por que fazem isso? "Estão escrevendo artigos para mudar o mundo, não para ganhar dinheiro", diz Oh Yeon Ho, fundador do site.

Desde cineastas até bloguistas, produtores de todos os tipos, que começam na cauda, com poucas expectativas de sucesso comercial, podem dar-se ao luxo de correr riscos, pois têm menos a perder. Não há necessidade de licença prévia, de plano de negócios nem mesmo de capital. As ferramentas da criatividade agora são baratas e, ao contrário do que imaginávamos, o talento se distribui de maneira mais dispersa. Sob esse aspecto, a Cauda Longa talvez se transforme na área crucial da criatividade, lugar onde as idéias se formam e se desenvolvem, antes de se transformarem em sucessos comerciais.

ESTUDO DE CASO: LONELY ISLAND

Um único tipo de incentivo não atende a todos. As pessoas criam por inúmeras razões, desde forma de expressão até busca de reputação. Essa realidade adquire maior importância em face da mobilidade crescente, com cada vez menos atrito, na Cauda Longa. Nos mercados digitais plenamente integrados, da iTunes à Web em si, o conteúdo que começa no fundo é capaz de mover-se com facilidade para o topo, se fizer vibrar alguma corda sensível. A compreensão dos diversos incentivos capazes de motivar os criadores de conteúdo torna-se essencial para identificar e encorajar as várias formas de manifestação criativa.

Numa palestra, em meados de 2005, o magnata da mídia Barry Diller, chairman da IAC/InterActiveCorp, reconheceu que a "peer production" é interessante, mas zombou da idéia de que seja força capaz de equiparar-se a Hollywood. "As pessoas com talento não serão substituídas por 18 milhões de indivíduos produzindo algo que eles próprios acham que será atraente", previu, cheio de confiança.

Quais são as chances de que ele esteja certo? Bem, quando se consideram "pessoas talentosas" apenas aquelas com capacidade comprovada de produzir grandes sucessos para o mercado de massa, é possível que Diller tenha razão. Mas a criatividade não se limita aos hits de Hollywood e as pessoas capazes de fazer vibrar alguma corda sensível podem vir de qualquer lugar, por qualquer caminho.

Veja o caso de Akiva Schaffer, Jorma Taccone e Andy Samberg. Até pouco tempo, eles se enquadravam muito bem na categoria de pessoas que seriam eliminadas com eficiência pela máquina de identificação de talentos de Diller.

Depois de concluírem a universidade, os três amigos dos tempos de colégio se mudaram juntos para Hollywood, onde foram morar numa grande casa com aluguel baixo, em Olympic Boulevard, que apelidaram de Lonely Island (Ilha Solitária). Então, tentaram descobrir como ingressar na indústria do entretenimento, como grupo de comediantes.

Não é fácil para um humorista fazer sucesso na TV – mesmo como escritor – mas a tarefa é ainda mais difícil para um grupo já constituído. Sem dúvida, o trio logo se defrontou com todos os obstáculos usuais na busca de trabalho em Hollywood. No entanto, em vez de se sujeitarem a sucessivas rejeições, os três passaram a atuar on-line, agora como grupo batizado com o mesmo nome da casa. Com equipamentos de som e vídeo emprestados, a trupe Lonely Island passou a produzir pequenas comédias e canções. O irmão mais moço de Schaffer, Micah – consultor técnico e especialista em Internet – montou o site do trio, thelonelyisland.com, em 2001.

Os Lonely Islanders começaram com vídeos de música white-boy rap, com a marca de suas expressões faciais impassíveis. Um dos primeiros vídeos foi sobre coisas que são "ka-blamo!" (como em "You kissed Shannen Doherty") e coisas que não são ("I majored in pottery"). Como às vezes acontece com certas diversões efêmeras, o vídeo se espalhou pela Internet. A certa altura, um DJ holandês mixou-o com outro vídeo, aumentando ainda mais sua popularidade.

Em breve, seguiram-se mais vídeos e mashups de fãs, algo que o grupo estimulou, ao lançar seus vídeos com licença Creative Commons, que permitia o uso criativo gratuito. Em apenas poucos anos, o Lonely Island ficou "famoso na Internet", o que significa dizer que era grande sucesso nas faixas demográficas que trocaram a TV pela Internet, surfando constantemente nos contornos da subcultura on-line.

Explorando sua popularidade on-line, os Dudes – como são conhecidos entre os fãs – conseguiram bons resultados, produzindo e apresentando shows. No entanto, sua principal fonte de popularidade continuava sendo a Internet. O primeiro episódio de sua série em "horário nobre de Internet" foi "the 'Bu". Pessoas jovens e sensuais que moram em Malibu falam The 'Bu", ou seja, Thelonelyisland.com, "pois quando você diz a palavra inteira, demora algum tempo, e então você já não seria mais jovem".

À medida que o culto ao The Lonely Island continuou crescendo, a estrela de *Saturday Night Live,* Tina Fey, e o criador do programa, Lorne Michaels, ouviram falar nos curtas do grupo. Em meados de 2005, o trio voou para Manhattan para testes com os comediantes mais famosos. Em poucas palavras, os três foram contratados.

Em dezembro de 2005, a equipe Lonely Island fez outra de suas imitações de white-boy rap no *SNL*. Fazendo riffing em torno do filme *Chronicles of Narnia,* o esquete foi, como se esperava, distorcido, errado e muitíssimo engraçado. Agora que o grupo está nas redes de televisão, o programa foi transmitido numa noite de sábado, quando foi visto pelo grande público, cada vez menor. É provável que a maioria dos espectadores tenha achado engraçado e esquecido aquele grupo meio diferente.

Mas algumas pessoas gravaram o show em seus DVRs e umas poucas reconheceram lampejos de inspiração no esquete. E, assim, divulgaram o vídeo na Internet. Quando ele começou a decolar com aceleração crescente, por meio de sucessivos links, a NBC ouviu o estampido no site oficial do programa *SNL* e até na iTunes. Então, mais uma vez, desencadeou-se o efeito viral do vídeo – dessa vez com intensidade sem precedentes.

Jeff Jarvis, comentarista de mídia, descreveu o impacto nos seguintes termos: "Não ouvia alguém comentar, recomendar ou dizer que viu o *SNL* há uma geração. Mas, de repente, comecei a escutar muito falatório sobre o programa, não porque, por acaso, milhões de pessoas começaram a ver o SNL quando ele voltou a ser engraçado. Não, o falatório surgiu porque começaram a disseminar o *Narnia*, que, de fato, é engraçado, pela Internet, em que as pessoas estão ligadas. A NBC está descobrindo o poder da rede que não é de ninguém." E, realmente, os acessos ao site do *SNL* aumentaram mais de 200 vezes em duas semanas depois do início da circulação do vídeo.

O conto dos Lonely Island completou o ciclo. Desajustados que não são aceitos pela indústria do entretenimento vão para a Internet e ficam populares. A indústria do entretenimento desperta para o fenômeno na demografia rarefeita de umas vinte e poucas pessoas influentes e contrata os desajustados. Os garotos repetem o sucesso na televisão, mas, como a turma da demografia rarefeita não é muito de ver televisão, só quando os garotos *voltam para a Internet* (agora ainda mais conhecidos pelo apelo *os garotos da Internet fizeram grande sucesso na TV)* é que o quadro se torna realmente popular. E, assim, o *SNL*, até então objeto de zombaria do pessoal da geração on-line, de repente volta a ser legal, a explorar o autêntico espírito underground que se difunde on-line. Às vezes, o programa descobria talentos em obscuras casas de espetáculos locais e em grupos de improvisação. Agora, também recorre à Internet.

Assim, qual é a lição dessa história? Bem, de um lado, os atuais filtros da indústria do entretenimento de fato reconheceram a atração dos Lonely Island e encontraram uma maneira de aproveitá-la. Nesse sentido, é bem possível que o sistema funcione. No entanto, se três garotos com uma câmera de vídeo, produzindo raps ridículos e colocando-os em seu site não é "18 milhões de indivíduos produzindo algo que eles próprios acham que será atraente" – para de novo recorrer à expressão irônica de Diller – realmente não sei o que seria.

A verdade é que a próxima geração de talentos provavelmente emergirá das 18 milhões de pessoas que produzem seus próprios espetáculos – e é provável que aí estejam os possíveis salvadores de Hollywood e do resto da indústria do entretenimento, criando alternativas para as atuais fórmulas massacrantes e seguras. Talvez Diller esteja certo. Talvez apenas poucas pessoas sejam capazes de escrever *Friends*. Mas pense sobre quanta gente consegue produzir coisas mais idiossincráticas e efêmeras, como o esquete de *Narnia*, que talvez encontre mais ressonância num público que cresceu na Internet – lugar onde os nichos, não as redes, são a regra. Reflita sobre quantos desses talentos potenciais agora têm a chance de encontrar seu verdadeiro público, graças à democratização da distribuição pela Internet.

Talvez seja necessário todo o poder da máquina de Hollywood para produzir um drama notável, com as qualidades de superprodução. Mas, no conjunto, durante a vida útil do grande filme, centenas de produções locais serão capazes de conquistar públicos que, em conjunto, perfaçam o mesmo total. Tal comparação talvez pareça envolver laranjas com bananas – marcas comerciais duradouras com diversões amadoras passageiras – se não fosse o fato de que ambas as formas competem pela atenção de uma geração de espectadores familiarizados com a Internet. Se estiverem assistindo a um tipo de produção, não estarão assistindo a outro.

O que Diller deixa de considerar é que hoje parece haver menos demanda por grandes sucessos do que por conteúdo especializado, com alvo certo, que *não se destina* a todos. À medida que o público continua a se afastar das músicas mais ouvidas e dos arrasa-quarteirões, a demanda se difunde por grande número de artistas menores que se comunicam de maneira mais autêntica com seu público. E se 99,9% dos blogs nunca atraírem público pouco superior a algumas dúzias de indivíduos? A fração de 1% que se destacar por maior alcance ainda se enquadrará na casa dos milhares. E, em conjunto, esse percentual ínfimo talvez atraia tanto tráfego quanto muitos veículos da grande mídia. O "vídeo viral" viral típico, considerado sensacional, é vista por vários milhões de pessoas, algo que pode ser reivindicado apenas pelos programas de televisão mais populares.

Da mesma maneira como com os autores que publicam os próprios livros via Lulu, os produtos em si geralmente não geram dinheiro, mas esse não é o ponto. O importante é simplesmente a existência do produto e de sua fatia de público. Não se trata de criação do comércio tradicional, com fins lucrativos, mas compete com ele. Hoje, a quantidade de pessoas que produzem conteúdo é muito maior do que a capacidade de processamento dos filtros de talento da mídia tradicional – a onda de criatividade espontânea afogaria os leitores de scripts e os analistas de fitas de qualquer estúdio e gravadora. Como as ferramentas de produção foram totalmente democratizadas, a população de produtores se expande em ritmo exponencial. E agora não há como limitar a criatividade de pessoas com disposição e capacidade de criar.

A ARQUITETURA DA PARTICIPAÇÃO

Já vimos parte dessa história antes. Em fins da década de 1970 e princípios da de 1980, a combinação da guitarra elétrica, da gravação multitrack e da banda inglesa Sex Pistols motivou toda uma geração de jovens sem treinamento musical, talento óbvio ou permissão de alguém a criar bandas e a gravar músicas. Quando irrompeu em cena, o punk rock foi uma revelação chocante para a garotada nas pistas de dança. Ver alguém da idade deles batucando três cordas e pulando no palco era demais para aqueles jovens: "Eu também posso fazer isso", pensavam.

Durante algum tempo, o pressuposto era que, para ser músico, a maneira certa de aprender era copiar os mestres. Assim, o melhor começo era tocar músicas famosas, ler sobre música e talvez se matricular numa escola de música. Essa era a idéia de conquistar um lugar ao sol: entre no circuito e toque músicas comuns, isso é o que as pessoas querem (ninguém quer ouvir suas composições originais terríveis). Mas o punk rock mudou o jogo. O punk rock dizia: "Tudo bem, você tem a sua guitarra, mas você não precisa tocar certo. Você pode tocar errado! Não é importante que você seja um bom músico; o importante é que você tenha alguma coisa para dizer."

Com o punk rock, começamos a valorizar as novas vozes, os novos sons e o vigor; e esse sentimento contra os padrões só poderia ter vindo de fora do sistema. Nada era mais inspirador do que ver aquelas pessoas que não tinham mais talento do que você divertindo-se, sendo admiradas e fazendo algo novo. Em termos econômicos, o punk rock abaixou as barreiras de entrada no mundo da criação.

A linha tradicional entre produtores e consumidores tornou-se menos nítida. Os consumidores também são produtores. Alguns criam a partir do nada; outros modificam os trabalhos alheios, remixando-os de maneira literal ou figurativa. No mundo dos blogs, falamos de "ex-público" – leitores que deixaram de ser consumidores passivos e passaram a atuar como produtores ativos, comentando e reagindo à grande mídia por meio de seus blogs. Outros contribuem para o processo com nada mais do que a propaganda boca a boca, potencializada pela Internet, fazendo o que já foi o trabalho dos DJs das rádios, dos resenhistas das revistas de música e dos profissionais de marketing.

O resultado está começando a parecer o que Tim O'Reilly, editor e observador da era DIY (*do-it-yourself*) denomina "A Nova Arquitetura da Participação".

Uma equipe da Universidade da Califórnia, Berkeley, ilustrou esse fenômeno com um novo mapa de criação, da seguinte maneira:

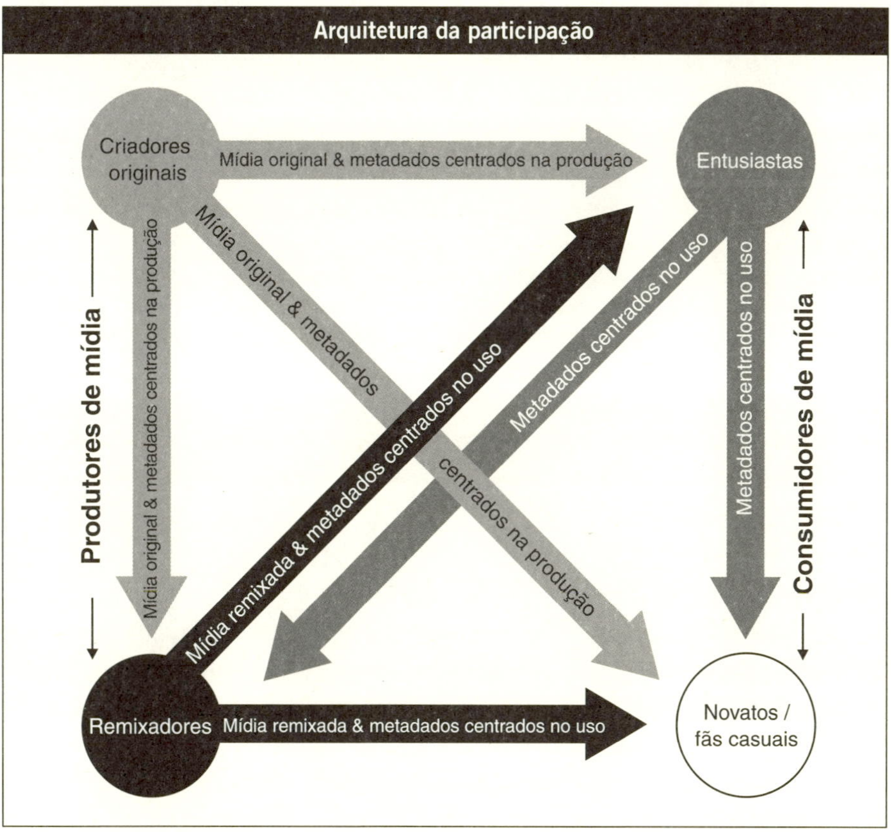

Como se vê, uma estrutura setorial que já foi monolítica, na qual profissionais *produziam* e amadores *consumiam* é agora um mercado de duas mãos, no qual qualquer um pode entrar em qualquer campo, a qualquer hora. Isso é apenas um indício das mudanças que podem ser fomentadas pela democratização das ferramentas de produção e de distribuição.

6

OS NOVOS MERCADOS

COMO CRIAR UM FATOR DE AGREGAÇÃO CAPAZ DE ESTENDER-SE DA CABEÇA ATÉ A CAUDA

Em 1982, um vendedor de livros chamado Richard Weatherford percebeu que o então novo computador pessoal poderia revolucionar o negócio de livros usados. Nos Estados Unidos, há milhares de lojas de livros usados, ou sebos, todas com diferentes estoques, onde é possível encontrar qualquer livro, desde que se tenha sorte. Weatherford interpretou essa dificuldade como, basicamente, um problema de informação, exatamente o tipo de coisa que os computadores resolvem com facilidade, e desenvolveu um plano de negócios para uma empresa que construiria um banco de dados on-line para vendedores de livros usados. Batizou o negócio de Interloc, abreviação de interlocutor, maneira mais elegante de dizer "intermediário".

Weatherford estava algumas décadas à frente de seu tempo e não conseguiu financiamento. Mas, em 1991, foi contratado pela Faxon, empresa de serviços de revistas e livros, para salvar a BookQuest, que tentara desenvolver o mesmo tipo de negócios. A coisa não funcionou – ainda estava uma década adiante – mas pelo menos as fontes de financiamento começavam a aparecer. Com US$50.000 de outros vendedores de livros, Weatherford lançou a Interloc em 1993, antes da Internet. Era uma rede fechada, pela qual os livreiros pesquisavam os estoques de outros comerciantes, em busca de livros para seus próprios clientes. Para tanto, criou um padrão de dados, que é usado até hoje, e um software que permitia aos vendedores transferir arquivos com listas de livros, por meio de um modem. Em 1996, o conceito foi transferido para a Internet.

Em 1997, Marty Manley, ex-lider sindical, consultor da McKinsey e secretário de trabalho de Bill Clinton, estava procurando um livro com edição esgotada. Ao deparar com a Interloc, impressionou-se imediatamente com o potencial de um banco de dados tão rico, com informações sobre o fragmentado mercado de livros usados. Procurou Weatherford e propôs-lhe a incorporação da Interloc por uma nova empresa, destinada a consumidores e livreiros. No mesmo ano, eles lançaram a Alibris, na casa de Manley, em Berkeley.

Vale a pena gastar alguns momentos para compreender o mercado de livros usados. Nos Estados Unidos, cerca de dois terços dele se concentrava no mercado florescente e eficiente de livros-texto, em torno dos campi das universidades. O outro terço era um comércio relativamente vagaroso, abrangendo mais ou menos 12 mil pequenas lojas de livros usados, espalhadas por todo o território americano.

Os livros usados constituem um modelo de mercado eficiente – todos os anos, milhões de estudantes compram e depois revendem volumes caros, de que precisam apenas num semestre letivo. O conjunto de livros com valor de revenda é determinado pelo currículo escolar das principais disciplinas; o preço é definido pela intensidade da competição entre as lojas dos campi; e a oferta é reabastecida duas vezes por ano.

Os editores de livros-texto não se importam muito com essa situação, pois ela significa que podem cobrar mais pelos exemplares novos, pois os compradores sabem que seus livros têm valor de revenda previsível. Na verdade, o modelo econômico nesse caso é mais de aluguel do que de compra. Em geral, as lojas recompram os livros por 50% do preço de capa e então os revendem por 75%. Dependendo da situação, ou seja, se o estudante está comprando novo ou usado, o "aluguel" se situa entre metade e um quarto do preço de tabela do livro.

Os editores evitam que os livros usados circulem para sempre, o que deprimiria as vendas de livros novos, lançando novas edições com diferente numeração de páginas, para dificultar o uso das edições anteriores. Esse esquema funciona tão bem que o mercado de livros-texto usados nos Estados Unidos é hoje de US$1,7 bilhão, respondendo por 16% do total das vendas de livrarias de universidades.

Contudo, o mercado de livros usados não-acadêmicos não era tão eficiente. O acesso dos sebos aos livros de segunda mão se limita às pessoas locais que, por acaso, se disponham a vender volumes de sua coleção particular. Em conseqüência, os estoques dessas lojas tendem a ser muito aleatórios, refletindo as preferências dos proprietários e a sorte do comprador, em vez de representar qualquer fatia abrangente do mercado de livros. Para os aficionados por sebos, essa aleatoriedade é parte do apelo, acentuando a sensação serendipitosa de exploração e descoberta. Mas quando se está buscando determinado livro, o processo de percorrer a loja e vasculhar as prateleiras pode ser demasiado trabalhoso.

Em termos econômicos, o fator determinante da funcionalidade do mercado de livros-texto é a ampla liquidez. Há tantos vendedores e tantos compradores de um conjunto relativamente pequeno de mercadorias, que as chances de se encontrar o que se procura, no lugar certo, são excelentes. Em contraste, o grande entrave do mercado de livros usados não-acadêmicos é a falta de liquidez – quantidade insuficiente de compradores e vendedores para um conjunto *ilimitado* de mercadorias. O resultado da combinação de excesso de produtos e escassez de atores era a baixa probabilidade de se encontrar o que se procurava. Assim, a maioria dos compradores simplesmente nunca recorria a sebos quando pretendia comprar determinado livro.

Weatherford havia percebido que, embora a economia de cada sebo não fizesse muito sentido, juntas (com todas as lojas combinadas ou interligadas) o mercado total de livros usados fazia *muitíssimo* sentido. O estoque conjunto de umas 12 mil lojas de livros usados era comparável com a melhor livraria do mundo. Assim, os proprietários de cada loja lançaram seus estoques no sistema e a Alibris reuniu-os num todo e passou a exibir os livros de segunda mão ao lado dos novos, nas livrarias on-line que usavam seus dados.

Com a disponibilidade do novo banco de dados, as grandes livrarias on-line, como Amazon e bn.com, integraram as listas de livros usados com as de livros novos, o que tornou obsoleto o termo “edição esgotada” e ofereceu alternativa de baixo preço para os livros novos. Com a entrada de milhões de clientes no mercado de livros usados, os sebos passaram a dispor de ainda mais incentivos para computadorizar seus estoques, o que, por sua vez, proporcionou à Alibris (e, por extensão, a seus parceiros de varejo on-line) maior estoque para venda. Constituiu-se, assim, o clássico círculo virtuoso e seus efeitos turbinaram as vendas de livros usados. Depois de anos de estagnação, esse mercado de US$ 2,2 bilhões agora está crescendo a taxas de dois dígitos, com boa parte desse aumento se concentrando no mercado on-line, que agora se expande a mais de 30% ao ano, de acordo com o Book Industry Study Group.

ENTRAM EM CENA OS AGREGADORES

A Alibris é um "agregador" da Cauda Longa – empresa ou serviço que coleta ampla variedade de bens e os torna disponíveis e fáceis de achar, quase sempre num único lugar. O que ela fez ao conectar os estoques dispersos de milhares de lojas de livros usados foi usar a informação para criar um mercado com liquidez, onde antes havia um mercado sem liquidez. Uma vez formada a massa crítica de estoques e clientes, ela passou a explorar o valor até então latente no mercado de livros usados. E o fez a uma fração do custo que teria sido necessário se houvesse partido da estaca zero, ao terceirizar boa parte do trabalho de montar o catálogo a cada livraria, que imprime e apresenta as listas de produtos.

Esse é o cálculo básico da Cauda Longa: quanto mais baixas as despesas de vendas, mais se pode vender. Como tal, os agregadores são uma manifestação da segunda força, a democratização da distribuição. Todos esses atores reduzem as barreiras de entrada no mercado, permitindo que mais mercadorias e serviços transponham o obstáculo e cheguem lá, em busca de seu próprio público.

Embora haja, literalmente, milhares de exemplos, pretendo limitar-me a apenas alguns. O Google agrega a Cauda Longa da propaganda (anunciantes e editores de pequeno e médio portes, que ganham dinheiro com a propaganda). A Rhapsody e a iTunes agregam a Cauda Longa da música. A Netflix age da mesma maneira com a Cauda Longa do cinema. A eBay agrega a Cauda Longa de bens tangíveis e dos respectivos comerciantes, abastecendo-se diretamente com as ofertas de milhões de pessoas comuns que querem livrar-se de presentes de aniversário indesejáveis ou supérfluos.

E o processo vai bem além das vendas. Softwares como Bloglines, que extraem nacos de conteúdo on-line, usando o padrão RSS, também são conhecidos como "agregadores", e por boa razão – reúnem e organizam de maneira coerente a Cauda Longa do conteúdo on-line, inclusive milhões de blogs. A Wikipedia é uma agregadora de conhecimentos da Cauda Longa e de seus detentores. A lista de exemplos se prolonga, agregando tudo, desde idéias até pessoas.

Este capítulo se concentrará nas empresas agregadoras. Elas se enquadram em cinco categorias, conforme o objeto da agregação:

1. Bens físicos (por exemplo, Amazon, eBay)
2. Bens digitais (por exemplo, iTunes, iFilm)
3. Propaganda/serviços (por exemplo, Google, Craigslist)
4. Informações/conteúdo criado pelos usuários (por exemplo, Google, Wikipedia)
5. Comunidades/pessoas (por exemplo, MySpace, Bloglines)

Cada uma dessas categorias abrange desde grandes empresas até operações unipessoais. Um único blog que reúna todas as notícias e informações de que for capaz sobre determinado assunto, como, por exemplo, tricô, é um agregador, como o Yahoo!. Alguns agregadores tentam abranger toda uma categoria, como Netflix (filmes) ou iTunes (música), enquanto outros simplesmente descobrem seu nicho, como os serviços que agregam apenas as informações enviadas pelas companhias abertas à SEC ou música techno.

Muitos agregadores tratam de várias categorias. A Amazon agrega bens físicos (de produtos eletrônicos a utensílios de cozinha) e bens digitais (de livros eletrônicos o softwares para download). O Google agrega informações, propaganda e bens digitais (Google Video) a MySpace, o site de rede de enorme popularidade para bandas musicais e respectivos fãs, agrega conteúdo (milhões de músicas de graça) e pessoas (ouvintes); além disso, por sua vez, gera mais conteúdo *sobre* essas bandas, na forma de resenhas, notícias e outras frivolidades para os aficionados.

DIGITAL HÍBRIDO *VERSUS* DIGITAL PURO

Neste capítulo, compararei a primeira categoria de empresas agregadoras on-line, que vende bens físicos, com a segunda, que vende bens digitais. Ambas são oportunidades de Cauda Longa, mas a segunda pode ir mais longe do que a primeira no prolongamento inferior da curva.

Os varejistas on-line de bens físicos, desde a seleção de câmeras da BestBuy até a coleção de DVDs da Netflix, dispõem de estoques centenas de vezes maiores do que seus concorrentes de tijolo e argamassa, mas até mesmo eles acabam encontrando limites. Em contraste, as empresas que vendem bens digitais, como álbuns e canções, na iTunes, ou programas de TV ou clips amadores, no Google Video, são capazes de, teoricamente, descer a Cauda indefinidamente, expandindo a variedade de suas ofertas, para abranger a totalidade disponível. (As outras três categorias de agregadores – serviços, conteúdo criado pelos usuários e comunidades – se baseiam sobretudo em informações digitais, de modo que compartilham essa qualidade.)

Denominamos o primeiro tipo de *varejista híbrido*, pois se trata de cruzamento do modelo econômico do reembolso postal (físico) com a Internet (digital). Nesse caso, os bens geralmente são entregues por meio do correio ou do FedEx, e as eficiências decorrem da redução dos custos da cadeia de suprimentos, por meio de depósitos centralizados, e da capacidade de oferecer catálogos ilimitados, com todas as vantagens resultantes da capacidade de busca e da disponibilidade de outras informações oferecidas pelos sites.

Veja o caso do negócio de CDs da Amazon. Dele constam pouco menos de meio milhão de títulos de CDs. Combinado com os estoques de seus muitos parceiros de vendas no mercado, é bem provável que o total esteja mais perto de 800 mil. Como esse total não pára de crescer, em poucos anos haverá mais de um milhão de títulos. No entanto, esse catálogo ainda está sujeito a limites.

Como os CDs são itens físicos, é preciso que alguém os armazene antes de serem vendidos. Nessas condições, todas as listas da Amazon envolvem algum risco de estocagem. Afinal, é possível que determinado CD não venda nem mesmo uma cópia. Além disso, cada venda implica custos de expedição e transporte, de modo que na prática o preço nunca pode ser inferior a mais ou menos US$3. E, ainda mais importante, as músicas de um CD não podem ser vendidas separadamente: compra-se todo o CD ou nada.

Sem dúvida, o modelo econômico da venda de CDs pela Amazon é muito melhor do que o da média das lojas de CDs, razão pela qual a varejista on-line é capaz de oferecer até cem vezes mais alternativas. Essa característica leva a Amazon até um ponto bem baixo na Cauda Longa. Mas a descida tem limites. De acordo com a SNOCAP, serviço digital de gestão de licenciamentos e de direitos autorais, que monitora o uso de redes peer-to-peer de troca de arquivos, há pelo menos 12 milhões de faixas circulando on-line. Esse total corresponde ao valor de mais ou menos um milhão de álbuns – e aí não se incluem a maioria das músicas da era anterior aos CDs, das quais boa parte acabará sendo convertida para a forma digital. Além disso, ainda há milhões de bandas de garagem e remixadores de dormitório, que produzem músicas, mas nunca lançaram um CD. Juntas, todas essas músicas poderiam resultar em valor equivalente ao de outro milhão de álbuns. Assim, a Amazon, apesar de todas as suas vantagens econômicas, não vai além de um quarto do declive da Cauda Longa da música.

A única maneira de chegar à ponta inferior da Cauda – dos maiores sucessos até as bandas de garagem do passado e do presente – é abandonar inteiramente os átomos e basear todas as transações, do começo ao fim, apenas em bits. Essa é a estrutura da segunda classe de agregadores, os varejistas puramente digitais.

No modelo puramente digital, cada produto é simplesmente um registro num banco de dados, não custando absolutamente nada. Os custos de distribuição são apenas megabytes em banda larga, comprados por atacado a custos cada vez menores, em que se incorre apenas quando o produto é encomendado. Além disso, os varejistas puramente digitais podem oferecer amostras grátis e até escolher entre vender produtos isolados (baixa a noventa e nove cents na iTunes) ou como serviço (assinaturas de acesso ilimitado a músicas na Rhapsody).

Esses serviços digitais comerciais têm todas as vantagens do catálogo de CDs on-line da Amazon, além das economias resultantes de entregar os produtos através de redes de banda larga, praticamente a custo zero. Essa é a maneira de descobrir o Cálice Sagrado do varejo – custos marginais de produção e distribuição quase inexistentes. Como o acréscimo de um registro no banco de dados e alguns megabytes de capacidade de armazenamento num servidor não custa quase nada, esses varejistas não têm razões econômicas para não manter tudo disponível. E, um dia, depois de superarem questões mais complexas, de natureza jurídica, certamente chegarão a esse ponto.

Sob esse ponto de vista, não existe uma fronteira nítida entre varejistas tradicionais e varejistas de Cauda Longa. Ao contrário, é uma progressão gradual, desde economias somente de átomos, passando por formas híbridas de bits e átomos, até a situação ideal de apenas bits. Os catálogos digitais de mercadorias físicas já reduzem bastante os custos de distribuição para que se possa percorrer parte do declive da Cauda Longa. O resto depende da eficiência crescente de formas de distribuição cada vez mais digitais. Ambas são Caudas Longas, mas uma é potencialmente mais longa do que a outra.

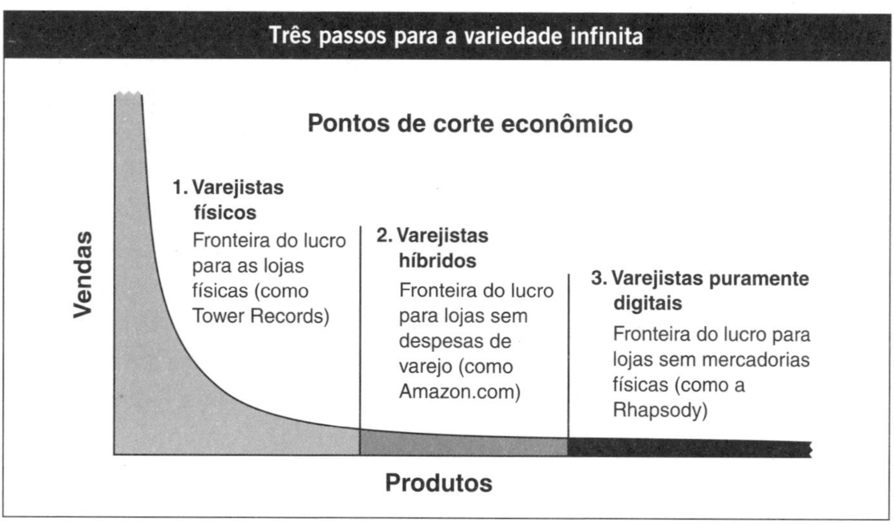

DESCENDO A CAUDA

Voltemos à história da Amazon para ver como ela funciona na prática. A Amazon incorpora os modelos híbrido e puramente digital, que se desenvolveram à medida que buscava novas maneiras de reduzir seus custos e de ir ainda mais longe Cauda abaixo.

O primeiro passo, como já vimos, foi o insight original de Bezos: de que o comércio on-line poderia desfrutar a vantagem básica da distribuição centralizada do reembolso postal, assim como a vantagem adicional da compra direta dos varejistas de catálogo, sem os custos correspondentes à impressão e postagem de milhões de catálogos. Essa foi a Amazon 1.0 (circa 1994-96).

O passo seguinte consistiu em reduzir ainda mais o risco de estocagem da empresa, não pagando pelos itens em estoque, mesmo em seus próprios depósitos, o que foi feito mediante um esquema de vendas em consignação. Mais uma vez, a empresa começou com livros. O programa Amazon Advantage oferecia aos autores o que à primeira vista parecia um negócio muito bom só para um dos lados: pagar a taxa anual de US$29,95, enviar seus livros para a Amazon e, ao vendê-los, pagar a comissão de 55% do produto da venda. E por que será que um autor aceitaria essas condições? Por que a consignação era mais um avanço na ruptura entre autor e editor, sem as demoras e incertezas resultantes desse relacionamento de dependência. Em resumo, o modelo garantia que o livro do autor estaria no estoque de uma grande livraria – facilmente acessível – sem necessidade de rastejar diante de editoras e livrarias.

O terceiro passo em busca de custos ainda mais baixos foi a ampliação do modelo de estoque virtual, mediante a arregimentação de outros grandes varejistas e de seus relacionamentos com fabricantes e distribuidores. Oferecendo sua sofisticada tecnologia de comércio eletrônico a grandes varejistas, como Toys "R" Us e Target, a Amazon criou vitrines para esses grandes parceiros, cabendo exclusivamente a *eles* a gestão dos estoques. Com a entrada de cada novo parceiro, o estoque efetivo da Amazon aumentava em milhões de itens.

Evidentemente, nem todo varejista estava disposto a colocar seu futuro digital nas mãos da Amazon e os que aceitavam a proposta geralmente pediam para ser o fornecedor exclusivo em sua área de utensílios domésticos ou brinquedos. Embora tal restrição limitasse a extensão em que a Amazon podia ampliar o modelo, a condição de agregador de aluguel permitia, em princípio, que a varejista on-line desfrutasse o confortável modelo econômico de um negócio de serviços, sem os embaraços do atendimento. Como a eBay pode atestar, vender softwares e servidores é um dos negócios de mais alta margem.

Porém, logo se constatou que o grande crescimento do modelo de estoque virtual não se deslocava para cima, para parceiros cada vez maiores, mas para baixo, para parceiros de menor porte. Em 1999, a Amazon lançou seu programa "Marketplace", que estendeu seu modelo de serviços de vitrine ainda mais para dentro do território da eBay, oferecendo-o a todos os comerciantes. Varejistas e distribuidores de qualquer tamanho, desde lojas de especialidades até pessoas físicas, poderiam incluir seus produtos na Amazon.com, como se fossem itens existentes nos próprios depósitos da Amazon – e os clientes tinham condições de comprá-los com a mesma facilidade. Em fins de 2004, o Marketplace contava com mais de 100 mil vendedores, e essas vendas de terceiros representavam cerca de 40% do volume de vendas total da empresa.

A ascensão desse modelo de vendas virtuais inverteu o tradicional problema dos estoques. Repetindo, um varejista de cadeia como a Best Buy precisa distribuir seu sortimento de, por exemplo, câmeras digitais entre todas as suas lojas, na esperança de adivinhar, mais ou menos, onde estará a demanda e qual será o seu tamanho. Não precisa dizer que as pessoas e os produtos devem estar nos mesmos lugares – a oferta e a demanda devem encontrar-se exatamente no mesmo ponto, nos corredores das lojas. No entanto, quase sempre, o varejista erra em suas estimativas de estoques, pelo menos até certo ponto, enfrentando falta em certas lojas e excesso em outras, com as conseqüências negativas de, respectivamente, perda de vendas, de um lado, e obsolescência e ociosidade, de outro.

Com a alternativa de distribuição de estoques do Amazon Marketplace, os produtos ainda se encontram nas prateleiras em todo o país, mas estão catalogados e são oferecidos em conjunto num ponto centralizado – o site da Amazon. Assim, quando alguém os encomenda, os produtos são embalados e expedidos diretamente para o cliente pelos pequenos comerciantes que mantinham o estoque desde o início. Como as cadeias de varejistas, a Amazon também liga a oferta concentrada com a demanda dispersa, mas a genialidade do modelo consiste em que as lojas e os clientes não precisam estar no mesmo lugar. Ironicamente, o sistema torna *mais* provável que a oferta e a demanda efetivamente se interliguem. Seja como for, mesmo que não ocorra essa integração, a Amazon não suporta os custos de estocagem – o excesso de estoque simplesmente se desvaloriza nas prateleiras de terceiros.

À medida que o programa se expande, a Amazon se aproxima cada vez mais da completa superação da tirania das prateleiras. Ela não precisa estimar com antecedência os rumos da demanda nem prever com o máximo de exatidão o seu tamanho. Todo o risco do programa Marketplace é transferido para uma rede de pequenos comerciantes, que tomam suas próprias decisões, com base nos respectivos modelos econômicos, sobre o que manter em estoque (Avançaremos mais a fundo na tirania das prateleiras no capítulo “Cabeça Curta”.)

ESTOQUE SOB ENCOMENDA

O estoque virtual e distribuído é uma forma drástica de avançar ao longo da Cauda. Entretanto, livrar-se totalmente do estoque físico pode levá-lo ainda mais longe. O passo seguinte da Amazon foi tentar aproximar-se desse nirvana econômico, construindo um negócio que mantinha os estoques como bits até o momento da entrega.

Um dos problemas de estocar livros é que muitos deles vendem apenas um ou dois exemplares por ano. Nesse caso, até mesmo pedidos de dez exemplares – em vez de cem ou mil – podem não ser viáveis. Mesmo que a estocagem custe para o varejista apenas um dólar até a venda (o que pode significar mantê-lo na prateleira durante um ano), o varejista se perguntará se o livro será compensador, vendendo tão pouco. Assim, os varejistas precisam de uma maneira eficiente, economicamente sustentável, de vender um livro cujo volume de negócios se resuma a um exemplar por ano. E isso significa custos de estoque de quase zero.

A solução da Amazon foi a *impressão por encomenda*. Em sua forma ideal, os livros permanecem em arquivos digitais até serem adquiridos, quando são impressos em máquinas a laser, com a aparência de livros comuns. Como os bits são convertidos em átomos apenas quando chega o pedido, os custos sobem em exata proporção com a receita. Ou, em termos mais simples, os custos de produção e estoque de um livro impresso por encomenda, com encalhe total, é zero. Essas economias são potencialmente tão eficientes que, talvez, algum dia, permitam que se ofereça no mercado qualquer livro que tenha sido escrito. Para o livreiro, isso significa que não será necessário discriminar entre o que se mantém e não se mantém em estoque nas edições impressas por encomenda, pois o custo dos erros é basicamente zero.

Essa é a forma ideal. A realidade vigente é que a maioria das situações de impressão sob encomenda se destina a complementar estoques com pequenos lotes de algumas centenas. Mas os custos decrescentes da tecnologia estão reduzindo esse número para cada vez mais perto da forma ideal de um único exemplar.

A Amazon começou instalando impressoras industriais em seus próprios depósitos. Então, em meados de 2005, a empresa promoveu maciça expansão de capacidade, com a aquisição da BookSurge, grande empresa de impressão por encomenda. Poucos meses depois, fez o mesmo com filmes, comprando a CustomFlix, empresa de DVD por encomenda. Agora, a Amazon tem condições de manter estoques que não ocupam espaço e não geram custos: esses livros e filmes permanecem nos arquivos dos bancos de dados até que sejam comprados.

Evidentemente, a Amazon não inventou o conceito de impressão por encomenda. Esse é um velho sonho do setor editorial, mas, até recentemente, a impressão por encomenda estava sujeita a restrições técnicas e econômicas. Por incrível que pareça, a aparência dos livros não é o problema. A não ser que se saiba o que procurar (principalmente a reprodução de imagens nas páginas interiores), é provável que não se consiga dizer se um livro que acabou de chegar da Amazon foi produzido num lote de 50 mil pela editora ou numa impressora a laser nos depósitos da empresa.

Apesar da grande atração do modelo econômico, a indústria editorial está longe de uma mudança generalizada para a impressão por encomenda. A impressão tradicional é muito mais barata para grandes lotes. Ainda é caro converter um livro manuscrito num arquivo formatado corretamente para impressão por encomenda. No momento em que escrevo este livro, a impressão por encomenda ainda está limitada a alguns tamanhos de papéis, significando que os livros cujas páginas são maiores ou menores devem ser redesenhados ou reformatados. E ainda existe a questão cruciante dos direitos. Quando se trata de livros mais antigos, necessita-se da permissão dos autores para tornar o livro disponível como edição impressa por encomenda. No entanto, muitos autores receiam que o adicional de preço hoje necessário nas impressões por encomenda (alguns dólares para cobrir os custos de produção ligeiramente mais altos, em comparação com a impressão em grandes lotes) diminuirá as vendas e, assim, se recusam a dar autorização.

Mas o potencial da impressão por encomenda é extraordinário, e não apenas para um ou dois exemplares. O custo mais alto para os editores é o de devolução pelos livreiros, prática setorial muito difundida. A razão pela qual os livreiros fazem pedidos grandes demais é o receio de ficar sem estoque entre duas impressões, e como o custo de qualquer excesso corre por conta do editor, é pequeno o risco de encomendar um pouco além de suas previsões de venda. Mas se os livreiros souberem que a demanda pode ser atendida mediante pequenos lotes impressos por encomenda, entre grandes impressões, é possível que se disponham a diminuir seus pedidos, o que em si talvez seja suficiente para grandes cortes nas devoluções.

Assim, as eficiências econômicas da impressão por encomenda não só estenderiam a Cauda Longa, mas também melhorariam o modelo econômico da cabeça da curva, onde há muito mais dinheiro em jogo. Desnecessário dizer que esse é poderoso atrativo, que acelerará ainda mais a adoção da tecnologia.

A COMPLETA ELIMINAÇÃO DOS ESTOQUES

Finalmente, chegamos à quinta e última redução de custos – a total eliminação dos átomos. Os agregadores puramente digitais armazenam seus estoques em discos rígidos e os entregam por meio de canais de banda larga. O custo marginal de fabricação, estocagem e distribuição é de quase zero e se pagam os royalties apenas quando se vendem os bens. Essa é a forma mais avançada de mercado por encomenda: como os bens são digitais, eles podem ser clonados e entregues tantas vezes quantas forem necessárias, de zero a bilhões. Um livro da lista dos mais vendidos e um livro da lista de devoluções aos editores são apenas dois arquivos num banco de dados; iguais em termos de tecnologia e de economia de armazenamento.

Hoje, este é o modelo que a iTunes, a Rhapsody e outros serviços de música digital estão demonstrando com tanta contundência. Mas a oportunidade vai muito além de apenas música. A tendência preponderante de nossa era é partir de produtos que são entregues como bens físicos, descobrir maneiras de convertê-los em dados e transmiti-los para a casa dos clientes.

Em vídeo, os mercados puramente digitais variam desde serviços de vídeo por encomenda, prestados por empresas de TV a cabo, até agregadores de vídeo pela Internet, como a Google Video. As tecnologias de troca de arquivos peer-to-peer, como a BitTorrent, são os pilares de centenas de mercados de vídeos digitais não-comerciais, enquanto a iTunes está construindo próspero negócio pay-per-download para seu vídeo iPod. Parte disso é conteúdo de televisão, transformando esses mercados de vídeos digitais baseados em redes numa espécie de TiVo no céu. Outros agregadores oferecem filmes, mercado que, um dia, pegará a grande seleção da Netflix e garantirá sua disponibilidade instantânea, iniciativa que provavelmente será liderada pela própria Netflix.

Os videogames, que já foram fornecidos em cartuchos e depois em DVDs, hoje são transmitidos cada vez mais como bits, para consoles de jogos nas salas das casas. Essa inovação cria um novo mercado para tudo, desde títulos clássicos e títulos de nicho até conteúdo suplementar, como novos personagens e diferentes níveis. A Nintendo está incluindo esse atributo como um dos pontos fortes de seu próximo console, chamado Revolution, que será compatível com seus consoles anteriores, tornando disponível boa parte de seu catálogo de clássicos como conteúdo de Cauda Longa – o que garante a possibilidade de baixar diversão ou nostalgia a preços reduzidos.

O mesmo se aplica a livros eletrônicos e a audiolivros, a jornais e revistas on-line e a softwares. Tudo isso que já foi entregue em papel ou plástico, envolvendo todas as complexidades dos estoques e das entregas de bens físicos, agora também existe em versões digitais, num contexto de economia digital. A experiência nem sempre é a mesma, razão por que os livros e revistas de papel ainda são o formato preferido de muita gente. Mas a distância está encolhendo. E as vantagens da distribuição das versões digitais são irresistíveis.

7

OS NOVOS FORMADORES DE PREFERÊNCIAS

AS FORMIGAS TÊM MEGAFONES. O QUE ELAS ESTÃO DIZENDO?

Houve uma época em que só havia um meio de lançar um álbum fonográfico de grande sucesso: o rádio. Nada mais alcançava tantas pessoas com tanta freqüência. Mas entrar na lista de músicas a serem transmitidas não era fácil, sobretudo depois que o suborno de disc-jóqueis tornou-se ilegal. No entanto, quando as músicas transpunham as barreiras das emissoras, era alta a probabilidade de converter-se em sucesso. Até que, na década de 1980, surgiu a MTV, que logo passou a ser a segunda maneira de criar um hit. Sua capacidade para a divulgação de novas músicas era ainda mais limitada, mas sua influência sobre uma geração foi inigualável. Para as gravadoras, foram bons tempos. O mercado era tremendamente competitivo, mas era o negócio que conheciam. Compreendiam suas regras e, observando-as, conseguiam garantir a sobrevivência e prosperar.

Mas agora as rádios de rock parecem encontrar-se em declínio terminal e a MTV já não apresenta muitos vídeos de música. Assim, como comercializar músicas? As gravadoras sabem que a resposta está on-line, explorando as forças da propaganda boca a boca que estão substituindo o marketing tradicional na criação de demanda, mas ainda estão tentando descobrir exatamente como extrair dessa nova fonte os melhores resultados.

Estamos ingressando numa época de mudanças radicais para os profissionais de marketing. A fé na propaganda e nas instituições que pagam por ela está diminuindo aos poucos, enquanto a crença nos indivíduos encontra-se em ascensão. As pessoas confiam em outras pessoas iguais a elas, ou os pares crêem nos pares. As mensagens de cima para baixo estão perdendo a força, ao passo que as conversas de baixo para cima estão ganhando poder. A Dell gasta centenas de milhões de dólares por ano promovendo sua qualidade e seus serviços aos clientes, mas quem pesquisar no Google a expressão "dell hell" (inferno dell) obtém 55 mil páginas de resultados. Até a palavra "dell" mostra queixas dos clientes na segunda página de resultados. Agora, a mesma inversão de poder está mudando o jogo do marketing em tudo, tanto em produtos quanto em pessoas. O coletivo agora controla a mensagem.

Para uma geração de clientes acostumados a fazer suas pesquisas de compra por meio de softwares de busca, a marca de uma empresa não é o que a empresa diz que é, mas o que o Google diz que é. Os novos formadores de preferências somos nós. Agora, a propaganda boca a boca é uma conversa pública, que se desenvolve nos comentários de blogs e nas resenhas de clientes, comparadas e avaliadas de maneira exaustiva. As formigas têm megafones.

A questão de como impulsionar a demanda nesse mundo é fundamental, e neste capítulo descreveremos muitas das técnicas mais eficazes. Mas, primeiro, começarei com a indústria de música, ponto zero da explosão da Cauda Longa. Três bandas contam a história de uma era em que o poder se deslocou dos executivos para os fãs, para a consternação geral dos escritórios de empresas em todo o mundo. Os resultados são mistos – um é desapontamento, outro é sucesso, e o terceiro é uma lição séria de como as bandas, em breve, talvez não mais precisem de gravadoras para nada – mas juntos facilitam a compreensão das dificuldades de vender, numa época de consumidores dotados de poderes cada vez maiores.

BONNIE MCKEE

Em setembro de 2004, a gravadora Reprise, subsidiária da Warner, lançou o primeiro álbum de uma cantora então com 19 anos, chamada Bonnie McKee. Era uma estrela de rock. O disco havia sido gravado duas vezes e demorou um ano para que a gravadora decidisse o que fazer com ele – e com ela. Embora jovem, McKee tinha uma voz madura e rouquenha, escrevia suas próprias canções e teve uma adolescência problemática, que envolvia drogas e experiências sexuais. Ela se casara com 18 anos, mas namorava abertamente outros homens, alguns com o dobro de sua idade. Sua heroína era Fiona Apple, deliciosamente desequilibrada, outra artista de difícil categorização pelas gravadoras.

Com base em sua história de azares e dificuldades, a Reprise concluiu que McKee se enquadrava na categoria cantora-compositora de rock, em que se incluíam artistas do gênero Sheryl Crow. Deram a seu álbum o título *Trouble* e iniciaram um plano de marketing que a venderia para as chamadas emissoras de rádio contemporâneas para adultos, cuja audiência se compunha principalmente de mulheres no final dos vinte e começo dos trinta. Não deu certo. Ela fracassou e praticamente não tinha espaço nas emissoras.

Essa adivinhação é arriscada – nem mesmo as emissoras conseguem prever se e onde o artista conseguirá ressonância – no entanto, para estreantes sem antecedentes, há poucas alternativas. Mas, hoje, o rádio já não é o melhor veículo para lançar novos artistas. Assim, enquanto preparava o lançamento pelo rádio, a Reprise pré-estreou várias faixas em sites de música on-line, inclusive o Yahoo!, que oferece um serviço gratuito de rádio por Internet, chamado LAUNCHcast. Um dos atributos mais populares do LAUNCHcast é sua estação de rádio personalizada, na qual os milhões de usuários selecionam suas bandas e gêneros preferidos e então escutam de graça suas músicas e outras semelhantes. A Reprise resolveu verificar se essa audiência poderia ajudá-los a descobrir onde se enquadrava McKee.

O LAUNCHcast se baseia num sistema de recomendações "adaptativo", que escolhe, em função de suas preferências, outras músicas de que você talvez goste. Enquanto se toca cada música, uma pequena janela o encoraja a avaliar a canção, o artista e o álbum, numa escala de uma a cinco estrelas, que varia desde "Nunca toque de novo" até "Essas músicas nunca são demais". Enquanto você ouve e avalia as músicas, o software do Yahoo! está conhecendo você e adaptando sua lista de músicas às suas preferências.

Mas não se trata apenas de um software. O LAUNCHcast também aprende com outros ouvintes e usa as opiniões deles para orientar suas recomendações. Por ser um serviço on-line, com milhões de usuários, o Yahoo! é capaz de gravar por ano centenas de milhões de músicas aceitas e rejeitadas, medindo a preferência dos ouvintes com extraordinária precisão. Tudo isso revela algo não só sobre cada um dos usuários, mas também sobre a música em si. O LAUNCHcast, além de ser um serviço de música gratuito, é máquina de pesquisa de opinião de grande porte e de alta resolução. Sob certo aspecto, monitora o tempo todo o pulso da cultura, avaliando e enquadrando os artistas através dos cliques de milhões de fãs de música.

Se muitas pessoas disserem que gostam de Groove Armada e de The Chrystal Method, é muito possível que haja uma conexão entre os dois estilos, embora um seja categorizado como "downtempo" e o outro "beats and breaks". Essas fortes associações dizem ao Yahoo! para incluir os dois, com mais freqüência, nas mesmas listas de músicas, e se as avaliações continuarem positivas, reforça-se a conexão.

Ao mesmo tempo em que elabora listas de músicas personalizadas para cada ouvinte, o Yahoo!, às vezes, nelas salpica novos artistas e novas faixas, para averiguar o nível de aceitação. As estações de rádio também fazem isso, mas, quase sempre, apenas com artistas com bons antecedentes, e, mesmo assim, só depois de muitos pré-testes e de muito marketing pelas gravadoras. A diferença é que o Yahoo! tem literalmente milhões de emissoras de rádio, cada uma destinada a um grupo de clientes, pois, efetivamente, dispõe de capacidade de broadcasting infinita, e assim, da mesma maneira como ocorre com o espaço de prateleira infinito, é possível ser muito menos discriminador. Portanto, o Yahoo! pode tentar lançar mais artistas e álbuns novos por ano – compondo no total milhares de novas músicas, a maioria das quais não conquistará lugar nas ondas das emissoras de rádio tradicionais.

Se uma nova música conseguir altas avaliações de alguns de seus primeiros ouvintes, o Yahoo! a incluirá em mais listas. Ao contrário das rádios tradicionais, o Yahoo! sabe muito sobre os ouvintes que gostaram da música, aí se incluindo seu gênero, idade, código de endereçamento postal e, sobretudo, suas preferências musicais, por ter monitorado seus comportamentos e suas avaliações como ouvinte. Esses fluxos de dados, usados com inteligência, podem desencadear uma nova maneira poderosa de comercializar música – a propaganda boca a boca ampliada pelo efeito feedback das recomendações adaptativas.

Isso foi o que atraiu a Reprise para essa modalidade de serviço. Sem saber ao certo onde encontrar um público para a talentosa McKee, a Reprise decidiu usar a capacidade do Yahoo! de testar novos artistas, incluindo o primeiro single dela, "Somebody", nas playlists de músicas contemporâneas para adultos, que eram semelhantes às classificações de audiência das emissoras de rádio pelas quais pretendiam lançá-la. A gravadora pagou pela colocação e promoção destinadas a divulgar McKee entre mais ouvintes, na esperança de que o feedback das avaliações reforçassem seus instintos sobre o público natural dela. E, depois de algumas semanas, o Yahoo! de fato tinha sua resposta. "Somebody" era realmente muito popular, mas não com a mesma intensidade entre todos os grupos demográficos – e não, surpreendentemente, entre as mulheres na faixa entre 25-35 anos, que a gravadora tinha em vista.

O relatório do LAUNCHcast apresentou as seguintes informações demográficas sobre os ouvintes de McKee:

COMPOSIÇÃO DA AUDIÊNCIA

Mulheres 13-17	29,9%
Mulheres 13	17,2%
Mulheres 18-24	15,9%
Homens 13-17	8,0%
Homens 18-24	6,4%
Homens 13	4,4%
Mulheres 25+	11%
Homens 25+	7,2%

A lição foi clara. A Reprise tinha adivinhado errado. Em vez de atrair mulheres na faixa dos vinte ou trinta anos, Bonnie, na verdade, cativava uma audiência muito mais jovem, com quase metade de seu público em faixa etária inferior aos 17 anos. Em vez de mostrar afinidade com artistas como Sheryl Crow, esse público em geral procura artistas como Avril Lavigne, Britney Spears e Gwen Stefani. Ocorre que muitas adolescentes se associavam às histórias conturbadas e aos traumas amorosos das letras de McKee. Ela não era uma estrela popular fabricada, como algumas das outras sensações entre adolescentes; suas características pessoais e as dificuldades que ela enfrentara na vida conferiam-lhe uma autenticidade que fizeram vibrar alguma corda sensível dos ouvintes adolescentes.

Em meados de novembro de 2004, "Somebody" já se tornara a décima música mais tocada no LAUNCHcast. Finalmente, como resultado da campanha promocional, Bonnie McKee incluíra-se entre os 50 termos mais pesquisados no site.

Esses dados levaram os executivos da gravadora a fazer uma grande mudança na maneira como promoviam Bonnie McKee. Assim, reformularam sua imagem, enfatizando seu lado mais rebelde, uma espécie de Lolita às avessas. Ela não era nem Sheryl Crow nem Britney Spears, decidiram; era a anti-popstar rebelde, com forte apelo para o subconjunto angustiado do público feminino adolescente.

Foi uma jogada inteligente, mas não funcionou. O álbum vendeu menos do que 17 mil cópias. Apesar dos dados demográficos e geográficos sobre onde talvez se encontrasse o público mais receptivo a McKee, ela praticamente ainda não conseguira espaço nas emissoras. "O que aprendemos é que se uma banda conquista primeiro uma base de fãs on-line, são melhores as chances de que venda CDs quando a música chega às rádios ou à MTV", diz Robin Bechtel, que dirigiu a campanha de marketing. "Muitos artistas que não agem assim fracassam nas rádios ou entram nas rádios, mas as pessoas não compram todo o álbum e baixam pela Internet apenas a música de grande sucesso. Parece que os fãs não estão dispostos a investir no artista, apenas na música."

Ela especula que a demanda pelo single de McKee foi em boa parte atendida por todo o acesso gratuito on-line. Ao que tudo indica, o apelo por ela exercido não era bastante profundo para que as pessoas fossem além do single que já tinham ouvido on-line. O problema não era posicionamento ou marketing, era falta de apoio autêntico das bases. Conseguir que os consumidores on-line comprem música hoje exige mais do que um single muito atrativo; também requer um forte substrato de aficionados, tanto quanto possível espalhando comentários positivos on-line.

MY CHEMICAL ROMANCE

A Reprise encontrou um exemplo perfeito exatamente desse tipo de base no caso de um quinteto punk-pop de New Jersey, chamado My Chemical Romance. Embora o álbum da banda, *Three Cheers for Sweet Revenge*, tenha sido lançado mais ou menos na mesma época do de McKee, esse já era seu segundo álbum. O primeiro, de uma gravadora independente, tinha vendido 10 mil cópias, o que sugeria um núcleo de seguidores pequeno, mais forte. Assim, cinco meses antes do lançamento do segundo álbum, em maio de 2004, a Reprise começou a liberar faixas para sites que se concentravam nesse núcleo, como Shoutweb.com e AbsolutePunk.net, para captar o alvoroço entre os fiéis, na expectativa de que o alarido se espalhasse pela rede.

A gravadora também empurrou a banda no PureVolume.com e no MySpace.com, dois sites de redes sociais de música, com uma base de usuários em crescimento explosivo. Assim, ofereceu faixas ao vivo exclusivas à Pure-

Volume para promoções e lançou um vídeo acessível apenas pela Internet para o primeiro single da banda, "I'm Not Okay (I Promise)".

Com a disponibilidade das faixas, a Reprise podia observar as reações do público. Usando dados sobre troca de arquivos da BigChampagne, a gravadora podia constatar não só o interesse crescente por "Not Okay", mas também o intercâmbio e a busca intensa da faixa "Helena". Em função dessas informações, fez de "Helena" o próximo single e, ajudada por pedidos dos fãs mais ardorosos da banda, a música chegou às emissoras. No final do verão, "Helena" tornara-se, de longe, o single mais tocado nas rádios.

Quando a banda saiu em excursão em setembro, a Reprise ampliou as promoções para a Yahoo! Music e para a AOL, abrangendo áudio, vídeo e apresentações ao vivo, com forte apoio promocional, nos estúdios do Yahoo! Enquanto isso, os fãs se aglomeraram no site da banda e na página do MySpace. My Chemical Romance agora tem a maior lista de e-mails da Warner.

O álbum passou a vender 1,4 milhão de unidades, transformando-o num dos maiores sucessos do ano, devido, em boa parte, ao apoio das emissoras de rádio e da MTV, mas tudo começou on-line, onde o público mais entusiasta da banda cimentou sua credibilidade.

Qual foi a diferença entre My Chemical Romance e Bonnie McKee? Além das disparidades de talento, a banda contou com uma forte base de fãs, tanto de seu primeiro álbum quanto de seus shows ao vivo. Já havia milhares de pessoas famintas por mais músicas da banda, e quando a gravadora lhes deu o que queriam, na forma de conteúdo on-line, o público retribuiu o favor, com forte propaganda boca a boca, inclusive pedidos às emissoras. Isso, por sua vez, garantiu à banda o espaço de que precisava nas rádios para levá-la ao próximo nível de popularidade, ampliando ainda mais seu grupo de fãs.

McKee, em contraste, era uma artista relativamente desconhecida, que raramente havia feito apresentações ao vivo. Embora as pessoas gostassem do que tinham ouvido no Yahoo!, isso não foi suficiente para despertar o verdadeiro comportamento de fãs. As pessoas não compraram o álbum nem exigiram mais. Em MySpace, My Chemical Romance tem quase 450 mil "amigos"; McKee tem 9 mil. A propaganda boca a boca faz toda a diferença.

BIRDMONSTER

Este exemplo é muito menor, mas o conheço bem, pois envolve um ex-colega. Durante as pesquisas para este livro, decidi monitorar o progresso de Birdmonster, nova banda de San Francisco, liderada por Peter Arcuni, assistente editorial da *Wired*. A experiência revelou-se muito instrutiva.

A Birdmonster é um ótimo exemplo de como as três forças da Cauda Longa estão revolucionando o *status quo* na indústria de música. Como todas as novas bandas de rock, a Birdmonster começou em busca de oportunidades. Mas, em vez de importunar os empresários, os membros da banda constataram que havia uma alternativa mais inteligente. Na programação das casas de espetáculos, os artistas de maior fama ficam com as principais apresentações. Depois de definida a agenda principal, montam-se os shows de abertura, para apoiar os protagonistas. Como praticamente toda a programação de espetáculos já está on-line, agora é simples encontrar as oportunidades para coadjuvantes, bastando procurar as letras "TBA" de "to be announced" ou "a ser anunciado", além de usar outras palavras-chave para limitar a busca aos clubes locais. Então, basta contatar o responsável pela programação e oferecer-se para preencher as lacunas.

Porém, não basta conseguir a atenção dos empresários; eles também precisam estar convencidos de que você é capaz de atrair uma multidão. Para tanto, a Birdmonster recorreu ao marketing da Internet para atingir as bases, lançando uma mala-direta on-line que estimulava os fãs a registrar-se como "amigos" na página da banda, em MySpace. Incluiu algumas canções na página e listou outras apresentações, além de imagens. Os programadores podiam conferir as páginas, ouvir as canções, ver as imagens de shows e ler os comentários dos fãs.

A Birdmonster também cortejou as emissoras de rádio de Internet, que não estão sujeitas às limitações do broadcast tradicional. Foi "Ted", dono da BagelRadio.com, de San Francisco, que convenceu o programador a dar à Birdmonster sua primeira grande chance, uma apresentação de abertura para Clap Your Hands Say Yeah. Isso (e um concurso de batalha das bandas) culminou com a apresentação de abertura para White Stripes, que, no momento, era o máximo em indie rock. A Birdmonster acabara de chegar.

Também era hora de ir além das apresentações para tapar buracos. A banda gravou três faixas num estúdio local independente e produziu por conta própria um pequeno álbum, que enviou para uma empresa chamada CD Baby, que recebe músicas em consignação e as vende on-line. A CD Baby, por sua vez, transferiu as faixas digitais para a iTunes e para outras das principais prestadoras de serviços de música, de modo que pudessem ser compradas como os maiores sucessos das grandes gravadoras.

Em seguida, a banda enviou por e-mail faixas de músicas e notas pessoais para vários blogs de MP3, obtendo referência positiva em vários deles, como Music for Robots, o que atraiu ainda mais atenção para o grupo. A página da Banda em MySpace começou a encher-se de fãs, e em breve gerentes, gravadoras e profissionais da indústria começaram a apresentar propostas.

Até que algo surpreendente ocorreu: a Birdmonster recusou as ofertas. Conforme explicou Arcuni, "Em princípio, não temos nada contra as grandes gravadoras, mas os números (risco *versus* recompensa) não batiam".

As gravadoras existem basicamente para exercer quatro funções: (1) descobrir talentos; (2) financiar (os adiantamentos que as bandas recebem para pagar os serviços de estúdio é como o capital inicial investido pelos capitalistas de risco), (3) distribuição e (4) marketing.

Sob a perspectiva da Birdmonster, eles não precisavam disso. A base de fãs cada vez maior, em constante expansão on-line, já havia identificado o talento do grupo. A melhoria da tecnologia de gravação digital tornou os serviços de estúdio mais baratos do que em qualquer outra época – eles podiam gravar as faixas em poucos dias no estúdio e então mixá-las e complementá-las em casa, por meio de computadores pessoais. O custo de gravar todo o álbum foi inferior a US$15 mil, que cobriram com cartões de crédito e poupança. A CD Baby e outra empresa similar, chamada Cinderblock, providenciou a distribuição, que lhes deu alcance tão amplo quanto o que teria sido fornecido pela iTunes, Rhapsody e outros dos principais nomes do mercado. Além disso, os blogs de MP3 e MySpace eram ferramentas de marketing gratuitas.

Nessas condições, por que comprometer-se tão estreitamente com as gravadoras, quando poderiam eles mesmos gravar e distribuir suas músicas, preservando sua independência criativa? Se o primeiro álbum lançado por eles mesmos se deu tão bem, eles estariam em posição de negociação muito mais forte com a gravadora, para o relançamento do mesmo álbum nas lojas ou para o lançamento do segundo álbum, em condições semelhantes às da The Chemical Romance depois do primeiro álbum. E mesmo que não fosse bem assim, ainda havia as oportunidades de shows ao vivo e de turnês para apresentações, que são, na realidade, o que há de melhor em pertencer a uma banda. E, assim, Arcuni deixou seu trabalho regular na *Wired* (nossa perda!) e partiu em busca de sua realização como músico profissional, encorajado pela era do DIY, agora que a tecnologia deslocou o centro de poder, das gravadoras para as bandas.

O PODER DA INTELIGÊNCIA COLETIVA

As avaliações de música pelo Yahoo!, o Google PageRank, os amigos de MySpace, as resenhas de usuários do Netflix – tudo isso são manifestações da sabedoria das multidões. Milhões de pessoas comuns são os novos formadores de preferências. Algumas atuam como indivíduos, outras participam de grupos organizados em torno de interesses comuns, e ainda outras são simplesmente rebanhos de consumidores monitorados automaticamente por softwares que observam todos os seus comportamentos.

Pela primeira vez na história, somos capazes de medir os padrões de consumo, as inclinações e as preferências de todo um mercado de consumidores em tempo real e, com a mesma rapidez, ajustar-se a tais condições para melhor atender a esse público. Esses novos formadores de preferências não são uma super-elite, cujos componentes são melhores do que nós. Eles são nós.

Os observadores de tendências da Frog Design, empresa de consultoria, encara esse fenômeno como nada menos do que um deslocamento tectônico:

> Estamos saindo da Era da Informação e entrando na Era da Recomendação. Hoje, é ridiculamente fácil obter informações; praticamente se tropeça nelas nas ruas. A coleta de informações não é mais a questão – a chave agora é tomar decisões inteligentes com base nas informações... As recomendações servem como atalhos no emaranhado de informações, da mesma maneira como o dono de minha loja de vinhos me orienta entre as prateleiras de obscuros vinhos franceses para que eu desfrute do melhor com minhas pastas.

A propaganda boca a boca amplificada é a manifestação da terceira força da Cauda Longa: explorar o sentimento dos consumidores para ligar oferta e demanda. A primeira força, democratização da produção, povoa a Cauda. A segunda força, democratização da distribuição, disponibiliza todas as ofertas. Mas isso não é suficiente. Só quando essa terceira força, que ajuda as pessoas a encontrar o que querem nessa nova superabundância de variedades, entra em ação é que o potencial do mercado da Cauda Longa é de fato liberado.

Os novos formadores de preferências são simplesmente as pessoas cujas opiniões são respeitadas. Elas influenciam o comportamento de outras, quase sempre as encorajando a tentar novas coisas que, do contrário, não experimentariam. Alguns desses novos formadores de preferências são os profissionais tradicionais: críticos de cinema e de música, editores e testadores de produtos. À medida que se expandem nossos interesses, com a disponibilidade explosiva de ampla variedade, a demanda por esses conselhos esclarecidos e confiáveis agora se estende para os nichos mais estreitos. Empresas como a Weblogs, Inc. construíram negócios prósperos cujo fulcro é criar blogs para atender a interesses específicos, desde o mergulho com escafandro até os padrões sem fio Wimax, para informática médica.

Outros formadores de preferências são as celebridades, outra forma de guia confiável, cuja influência sobre o consumo continua em crescimento. Desde o merchandising de produtos em programas de televisão até o sucesso extraordinário da revista *InStyle* (sua grande inovação não foi recortar as fotos sobre os joelhos para mostrar os sapatos), o poder das celebridades é medido cada vez mais em termos de sua capacidade de promover mercadorias. Queira ou não, Jessica Simpson é uma formadora de preferências.

Mas nem todas as celebridades são estrelas de Hollywood. À medida que nossa cultura se fragmenta em milhões de minúsculas microculturas, também estamos presenciando a conseqüente ascensão de microcelebridades. No mundo tecnológico, o fenômeno se manifesta por meio de bloguistas, como a equipe que escreve DailyCandy, blog de modas, ou BoingBoing, site especializado em tecnologia e subcultura, que, no momento em que estou escrevendo este capítulo, é o blog mais popular do mundo. O BoingBoing tem a capacidade de descobrir um brinquedo original, como um jogo "20Questions", baseado numa rede neural treinada on-line, e direcionar tráfego suficiente para um mercado on-line para esgotar os seus estoques num dia. Outras microcelebridades são ainda mais micro, variando desde participantes bem classificados da lista de músicas da iTunes até magos em formação de preferências, por trás de blogs de música popular, como Pitchfork Media.

E também há o comportamento das multidões, que seria visto com mais propriedade como uma forma de inteligência distribuída. Exemplos de multidões são os rotuladores da Flickr, site de troca de fotos que o estimula a inventar suas próprias categorias (para você a foto talvez seja de Paris Hilton, mas eu vejo o telefone Sidekick dela, portanto, eu rotulo a foto de "Sidekick"), e os *linkers*, que constroem listas on-line de páginas da Web que eles querem voltar a acessar com facilidade.

As pessoas que fazem parte dessa multidão talvez não se considerem fornecedores de recomendações ou de orientações. Mas todos os dias surgem cada vez mais softwares que observam suas atitudes, delas extraindo conclusões. A ascensão do software de busca como a força econômica do Vale do Silício é simplesmente reflexo do valor que agora reconhecemos na mensuração e análise das ações de milhões de indivíduos.

A REGRA DOS FILTROS

O termo abrangente que se aplica às recomendações e a todas as outras ferramentas que o ajudam a encontrar qualidade na Cauda Longa é *filtros*. Essas tecnologias e serviços peneiram um vasto conjunto de escolhas, para propor-lhe as mais compatíveis com as suas características. É o que faz o Google quando apresenta os resultados de uma pesquisa: filtra a Web para indicar apenas as páginas que mais se aplicam ao termo pesquisado. Também é o que faz a ferramenta "Most Popular Tracks", no subgênero "acid jazz", da Rhapsody.

Os filtros compõem o que Rob Reid, um dos fundadores de Listen.com, chama de "camada de navegação" da Cauda Longa. Não se trata de algo exclusivo da Internet e, como ele observa, também não é nada novo:

> Curiosamente, o poder e a importância da camada de navegação não é estritamente um fenômeno on-line. Durante muitos anos, a American Airlines ganhou mais dinheiro com seu sistema de reservas eletrônicas Sabre (basicamente a camada de navegação comum da indústria de viagens, para o mundo estonteante das rotas e tarifas nas décadas de 1970 e 1980), do que todo o setor de aviação civil auferia em conjunto, cobrando das pessoas para viajar de avião. Às vezes, algumas Baby Bells geravam mais lucro com suas páginas amarelas – basicamente, a camada de navegação de todos os negócios locais, antes de a Web entrar em cena – do que com seus monopólios herdados. E, no seu pico, o *TV Guide* rivalizava com as próprias redes de televisão em rentabilidade.
>
> Num mundo de escolhas infinitas, o contexto – não o conteúdo – é rei.

Nos mercados de Cauda Longa de hoje, o principal efeito dos filtros é ajudar as pessoas a se deslocar do mundo que conhecem ("hits") para o mundo que não conhecem ("nichos") em veículos que sejam ao mesmo tempo confortáveis e ajustados sob medida às suas preferências. Sob certo aspecto, os bons filtros exercem o efeito de empurrar a demanda ao longo da cauda, revelando bens e serviços mais atraentes do que as alternativas padronizadas que abarrotam os canais estreitos da distribuição tradicional dos mercados de massa.

Reed Hastings, CEO da Netflix, descreve o efeito dos filtros – nesse caso, softwares de recomendação e algoritmos de classificação sofisticados – na função de orientar a demanda Cauda abaixo, em busca de DVDs cada vez mais específicos.

> A Blockbuster informa que, tradicionalmente, 90% dos filmes que alugam são lançamentos. On-line, entram mais nos nichos: em seu site, os filmes novos respondem por apenas 70% dos aluguéis, enquanto os outros 30% se referem a filmes anteriores. Na Netflix é diferente. Mais ou menos 30% do que alugamos são novos lançamentos e cerca de 70% são filmes antigos, e isso não ocorre porque nossos assinantes são diferentes. É porque criamos demanda por conteúdo e o ajudamos a encontrar ótimos filmes de que você realmente goste. E o fazemos por meios algorítmicos, com recomendações e classificações.

Hastings acredita que as recomendações e outros filtros sejam uma das vantagens mais importantes da Netflix, sobretudo para as pessoas que não se interessam apenas pelos grandes sucessos. As recomendações têm todo o poder da propaganda para gerar demanda, mas a custo praticamente zero. Se a Netflix lhe sugere um filme com base no que sabe sobre suas preferências e nas opiniões de outras pessoas, é provável que isso seja mais influente do que uma parada de sucessos genérica, destinada ao público mais amplo possível. Apesar de todas essas vantagens, tais recomendações surgem naturalmente dos dados da Netflix sobre os clientes, o que lhe permite oferecer um número infinito de "paradas de sucesso" (páginas da Internet personalizadas para cada cliente e cada visita) como meio de orientação dos clientes.

A propaganda e outras ferramentas de marketing podem representar, em média, mais da metade de todos os custos dos grandes sucessos de Hollywood, razão por que os filmes menos ambiciosos não podem participar do jogo. As recomendações da Netflix nivelam o campo de jogo, oferecendo marketing gratuito para filmes que, do contrário, não poderiam dar-se a esse luxo, espalhando a demanda de maneira mais uniforme entre hits e nichos. Portanto, são importante força democratizante num setor muito pouco democrático.

OS FILTROS DE TAMANHO ÚNICO NÃO SERVEM PARA TUDO

À medida que nos aprofundamos nos filtros e no seu funcionamento, será útil ter uma visão geral de seus muitos tipos. Aqui estão algumas das muitas espécies diferentes de filtros que um usuário comum da Rhapsody talvez encontre, ao procurar novas músicas. Na página principal, o usuário poderia começar com categorias, que é uma forma de *multi-level taxonomy* (taxonomia multinível).

Digamos que você comece com Alternative/Punk e então escolha o subgênero Punk Funk. Nessa categoria, há uma *lista de best-sellers* que, neste momento em que escrevo, é liderada por Bloc Party. Se clicar em Bloc Party, você descobrirá que a função *pattern matching* (reconhecimento de padrões) criou uma lista de artistas relacionados, que inclui a Gang of Four. Um clique aí produz uma lista de "followers" ou seguidores (a Gang of Four criou a categoria de Punk Funk em sua primeira encarnação, no início da década de 1980), que é uma forma de *editor recommendation* (você também pode ser convencido pela *editorial review* – resenha editorial).

Entre os seguidores da Gang of Four, encontra-se Rapture. Clique nela e, se você gostar, tente uma estação de rádio personalizada, feita sob medida para esse artista, que é uma sucessão de canções da Rapture e outras bandas, também apreciadas por outras pessoas que gostam da Rapture, o que é uma forma de *collaborative filtering* – filtragem colaborativa. Ao ouvir essas várias músicas, você talvez conclua que, de todas as bandas, a de que mais gosta é LCD Soundsystem. Clique nela, ouça-a durante algum tempo e, quando estiver procurando algo novo, tente uma *playlist* – lista de músicas – que contenha a banda. Isso, por sua vez, o apresentará a Zero 7, onde você talvez queira ficar um pouco.

Meia dúzia de técnicas de recomendação o deslocaram do punk para o soul, do meio da Cabeça para a ponta da Cauda, e todos os passos ao longo do caminho fizeram sentido.

Por mais importantes que sejam as recomendações de músicas hoje, elas não são perfeitas. Um dos problemas é que elas tendem a ficar sem sugestões com muita rapidez, à medida que o usuário se aprofunda no nicho, onde talvez haja poucas pessoas cujos gostos e preferências possam ser medidos. Outro problema é que mesmo onde os serviços sejam capazes de oferecer boas sugestões e o estimularem a explorar um gênero novo para você, o conselho geralmente mantém-se o mesmo com o passar do tempo. Volte um mês depois, após ter ouvido todas as recomendações, e é muito provável que tudo continue como antes.

Outra limitação é que muitos tipos de recomendações tendem a ser melhores para um gênero do que para outro – as recomendações de rock não são úteis para clássicos e vice-versa. No velho modelo baseado em grandes sucessos, prevalecia o tamanho único. Neste novo modelo, em que os nichos e subnichos são abundantes, há a necessidade de especialização. Exemplo disso é a iTunes, que, por todas as suas realizações, demonstra um viés por música popular que compromete sua utilidade para outras espécies de música.

Na iTunes, e em serviços semelhantes, diferentes gêneros – por exemplo, rock, jazz ou clássicos – são apresentados de maneira semelhante, destacando-se "artista" como a principal categoria de classificação. Mas quem é o "artista" em clássicos – o compositor, a orquestra ou o maestro? Será que uma amostra de trinta segundos de um concerto é significativa? No caso de jazz, talvez você prefira seguir as carreiras de cada artista, em vez de acompanhar a orquestra, que se reuniu apenas para um álbum. Ou talvez você esteja mais interessado no ano e queira encontrar outra música que saiu na mesma época. Em todos esses casos, você está sem sorte. O software da iTunes não permite seleção por nenhum desses critérios.

Essas são as falhas da agregação e da filtragem tamanho único. A iTunes pode estar percorrendo o caminho Cauda abaixo, mas sua ênfase na simplicidade – e em metadados padronizados – a obriga a adotar um modelo de apresentação comum que não se adapta com eficácia a todos os gêneros – e, portanto, a todos os consumidores. E isso não se aplica apenas à iTunes – o mesmo é verdadeiro para todos os serviços de música.

Como nenhuma espécie de filtro é completa, os ouvintes tendem a usar muitas alternativas. Você pode começar sua exploração de novas músicas seguindo recomendações. Então, depois de chegar ao seu gênero preferido, talvez seja o caso de mudar para a lista das dez mais daquela categoria ou ouvir ao acaso parte de algumas faixas. Ao encontrar uma banda, por exemplo, que lhe pareça muito boa, uma hipótese é explorar bandas semelhantes, orientado por filtros colaborativos. E ao voltar uma semana depois e ver que nada mudou, você precisará de outro tipo de filtro, para levá-lo até sua próxima parada na exploração. Poderia ser uma lista de músicas – que o levaria, como num tapete mágico, às áreas de preferência de outras pessoas – e assim talvez você chegue a outro gênero, onde você finca sua barraca e de novo começa a escavar o terreno.

NEM TODAS AS LISTAS DE DEZ MAIS SÃO IGUAIS

Não muito tempo atrás, havia muito menos maneiras de encontrar novas músicas. Além das recomendações pessoais, existiam as resenhas em revistas, talvez os conselhos de algum funcionário bem informado de uma loja especializada e, a mais importante de todas, as escolhas das rádios. As seleções de músicas das emissoras, sobretudo hoje, são o principal exemplo do melhor de todos os filtros, a lista das mais populares. As 10, as 40 e as 100 mais são a matéria básica do universo movido a hits, desde as avaliações da Nielsen até os best-sellers do *New York Times*. Mas, no mundo da Cauda Longa, com tantos outros filtros disponíveis, as fragilidades das listas das dez mais tornam-se cada vez mais claras.

Não há nada de errado nas avaliações por popularidade – afinal, este é apenas mais um exemplo do filtro "sabedoria das multidões" – mas, com muita freqüência, essas seleções juntam todos os tipos de nichos, gêneros, subgêneros e categorias numa massa profana.

Exemplo típico: blogs. No momento em que escrevo esta página, a Technorati relaciona os seguintes dez principais blogs:

1. BoingBoing: A Directory of Wonderful Things
2. Daily Kos: State of the Nation
3. Drew Curtis' FARK.com
4. Gizmodo: The Gadgets Weblog
5. Instapundit.com
6. Engadget
7. PostSecret
8. Talking Points Memo: by Joshua Micah Marshall
9. Davenetics Politics Media Musings
10. dooce

O que aprendemos com isso? Bem, não muito. Há dois blogs sobre maquininhas na lista, dois ou três blogs políticos, alguns sobre subculturas não-categorizáveis (BoingBoing, FARK, PostSecret), e um blog pessoal (dooce).

Essas listas são, em outras palavras, uma coleção quase aleatória de coisas totalmente díspares.

Para usar uma analogia, listar os principais blogs é como dizer que os produtos mais vendidos no supermercado hoje são:

1. Leite DairyFresh com 2% de vitamina D
2. Pão de grãos mistos da Hayseed Farms
3. Bananas, cachos variados
4. Cereal Crunchios, tamanho grande
5. Diet Whoopsy
6. e assim por diante...

Essa lista não serve para nada. Não importa que bananas tenham vendido mais do que bebidas não-alcoólicas. O relevante é quais são as bebidas não-alcoólicas que vendem mais do que *outras* bebidas não-alcoólicas. As listas fazem sentido apenas nos respectivos contextos, comparando coisas iguais dentro de determinada categoria.

O que estou tentando demonstrar: essa é mais uma lembrança de que é preciso tratar nichos como nichos. Quando se observam mercados tridimensionais amplamente diversificados através de lentes unidimensionais, os resultados são absurdos. Obtém-se uma lista, mas uma lista sem significado. O que importa são as classificações *dentro* de um gênero (ou subgênero), não *entre* gêneros.

Voltemos às músicas. Neste momento, os dez principais artistas no total da Rhapsody são:

1. Jack Johnson
2. Eminem
3. Coldplay
4. Fall Out Boy
5. Johnny Cash
6. Nickelback
7. James Blunt
8. Green Day
9. Death Cab for Cutie
10. Kelly Clarkson

Ou seja, segundo minha contagem, aí se incluem duas "alternativas para adultos", uma "crossover/hiphop", um "Brit-rock", um "emo", um "outlaw country" um "post-grunge", um "punk-pop", um "indie-rock" e um "teen beat". Será que alguém quer saber que "outlaw country" está vendendo mais do que "teen beat" nesta semana, ou vice-versa? Será que essa lista ajuda alguém que se sinta atraído por qualquer uma dessas categorias a encontrar mais músicas de sua preferência? No entanto, a lista das 10 mais (ou das 40 mais ou das 100 mais) é a lente através da qual observamos a cultura musical durante quase meio século. Fazia muito pouco sentido, mas era tudo que tínhamos

Comparemos essa situação com outro tipo de lista das dez mais, referente ao subgênero de música jazz afro-cubano:

1. Tito Puente
2. Buena Vista Social Club
3. Cal Tjader
4. Arturo Sandoval
5. Poncho Sanchez
6. Dizzy Gillespie
7. Perez Prado
8. Ibrahim Ferrer
9. Eddie Palmieri
10. Michel Camilo

Agora, *isso* é uma lista das dez mais. Estamos comparando laranjas com laranjas e obtendo algo útil de alto a baixo. Tais listas são possíveis porque temos informações abundantes sobre as preferências dos consumidores e espaço suficiente para um número infinito de listas das dez mais – nada impede que seja mais de uma. Essa é apenas uma idéia rápida de como as recomendações e outros filtros são capazes de ajustar-se para levar a demanda cada vez mais baixo na cauda.

SERÁ QUE A CAUDA LONGA ESTÁ MESMO CHEIA DE LIXO?

E por que será que os filtros são tão importantes para o funcionamento da Cauda Longa? Porque sem eles a Cauda Longa corre o risco de ser só ruído.

A "teoria da informação" se desenvolveu em torno do problema de extrair sinais coerentes de ruídos elétricos aleatórios, primeiro nas transmissões de rádio e depois em qualquer tipo de transmissão eletrônica. O conceito de índice sinal/ruído hoje se aplica de maneira mais ampla a qualquer situação em que a eliminação da dispersão é um desafio. Nos mercados tradicionais não ocorre esse problema porque tudo que está nas prateleiras já foi filtrado para eliminar os produtos exóticos e outros que se afastam demais do mínimo denominador comum. Porém, nos mercados de Cauda longa, que abrangem quase tudo, o ruído pode ser um enorme problema. Com efeito, se não for controlado, o ruído – conteúdo aleatório ou produtos de má qualidade – pode matar o mercado. Quando há excesso de ruído, as pessoas não compram.

A função dos filtros é não deixar passar esses ruídos. Trata-se de separar o trigo do joio ou os diamantes da lama. Compete-lhes destacar os poucos produtos que interessam a quem esteja buscando alguma coisa e eliminar os muitos que são irrelevantes. Explicarei esse aspecto com base num erro de percepção muito comum.

Um dos enganos mais freqüentes sobre a Cauda Longa é presumir que as coisas que não vendem bem "não são tão boas" quanto as que vendem bem. Ou, em outros termos, pressupõem que a Cauda Longa está cheia de lixo. Afinal, se aquele álbum/livro/filme/qualquer coisa fosse excelente, seria um grande sucesso, certo? Bem, numa única palavra, não.

A economia dos nichos não é igual à da tendência dominante. E as razões dessa diferença ajudam a explicar por que tantas características do conteúdo da Cauda Longa são antiintuitivas, sobretudo quando estamos acostumados com o raciocínio da escassez.

Primeiro, deixemos claro um aspecto: *a Cauda Longa de fato está cheia de lixo*.

No entanto, também está apinhada de trabalhos de alto brilho e grande profundidade – além de muita coisa entre os dois extremos. Exatamente a mesma afirmação também se aplica à Internet em si. Dez anos atrás, as pessoas se queixavam de que havia muita porcaria na Internet e, sem dúvida, qualquer surfada ao acaso rapidamente confirmava esse ponto. Até que surgiram os softwares de busca para ajudar a extrair sinais do ruído e, finalmente, chegou a hora do Google, que explora a sabedoria das multidões em si e converte a massa de incoerência na coisa mais próxima de um oráculo que o mundo jamais viu.

Esse atributo não se aplica apenas à Internet – é verdadeiro em outras situações. A Lei de Sturgeon (cujo epônimo é Theodore Sturgeon, autor de ficção científica) afirma que "noventa por cento de tudo é desprezível". Reflita sobre arte, não sob o ponto de vista das galerias, mas em termos do que está à venda, em geral. Noventa por cento (pelo menos) é porcaria. E a mesma situação se aplica a música, livros e tudo o mais. A razão por que não pensamos dessa maneira é que a maioria de tudo passa pela triagem da escassez representada pela distribuição do varejo comercial.

Nas prateleiras das lojas ou em qualquer outro meio de distribuição limitado a proporção entre o bom e o ruim é importante por se tratar de um *jogo de soma zero*: o espaço de um elimina o espaço de outro. O destaque de um obscurece o outro. Se houvesse dez brinquedos ordinários para cada um de qualidade numa loja especializada, você desistiria da busca. Do mesmo modo, não vale a pena vasculhar as estantes de CDs quando não se ouviu falar de nenhum deles.

No entanto, quando se dispõe de espaço ilimitado nas prateleiras, a concorrência se transforma num *jogo de soma não-zero*. Na Internet, a principal característica dos estoques passa a ser a não-rivalidade entre os itens e o índice bom/ruim é apenas um problema de captação de sinais entre ruídos, solucionável por meio de ferramentas da tecnologia da informação. O que significa dizer que não se trata de grande problema. Apenas se precisa de melhores filtros. Em outras palavras, ainda existe ruído, mas o Google cria condições para que efetivamente se o ignore. Essa é a regra dos filtros!

Daí se chega à chave do que é de fato diferente nas Caudas Longas. Elas não estão sujeitas a triagens prévias em face das necessidades impostas pelos gargalos de distribuição e todas as suas conseqüências (editores, executivos de estúdios, caçadores de talentos e gerentes de compra do Wal-Mart). Em conseqüência, seus componentes variam muito em qualidade, da mesma maneira como tudo o mais no mundo.

Uma maneira de descrever tudo isso (recorrendo mais uma vez à linguagem da teoria da informação) seria dizer que as Caudas Longas têm uma *larga faixa dinâmica* de qualidade: do péssimo ao ótimo. Em contraste, as prateleiras das lojas, em média, apresentam *estreita faixa dinâmica* de qualidade: principalmente de médio para bom. (Na realidade, também existem coisas excelentes, mas boa parte delas é muito cara para a maioria das prateleiras de varejo; afinal, os nichos se situam em ambas as extremidades do espectro de qualidade.)

Assim, as caudas apresentam "larga faixa dinâmica", enquanto as cabeças têm estreita faixa dinâmica. Graficamente, a situação é a seguinte:

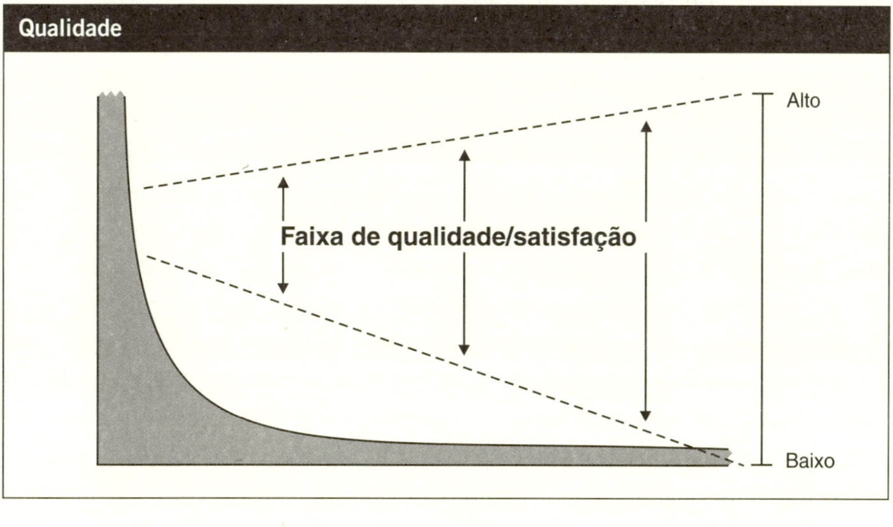

É crucial observar que existem itens de alta qualidade em todas as partes da curva, de alto a baixo. Sim, os itens de baixa qualidade são mais freqüentes na cauda do que em outras áreas mais acima e o nível médio de qualidade é mais baixo à medida que se desce na curva. Mas, com bons filtros, a média não importa. Garimpam-se diamantes em toda a extensão da curva.

A título de esclarecimento, eis alguns exemplos de critérios a serem adotados para avaliar o conteúdo:

Alta qualidade	Baixa qualidade
Corresponde aos meus interesses	Não é para mim
Bem-feito	Mal-feito
Novo	Velho
Substancial	Superficial
Vibrante	Monótono

Obviamente, as avaliações "alta qualidade" e "baixa qualidade" são inteiramente subjetivas; portanto, todos esses critérios dependem dos olhos do observador. Assim, não há indicadores absolutos sobre a qualidade do conteúdo. O "bom" para alguém facilmente pode ser ruim para "outrem"; na verdade, quase sempre é.

Essa é a razão por que os nichos são diferentes. O que é *ruído* para uma pessoa é *sinal* para outra. Se um produtor pretender que algo seja absolutamente certo para determinado público, a mesma coisa será, por definição, errada para outro público. As concessões necessárias para que algo seja atraente para todos significa quase com certeza que a coisa não será completamente atraente para ninguém – motivo pelo qual é chamado de *mínimo denominador comum.*

A conseqüência marcante do gráfico acima é que, para muita gente, o melhor está na Cauda. Se você estiver interessado em equipamentos de som para audiófilos, os melhores produtos não serão encontrados entre os mais vendidos do Best Buy, pois serão muito caros, muito complicados e muito difíceis de vender para o cliente médio. Ao contrário, estarão disponíveis em algum lugar mais especializado e, na classificação geral das vendas, estarão bem baixo na Cauda. Por se tratar de algo tão bom para audiófilos, provavelmente não será adequado para pessoas com interesses menos específicos. Por definição, os produtos de nicho não se destinam a todos.

Lá embaixo, na parte de baixos volumes de vendas da curva, também se encontram produtos que não são muito bons. Se você recorrer à ajuda de softwares de busca inteligentes, às recomendações de outras pessoas e a outros filtros, suas chances de encontrar algo adequado às suas necessidades serão realmente *maiores* na Cauda. Os itens mais vendidos tendem a atrair, pelo menos de maneira superficial, uma variedade mais ampla de preferências. Os produtos de nicho se destinam a conquistar com mais intensidade uma faixa mais estreita de gostos. Eis por que as tecnologias de filtragem são tão importantes. Elas não só impulsionam a demanda cauda abaixo, mas também podem aumentar a satisfação, ao ligar as pessoas a produtos *mais* compatíveis com as características delas do que as ofertas de amplo apelo que se concentram no topo.

A CAUDA QUE ABANA TUDO

Outra maneira de encarar a situação é o gráfico abaixo. À medida que a Cauda se alonga, o índice sinal/ruído piora. Assim, os consumidores só conseguirão garantir a qualidade dos sinais para encontrar o que buscam se os filtros forem cada vez mais poderosos:

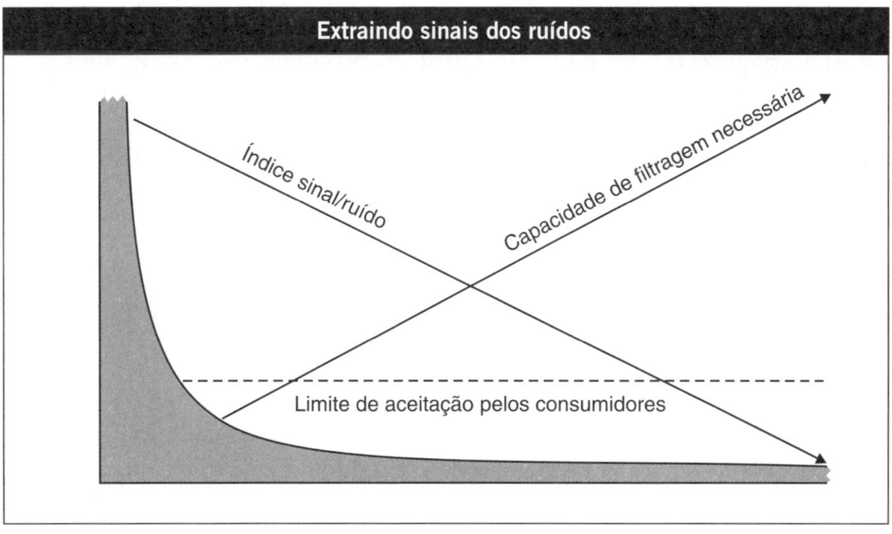

Por que será que o índice sinal/ruído cai à medida que se desce na Cauda? Porque há tanta coisa lá que aquilo que se está procurando é obscurecido por tudo o que não se está buscando. A explicação é simples: a maioria esmagadora de todas as coisas se encontra na Cauda.

Uma das conseqüências de viver numa cultura movida a grandes sucessos é a tendência a presumir que os hits representam uma fatia do mercado muito maior do que na realidade. Ao contrário, os hits são exceções raras. É o que Nassim Taleb denomina "Problema do Cisne Negro".

A expressão é oriunda de David Hume, filósofo escocês do século XVIII, que a apresentou como exemplo das complicações resultantes da indução de regras gerais a partir dos fatos observados. Por meio do que agora tornou-se conhecido como Problema da Indução de Hume, ele perguntou quantos cisnes brancos alguém deve observar para inferir que todos os cisnes são brancos e que não há cisnes negros. Centenas? Milhares? Não sabemos. (O Cisne Negro não é apenas uma metáfora: até a descoberta da Austrália, a crença comum era que todos os cisnes fossem brancos. Essa crença foi esmigalhada quando alguém avistou o primeiro *Cygnus atratus*.)

O problema é que temos dificuldade em contextualizar os eventos raros. Em qualquer população, sempre há algumas pessoas muito ricas, outras muito inteligentes e ainda outras com muita sorte, e realmente não conseguimos dizer quem é o quê. Em *Fooled by Randomness*, Taleb brinca com o best-seller *The Millionaire Next Door*, que expõe as táticas de investimento e os hábitos de trabalho de multimilionários, de modo que você possa imitá-los e também ficar rico. Mas, como observa Taleb, é provável que fatores aleatórios tenham contribuído para a riqueza do vizinho tanto quanto as estratégias de investimento.

Ele define o Cisne Negro como:

> Evento aleatório que apresenta as três seguintes propriedades: grande impacto, probabilidades incalculáveis e efeito surpreendente. Primeiro, sua ocorrência exerce impacto desproporcionalmente grande. Segundo, a probabilidade de sua incidência é pequena, mas incalculável, com base nas informações até então disponíveis. Terceiro, uma das características do Cisne Negro é o efeito surpreendente. Em dado momento da observação, não se constata elemento convincente que indique maior probabilidade de ocorrência do evento.

Da mesma maneira ele descreveria um sucesso arrasa-quarteirão.

A realidade é que a vasta maioria do conteúdo está tão longe quanto possível de ser grande sucesso e sua audiência é de centenas, em vez de milhões. Às vezes, isso ocorre porque não é muito bom. Outras vezes, porque o marketing não foi adequado ou não foi conduzido por pessoas com as ligações certas. E, ainda outras vezes, a explicação é a interferência de algum fator aleatório, cuja ocorrência é tão provável quanto a de outros fatores aleatórios que transformam em grande sucesso os sucessos mais improváveis.

Essa é simplesmente a conseqüência natural do que é denominado distribuição da "lei de potência", termo que descreve uma curva na qual um pequeno número de coisas ocorre com alta amplitude (leia vendas) e um grande número de coisas ocorre com baixa amplitude. Poucas coisas vendem muito e muitas coisas vendem pouco. (O nome deriva do fato de que a curva tem a forma 1/x, que é o mesmo que x elevado à potência -1).

Como a maioria das coisas não vende muito bem, o volume de material disponível – e, por extensão, o volume de coisas que você *não quer* – sobe à medida que cai a Cauda Longa. Eis alguns dados reais da indústria editorial, mostrando o número de títulos em cada categoria de vendas para 2004:

Vendas de livros, 2004		
Faixa de vendas	**Títulos**	**Unidades**
1.000.000 ou mais	10	17.396.510
500.000 a 999.999	22	13.798.299
250.000 a 499.999	64	22.252.491
100.000 a 249.999	324	46.932.031
50.000 a 99.999	767	51.858.835
5.000 a 49.999	23.047	280.000.591
1.000 a 4.999	67.008	149.093.614
100 a 999	202.938	69.548.499
99 a menos	948.005	14.346.417
Total	1,2 milhão	665 milhões

Fonte: Book Industry Study Group

A conseqüência disso é que, não importa o que se esteja procurando, quanto mais se desce na Cauda, mais coisas se encontram que não se está procurando. Por isso é que o índice sinal/ruído fica pior, embora se torne cada vez mais provável (ou seja, se você tiver acesso a bons softwares de busca e de filtro) encontrar o que procura, na proporção em que desce na Cauda. Parece um paradoxo, mas não é. Trata-se apenas de um problema a ser resolvido pelos filtros.

PRÉ-FILTROS E PÓS-FILTROS

Quando se reflete sobre o assunto, constata-se que o mundo já está cheio de diferentes tipos de filtros. Nos mercados caracterizados pela escassez, em que há disponibilidade limitada nas prateleiras, nas telas e nos canais, com que convivemos durante boa parte do século passado, criaram-se indústrias inteiras para a descoberta e promoção das coisas boas. Isso é o que fazem os caçadores de talentos das gravadoras, os executivos de estúdios de Hollywood e os gerentes de compras das lojas ("compradores"). Nos departamentos de marketing de empresas espalhadas por todo o mundo, equipes de pesquisas de mercado se debruçam sobre dados com previsões do que tende a vender e, portanto, merece conquistar um lugar valioso nas prateleiras, nas telas ou nas páginas... e o que tende a não vender e, portanto, não merece um bom lugar.

A palavra-chave no parágrafo anterior é "previsões". A diferença entre esse tipo de filtros e aqueles em que até então concentrávamos nossa atenção, ou seja, que atuam na cauda longa, é que essa segunda espécie *atua* antes das coisas chegarem ao mercado. Com efeito, a função deles é definir o que entrará e não entrará no mercado. Denomino-os "pré-filtros".

Em contraste, as recomendações e as tecnologias de busca que constituem o objeto deste capítulo são "pós-filtros", cujo papel é encontrar o melhor entre o que se encontra nas respectivas áreas de interesse, destacando o bom (ou seja, o que é relevante, interessante, original etc.) e relegando ou mesmo ignorando o ruim. Quando me refiro a disponibilizar tudo e deixar o mercado escolher, esses pós-filtros são a voz do mercado. Eles canalizam e ampliam o comportamento dos consumidores, em vez de tentar prevê-lo.

Em forma de quadro, eis alguns exemplos de cada um:

Pré-filtros	Pós-filtros
Editores	Blogs
Caçadores de talentos de gravadoras	Listas de músicas
Executivos de estúdios	Resenhas
Compradores de lojas de departamentos	Clientes
Profissionais de marketing	Recomendações
Anunciantes	Consumidores

O fato de os pós-filtros ampliarem, em vez de preverem, o comportamento é uma distinção importante. Nos atuais mercados de Cabeça Curta, nos quais a distribuição é cara e o espaço nas prateleiras é muito valorizado, o lado da oferta do mercado precisa ser muito discriminatório em relação ao que deixa passar. Esses produtores, varejistas e profissionais de marketing converteram em ciência as maneiras de adivinhar o que atrairá as pessoas, para melhorar suas chances de identificar vencedores. Obviamente, eles nem sempre adivinham certo. Sem dúvida, muitas coisas merecem entrar no mercado, mas foram ignoradas, da mesma maneira como muitas outras entraram no mercado e fracassaram. No entanto, os pesquisadores que sobreviveram a esses erros desenvolvem boa reputação, por terem algum tipo de faculdade mística que lhes permite vasculhar a mente dos consumidores.

Contudo, nos mercados de Cauda Longa – nos quais a distribuição é barata e o espaço nas prateleiras é farto – a melhor aposta é presumir que *tudo* um dia estará disponível.

Como tal, nos mercados de Cauda Longa, os filtros já não mais desempenham o papel de porteiros e passam a atuar como assessores. Em vez de *prever* a preferência, os pós-filtros, como o Google, *medem* a preferência. Em vez de aglomerar os consumidores em categorias demográficas e psicográficas predeterminadas, os pós-filtros, como as recomendações da Netflix aos clientes, os tratam como indivíduos, que revelam suas preferências e aversões por meio de seus comportamentos. Em vez de bloquear a entrada de certos itens no mercado, pós-filtros como os blogs MP3 *criam* mercados para coisas já disponíveis, estimulando a demanda por tais itens. Jeff Jarvis, analista de mídia, chama isso de diferença entre "mercados de primeira pessoa e de terceira pessoa".

Em geral, os blogs estão se convertendo em poderosas fontes de recomendações influentes. Aí se incluem entusiásticos sites independentes, como PVRblog e Horticultural (dedicado a jardinagem orgânica); blogs comerciais, como Gizmodo e Joystiq; e as recomendações aleatórias de qualquer bloguista que você por acaso leia, qualquer que seja o motivo. (Parece haver uma ligação natural entre gurus, que sabem muito sobre algo e gostam de compartilhar seus conhecimentos, de um lado, e a criação de blogs, de outro.) O que talvez lhes falte em sofisticação e escopo mais do que compensam em *credibilidade*: Seus leitores sabem que lá existe uma pessoa real em quem podem confiar.

Obviamente, da mesma maneira como os pré-filtros não são perfeitos – por exemplo, os caçadores de talentos nem sempre escolhem artistas que vendem discos – também os pós-filtros são falíveis. Como esses últimos tendem a ser desenvolvidos por amadores, muitas vezes isso significa menos independência crítica e mais malícia aleatória. Além disso, o problema da pós-filtragem é que o feedback vem *depois* da publicação, não antes. Como resultado, erros que teriam sido identificados por editores e por outros olhos especializados não são eliminados e, mesmo que o feedback do pós-filtro coletivo venha a corrigi-los, é bem possível que nunca desapareçam completamente.

Curiosamente, quando considero meu próprio papel, constato que exerço ambas as funções. Sou um clássico pré-filtro. Pratico todos os tipos de discriminações e adivinhações na seleção dos artigos a serem publicados na revista. Mas a *Wired* também analisa muitos produtos e, sob esse aspecto, sou um pós-filtro. Observamos o universo do que já existe e oferecemos o melhor a nossos leitores.

Enquanto houver mercado para um pacote pré-filtrado no meio deliciosamente finito do papel brilhante entre capas, acho que haverá demanda para meu lado discriminatório no estilo antigo. Mas a era em que pessoas como eu decidem o que deve entrar e não entrar no mercado está chegando ao fim. Em breve, tudo terá acesso ao mercado e a verdadeira oportunidade estará na qualidade da seleção.

8

A ECONOMIA DA CAUDA LONGA

ESCASSEZ, ABUNDÂNCIA E MORTE DA REGRA 80/20

No verão de 1897, o polímata italiano Vilfredo Pareto, em seu gabinete universitário, na Suíça, dedicou-se ao estudo de padrões de riqueza e renda no século XIX. Aquela era a época de Marx e a questão da distribuição da riqueza estava no ar. Pareto constatou que a distribuição da riqueza era de fato desigual na Inglaterra – boa parte dela se concentrava nas mãos de uma minoria de pessoas. Ao calcular os números exatos, descobriu que cerca de 20% da população detinha 80% da riqueza. Mais importante, ao comparar esses números com os de outros países e regiões, descobriu que a proporção se mantinha mais ou menos constante.

O que Pareto descobriu é que há uma relação matemática previsível nos padrões de riqueza em diferentes populações, algo que ele denominou de Lei dos Poucos Vitais. O fenômeno parecia constante no tempo e entre vários países. Pareto era economista brilhante, mas não era bom explicador, de modo que não muita gente compreendeu a importância de seu insight. E, assim, ele continuou escrevendo obscuros tratados sociológicos sobre as elites, que, infelizmente, foram explorados no fim de sua vida pelos fascistas de Mussolini. Mas a teoria da distribuição desigual adquiriu vida própria e a observação de Pareto agora é conhecida como Regra dos 80/20.

Em 1949, George Zipf, lingüista de Harvard, descobriu princípio semelhante na semântica. Ele constatou que, enquanto poucas palavras são usadas com muita freqüência, muitas, ou a maioria, são usadas raramente. Embora não haja nenhuma surpresa nisso, o mais relevante em sua descoberta foi que a relação era mais ou menos previsível e, na verdade, coincidia com a da curva de riqueza de Pareto. A freqüência com que se usava determinada palavra era proporcional a 1 dividido pela classificação de freqüência do termo entre a quantidade total. Isso significava que o segundo item ocorre com mais ou menos metade da freqüência do primeiro, e o terceiro item com 1 / 3 da freqüência do primeiro, e assim por diante. Tal constatação é agora chamada de Lei de Zipf.

O mesmo se aplica, conforme descobriu Zipf, a vários outros fenômenos, desde estatísticas demográficas até processos industriais. Ele analisou os registros de casamento numa área de vinte blocos e mostrou que 70% deles se referiam a pessoas que moravam a distâncias não superiores a 30% dessa extensão.

Desde então, outros pesquisadores estenderam a regra a várias outras situações, como átomos no plasma e tamanhos das cidades. No âmago dessas observações encontra-se a ubiqüidade das distribuições de lei de potência, a forma 1 / x que Pareto observou pela primeira vez em suas curvas de riqueza.

As leis de potência são uma família de curvas que se encontra praticamente em qualquer observação, desde fenômenos biológicos até vendas de livros. A Cauda Longa é uma lei de potência, decepada com crueldade pelos gargalos de distribuição, como limitação de espaço nas prateleiras e nos canais disponíveis. Como a amplitude de uma lei de potência se aproxima de zero, mas nunca chega a alcançar esse ponto, à medida que a curva se estende até o infinito, ela é conhecida como curva de "cauda longa", de onde extraí o título deste livro.

Em relação aos mercados de consumo, as leis de potência surgem quando se tem três condições:

1. Variedade (há muitos tipos diferentes de coisas)
2. Desigualdade (algumas apresentam certos atributos com mais intensidade do que outras)
3. Efeitos de rede, como propaganda boca a boca e reputação, que tendem a ampliar as diferenças em qualidade (como os ricos cada vez mais ricos e os pobres cada vez mais pobres)

Em outras palavras, as distribuições de lei de potência ocorrem quando as coisas são diferentes, algumas são melhores do que outras, e efeitos como reputação podem promover os itens bons e suprimir os itens maus. Daí resulta o que Pareto denominou "desequilíbrios previsíveis" dos mercados, da cultura e da sociedade: o sucesso chama o sucesso. Desnecessário dizer, essas forças descrevem boa parte do mundo ao nosso redor.

COMO OS GARGALOS DE DISTRIBUIÇÃO DISTORCEM OS MERCADOS

Para ver o que acontece com as leis de potência no mundo real, examinemos o exemplo das bilheterias dos filmes de Hollywood. Quando se plotam os dados da maneira usual, obtém-se a forma tradicional: uns poucos filmes de grande sucesso dominam a parte alta da curva, à esquerda, e enorme quantidade de outros filmes (os não-hits, para usar o termo menos pejorativo) responde pela parte baixa da curva, à direita.

Como todas as leis de potência tendem a parecer iguais, quando plotadas dessa maneira, quase sempre é bom traçá-las em escala que revele suas diferenças com mais clareza. Um meio para tanto é adotar a escala logarítmica, na qual cada divisão é dez vezes maior do que a precedente: 10, 100, 1000 e assim por diante. (Exemplos comuns de escala logarítmica são a escala Richter de terremotos e a escala de decibéis referente a volume de som.)

Quando se plota uma lei de potência numa escala logarítmica em ambos os eixos (o chamado "gráfico log-log"), obtém-se uma linha declinante. O ângulo exato da inclinação varia de mercado para mercado, mas não importa que se trate de venda de sopas ou da distribuição de companhias abertas, classificadas por capitalização de mercado, a forma natural do mercado é uma linha reta.

Contudo, muitas vezes, no mundo real, ela não tem essa aparência. Em vez disso, a curva começa como linha reta e, então, simplesmente desaparece. No caso das bilheterias de cinema, a forma é exatamente a da curva na página 126.

Observe o que ocorre por volta da centésima posição. As receitas de bilheteria caem vertiginosamente, até se aproximarem de zero por volta da 500ª posição. (De fato, a receita de bilheteria mais baixa registrada no ano foi de US$423, para *The Dark Hours*, filme de terror canadense, produzido com um orçamento muito apertado e com um elenco de desconhecidos. De acordo com quem viu o filme, até que, na verdade, ele não é tão ruim.)

O que aconteceu? Será que de repente os filmes ficaram péssimos depois da centésima posição? Será que pararam de fazer filmes depois dos primeiros quinhentos? Ou será que essa queda de tirar o fôlego é apenas um erro de medição?

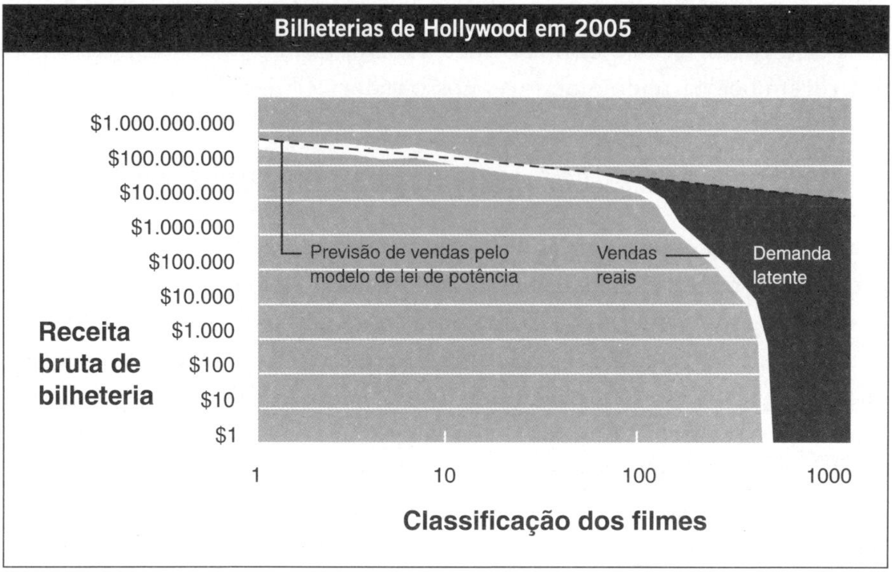

Infelizmente, a resposta certa é *Nenhuma das alternativas*. Não se trata de erro de medição. Os filmes não ficam piores a partir da centésima posição (alguém até diria que, na verdade, eles ficam melhores). E não se pára de fazer filmes a partir da qüingentésima posição. Na verdade, cerca de 13 mil filmes comerciais de longa-metragem são apresentados por ano em festivais, apenas nos Estados Unidos, e aí não se incluem as dezenas de milhares de filmes estrangeiros não exibidos nos Estados Unidos.

O que acontece é que os filmes que vão além da primeira centena, ou algo em torno disso, não conseguem muita distribuição em salas de projeção públicas nos Estados Unidos. Ou, em outros termos, a "capacidade de exibição" da indústria de cinemas nos Estados Unidos é de apenas 100 filmes por ano. Como já mencionamos, a economia das salas de projeção locais é cruel e inexorável. Não basta que o filme seja um sucesso em Mumbai (antiga Bombaim), na Índia. Também é necessário que seja um sucesso em Stamford, Connecticut, ou onde quer que esteja o cinema, para atrair mais de duas mil pessoas durante duas semanas. Quase sempre isso exige grandes verbas de marketing, acordos de distribuição e, provavelmente, uma ou duas estrelas, caso se tenha condições de contratá-los.

Como os filmes que não têm tudo isso não conseguem entrar no circuitão, as grandes cadeias de cinema efetivamente cortam a oferta de filmes comerciais no ponto em que a exibição pública deixa de fazer sentido. Em outras palavras, simplesmente truncam a curva. Evidentemente, os produtores não deixam de fazer filmes no mesmo ponto; a linha prossegue ao longo de uma curva invisível além do ponto de corte, marcando as receitas de bilheteria que esses outros filmes teriam auferido caso tivessem sido distribuídos. No mundo real, contudo, esses filmes desaparecem do circuito comercial. De maneira objetiva, não passam pela triagem prévia. Assim, o que deveria ser uma Cauda Longa tem mais ou menos a seguinte aparência:

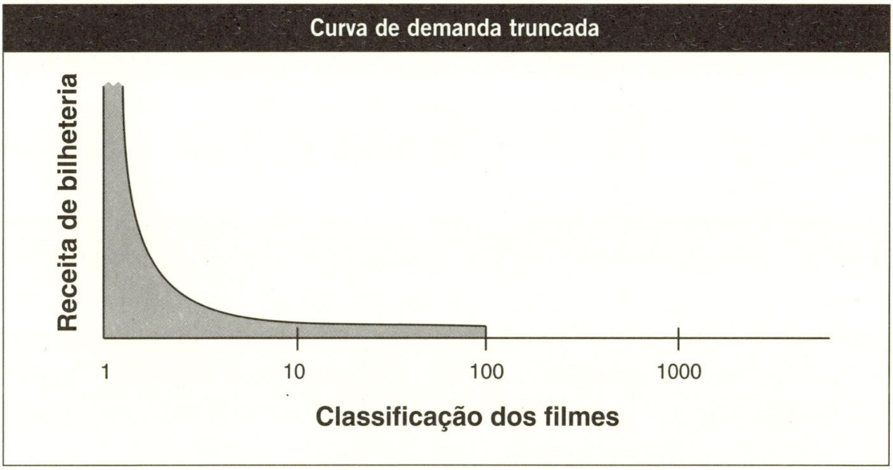

Admito que a situação não é assim tão ruim quanto estou pintando. Com um pouco de sorte, alguns dos filmes realmente bons que sacudiram o público no Sundance Film Festival podem chegar a cinemas de arte, em cidades universitárias. Com toda a probabilidade, esses filmes entram na categoria 100-500 em audiência, cujas receitas de bilheteria são baixas, mas não inexistentes. E o resto, de 500 até pelo menos 13 mil? Bem, por mais lamentável que seja, a maioria deles simplesmente não consegue entrar nas salas de projeção públicas. E, se não são vistos nos cinemas comerciais, não geram receita de bilheteria. Isso significa que, sob a perspectiva do gráfico acima, simplesmente não existem.

No entanto, obviamente, eles existem. Só que não aparecem nos gráficos de um setor que avalia os méritos sob as lentes das bilheterias. Para onde vão esses filmes? A maioria nunca é vista fora dos festivais ou das exibições particulares. Alguns chegam às TVs ou aos DVDs , se os produtores, se for o caso, resolverem as questões referentes a direitos autorais das músicas e conseguirem outras licenças necessárias. Outros talvez sejam distribuídos de graça, on-line.

Tudo isso parece muito sombrio, mas alguns desses outros canais de distribuição desprezados, que servem de alternativa para os cinemas públicos, como DVDs e Internet, estão começando a tornar-se grandes mercados em si mesmos. Os programas de televisão em DVD já são de longe o segmento de mais rápido crescimento do negócio de DVDs. E o mercado para fornecimento de vídeos pela Internet não pára de crescer, embora ainda em formação, podendo tornar-se muito maior. Com o encolhimento das receitas de bilheteria dos cinemas e com a ampliação das vendas de DVD, a apresentação de filmes em cinemas públicos já não é a única via de acesso ao mercado – para não falar a mais respeitada.

A lição daí decorrente é que o que antes considerávamos uma queda brusca natural na demanda por filmes, a partir de certo ponto, não passava, na verdade, de conseqüência inevitável dos custos tradicionais de oferta. Em outras palavras, ofereça escolhas ilimitadas e facilite o acesso às ofertas e você verá que a demanda se estenderá cada vez mais para nichos antes nunca imaginados – vídeos instrucionais, karaokê, TV turca, e qualquer outra coisa. A Netflix mudou a economia da oferta de nichos e, ao fazê-lo, reformulou nossa compreensão sobre o que as pessoas efetivamente *querem* ver.

O mesmo se aplica praticamente a qualquer outro mercado imaginável. Em livros, a Barnes & Noble descobriu que os 1,2 milhão de títulos menos vendidos representam apenas 1,7% de suas vendas nas lojas, mas nada menos que 10% de suas vendas on-line (B.N.com). A PRX, que licencia enorme repertório de programas de rádio on-line, relata que os 80% inferiores de seu conteúdo hoje respondem por metade de suas vendas. E na Índia, a rediff.com, um dos maiores portais da Internet e fornecedor de toques de celular, viu o que aconteceu quando a demanda por toques de celular deixou de ser impulsionada pelas listas dos 20 mais, publicadas nos jornais, e converteu-se em negócio on-line, impulsionado por buscas específicas. Os 20 mais, que respondiam por 80% das vendas na era dos jornais, caíram para apenas 40%, quando os usuários passaram a fazer pesquisas on-line, num catálogo que agora tem mais de 20 mil canções.

A música mostra um dos efeitos mais drásticos. No varejo tradicional, os lançamentos de novos álbuns respondiam por 63% das vendas em 2005; o resto eram alguns álbuns de catálogos mais antigos, de acordo com a Nielsen SoundScan. On-line, essa porcentagem é o oposto: as novas músicas abrangem cerca de um terço das vendas, enquanto as músicas mais antigas respondem por dois terços.

A REGRA 80/20

A manifestação mais conhecida das distribuições Pareto/Zift é a Regra 80/20, que geralmente é usada para explicar que 20% dos produtos geram 80% das receitas, ou 20% de nosso tempo é responsável por 80% de nossa produtividade, e numerosas outras avaliações que apresentam essa característica comum de uma minoria exercer impacto desproporcional.

Entretanto a Regra 80/20 é sempre mal interpretada, por três razões. Primeiro, nunca são exatamente 80/20. A maioria dos mercados de grandes estoques que eu estudei é 80/10 ou até menos (não mais de 10% dos produtos geram 80% das vendas).

Caso você esteja constatando que 80/10 não corresponde a 100%, essa é a segunda característica confusa da regra. Os 80 e os 20 são percentuais de *coisas diferentes* e, portanto, não precisam totalizar 100. Um percentual se refere a produtos e outro, a vendas. Pior ainda, não existe convenção padronizada sobre como expressar a relação entre as duas variáveis ou que variável manter constante. Dizer que um mercado tem a forma 80/10 (10% dos produtos abrangem 80% das vendas) pode ser o mesmo que dizer que ele é 95/20 (20% dos produtos respondem por 95% das vendas).

Finalmente, a regra é mal compreendida porque as pessoas a usam para descrever fenômenos diferentes. A definição clássica é sobre produtos e receitas, mas a regra também pode ser aplicada a produtos e *lucros*.

Um dos erros de interpretação mais perniciosos é presumir que a Regra dos 80/20 é um convite a manter em estoque *apenas* os 20% de mercadorias que respondem pela maioria das vendas. Esse engano decorre da observação de que a Regra dos 80/20 é basicamente um estímulo a ser discriminatório quanto à composição dos estoques, pois, caso as estimativas estejam certas, as conseqüências podem exercer efeito desproporcional sobre o negócio.

Essa é a razão por que disse que a Cauda Longa era a morte da Regra 80/20, embora, na realidade, a regra em si não seja nada do que em geral se supõe, em face das más interpretações. Na realidade, a regra 80/20 é apenas o reconhecimento da existência, em determinado caso, da distribuição de Pareto, e de que algumas coisas venderão muito mais do que outras, o que é verdade nos mercados de Cauda Longa, assim como nos mercados tradicionais.

No entanto, a novidade da Cauda Longa é oferecer estímulos para não se deixar dominar pela regra. Mesmo que 20% dos produtos gerem 80% da receita, isso não é razão para não oferecer os outros 80% dos produtos. Nos mercados de Cauda Longa, em que os custos de carregamento de estoques são baixos, há incentivos para oferecer tudo, qualquer que seja o volume de vendas. Quem sabe se, com boas pesquisas e recomendações, alguns produtos dos 80% menos vendáveis não se convertam em produtos dos 20% mais vendáveis? Como os varejistas tradicionais de tijolo e argamassa incorrem em custos de estoque significativos, os produtos que não vendem bem tendem a não gerar lucro. Assim, praticamente, todo o lucro decorre dos 20% dos produtos que realmente vendem bem. Já mostrei essa situação na parte de cima do gráfico abaixo, que apresenta o raciocínio típico do varejista de tijolo e argamassa.

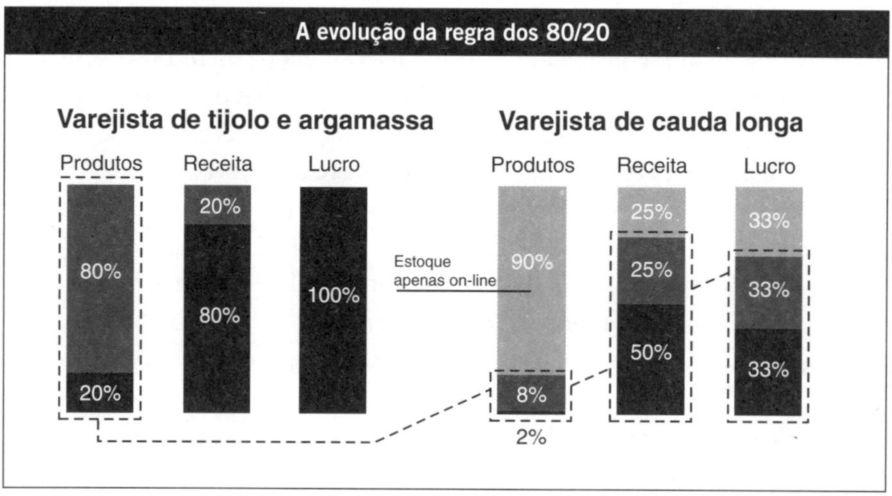

No entanto, para um varejista de Cauda Longa, a situação é diferente. Primeiro, vamos supor que seu estoque seja dez vezes maior, de modo que, nesse exemplo hipotético, os 20% dos produtos que geram a maior parte da receita correspondam a apenas 2% de seu estoque total, como mostra a barra na parte inferior do gráfico acima.

A representação da receita, na segunda barra, reflete a conseqüência natural da distribuição da lei de potência. Os 2% dos produtos mais vendáveis ainda respondem por parcela desproporcional das vendas, neste caso, 50%. Os 8% seguintes dos produtos geram os 25% seguintes das vendas. E os 90% inferiores respondem pelos restantes 25% das vendas. (Embora se trate apenas de um exemplo hipotético, esses números estão muito perto das estatísticas reais da Rhapsody e da Netflix.)

No entanto, onde a economia da Cauda Longa realmente brilha é na terceira barra: lucros. Por causa do baixo custo dos estoques, as margens dos não-hits podem ser muito mais altas nos mercados de Cauda Longa que nos mercados tradicionais de tijolo e argamassa.

Usemos os DVDs como exemplo. O gráfico abaixo dá uma idéia aproximada do modelo econômico desse produto para um varejista como o Wal-Mart:

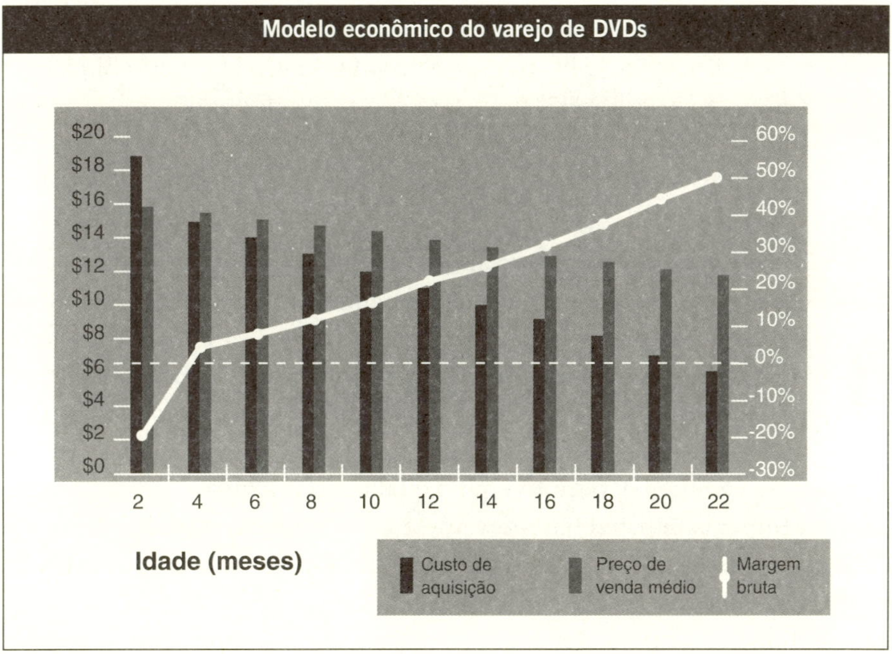

O que se vê aqui é que o modelo econômico dos novos lançamentos hoje é simplesmente horrível. Os estúdios cobram de US$17 a US$19 por DVD e os grandes varejistas (Wal-Mart, bestBuy) os vendem por US$15 ou US$17, nas duas primeiras semanas, com um prejuízo médio de US$2 por DVD. (Isso antes das despesas indiretas; o prejuízo efetivo é maior.)

Depois de um ou dois meses, o preço por atacado (o que os distribuidores cobram das lojas) cai com mais rapidez do que o preço de varejo (o que as lojas cobram dos consumidores), e os DVDs aos poucos se tornam lucrativos. No entanto, cerca de 80% das vendas para varejistas de DVDs são de títulos com menos de dois meses desde o lançamento e que, portanto, ainda não se tornaram muito lucrativos. E por que será que as lojas vendem os novos lançamentos por tão pouco? Porque, pelo menos para os grandes varejistas, eles atuam como chamarizes, vendidos a preço de custo ou abaixo do custo, com o objetivo de atrair clientes para outros títulos na seção de DVDs ou até para outros itens da loja, com margens melhores. Os distribuidores de DVDs estimulam essa prática, aceitando a devolução do estoque encalhado, reduzindo o risco do varejista.

O problema é que, embora isso faça sentido para os grandes varejistas, que vendem outros itens, um de seus efeitos é determinar o preço para todos os outros varejistas, inclusive os especializados em DVDs, como Blockbuster. Assim, os grandes varejistas cortaram as margens dos novos lançamentos em todo o setor, tornando ainda mais árduo o modelo econômico predominante no topo da curva. Não admira que a Blockbuster esteja enfrentando dificuldades.

Mas, se for possível empurrar a demanda ainda mais para a Cauda, criando um mercado que não seja tão dependente de novos lançamentos, talvez se possa melhorar substancialmente os lucros. Como se vê no gráfico acima, quanto mais velho o título, mais lucrativo é o álbum. Essa é a razão por que os varejistas de Cauda Longa desfrutam de tanta vantagem – têm espaço nas prateleiras suficiente para "manter em estoque" os velhos títulos. Esse também é o motivo pelo qual as recomendações e outros filtros desempenham papel tão relevante nos mercados de Cauda Longa. Ao estimular as pessoas a se aventurarem do mundo dos hits (altos custos de aquisição) para o mundo dos nichos (baixos custos de aquisição), os varejistas inteligentes criam condições para melhorar drasticamente o modelo econômico do varejo. (A propósito, isso é exatamente o que faz a Netflix: compra quantidades insuficientes dos novos lançamentos – embora tal indisponibilidade irrite alguns clientes e aumente a rotatividade – assim preservando as suas margens.)

Dessa maneira, explica-se por que a barra de lucros da Cauda Longa, no gráfico da página 130, mostra distribuição mais uniforme do que a de receitas. Os produtos da Cauda Longa talvez não respondam pela maior proporção das vendas, mas, como geralmente são mais baratos, podem gerar parcela mais do que proporcional dos lucros, desde que os custos de estocagem sejam mantidos perto de zero. Assim, a regra 80/20 muda de três maneiras nos mercados de Cauda Longa:

1. Pode-se oferecer muito mais produtos
2. Por ser muito mais fácil encontrar esses produtos, graças às recomendações e a outros filtros, as vendas se distribuem de maneira mais uniforme entre hits e nichos.
3. Como o modelo econômico dos nichos é mais ou menos o mesmo do dos hits, o lucro se distribui com a mesma uniformidade das vendas.

Assim, enquanto a regra 80/20 ainda está viva e bem, nos mercados de Cauda Longa, seus dentes estão menos aguçados.

SERÁ QUE CAUDA MAIS LONGA SIGNIFICA CABEÇA MAIS CURTA?

Uma das principais questões com que me deparei enquanto me aprofundava na quantificação dos mercados de Cauda Longa foi sobre o efeito do aumento de variedade na forma da curva de demanda. À medida que os agregadores se tornam capazes de oferecer cada vez mais produtos, alongando a Cauda, os relativamente poucos hits na cabeça venderão menos, mais ou o mesmo?

Três aspectos da Cauda Longa produzem o efeito de empurrar a demanda cauda abaixo, dos hits para os nichos. O primeiro é a disponibilidade de maior variedade. Quando se oferece a possibilidade de escolha entre dez alternativas, uma das dez será escolhida. Quando a oferta é de mil coisas, a demanda será menos concentrada nas dez mais procuradas.

O segundo é a redução dos "custos de pesquisa" para se encontrar o objeto almejado, que variam desde a busca em si até as recomendações e outros filtros. Finalmente, há as amostras, que abrangem tanto a possibilidade de ouvir trinta segundos de uma música de graça quanto a facilidade de ler trechos de um livro on-line. Isso tende a reduzir o risco da compra, estimulando os consumidores a aventurar-se mais no desconhecido.

Várias são as maneiras de tentar quantificar esses atributos por meio de dados concretos. Uma é comparar o mercado que oferece variedade relativamente limitada com outro que proporcione muito mais diversidade dos mesmos tipos de produtos. Outra é monitorar no tempo um agregador/varejista de Cauda Longa, observando o que acontece à medida que se aumentam os estoques. Ainda outra seria apenas atentar para os efeitos da diminuição dos custos de pesquisa on-line, comparando-os com os de estoques semelhantes off-line.

Estudo de 2005, realizado por uma equipe do MIT, liderada por Erik Brynjolfsson, responsável por um dos primeiros trabalhos sobre o estoque de Cauda Longa da Amazon, analisou esse efeito num varejista de roupas femininas. A empresa tem um negócio de catálogos e outro negócio on-line, ambos oferecendo exatamente os mesmos estoques e preços. A diferença é que on-line existem os recursos de pesquisa, facilidade de navegação entre produtos e variedades dos mesmos produtos e meios de organizar as ofertas mediante filtros de classificação.

O resultado foi que os consumidores – mesmo aqueles que compravam por catálogo e on-line – tendiam a comprar mais abaixo na Cauda Longa quando estavam on-line. Os 80% inferiores dos produtos respondiam por 15,7% das vendas por catálogo, em comparação com 28,8% das vendas on-line. Em outras palavras, o catálogo seguia o padrão 84/20, enquanto o site estava mais perto do padrão 71/20.

Esse é o efeito da redução dos custos de pesquisa para o mesmo estoque. No intuito de medir o efeito de diferentes estoques – um muito maior do que o outro – efetuamos comparações laranja com laranja entre um varejista com espaço de prateleira limitado e outro com espaço de prateleira ilimitado. Na prática, isso significa comparar uma loja de tijolo e argamassa com outra on-line, vendendo ou alugando as mesmas coisas. Decidimos usar exemplos da indústria do entretenimento, pois os mercados on-line eram bastante maduros e havia suficiente disponibilidade de dados para que as medições fossem confiáveis. Analisei músicas e DVDs.

Em vez de escolher um único varejista de tijolo e argamassa, usei dados setoriais compilados por divisões da Nielsen – SoundScan para música e DVDScan para filmes, comparando os dados assim obtidos com os dados on-line da Rhapsody e da Netflix, respectivamente.

(Para que as comparações sejam válidas, devem-se fazer várias correções. Em música, tivemos de descobrir uma maneira de comparar vendas de álbuns off-line com o monitoramento de vendas on-line, e depois de vendas isoladas com streams, em serviços de assinatura. Em DVDs, foi uma questão de comparar vendas e aluguel de cópias isoladas off-line com aluguel on-line também em serviços de assinatura. Embora as metodologias se situem além do escopo deste livro, em termos gerais elas consistem em usar outros conjuntos de dados, como vendas pay-per-view on-line, para ajustar as curvas e eliminar tantos vieses sistemáticos quanto possível.)

Depois das correções, os resultados foram surpreendentes: a curva de demanda on-line é muito mais achatada. Em média, os títulos de álbum de música de nicho – além da milésima posição – venderam cerca de duas vezes mais on-line do que off-line. E, também em média, os DVDs de nicho – mais uma vez, além da milésima posição – se mostraram *três* vezes mais populares on-line do que off-line.

Outra maneira de observar a situação é ver até que ponto o mercado on-line é dominado pelos principais hits. Aqui estão os dados referentes a música. Off-line, nos varejistas de tijolo e argamassa, os mil álbuns mais vendidos perfazem cerca de 80% do mercado total. (Com efeito, nos grandes varejistas típicos, que mantêm em estoque apenas pequena fração dos CDs disponíveis, os mil álbuns principais podem abranger mais de 90% das vendas.) Em contraste, on-line, os mesmos mil álbuns talvez respondam por menos de um terço do mercado. Sob outra perspectiva, metade do mercado on-line é composto de álbuns *além* dos 5 mil mais vendidos.

A CAUDA LONGA AUMENTA A DEMANDA OU APENAS A DESLOCA

Será que a Cauda Longa aumenta o tamanho do bolo ou simplesmente corta as fatias de maneira diferente? Em outras palavras, à medida que o número de produtos disponíveis aumenta várias vezes, com a disponibilidade de espaço de prateleira infinito pelos varejistas virtuais, os consumidores são estimulados a gastar mais ou simplesmente a comprar itens menos populares ou mais compatíveis com suas preferências? Em geral, a resposta depende do setor: alguns de fato parecem desfrutar enormes oportunidades de crescimento, à medida que seus nichos se tornam mais acessíveis em comparação com outros.

Embora a capacidade de atenção e o poder aquisitivo das pessoas sejam limitados, pode-se conseguir *mais* pelo mesmo dispêndio de tempo e dinheiro. Algumas formas de entretenimento, como música, não competem por atenção, ou seja, é possível consumi-las enquanto se faz alguma outra coisa. Por exemplo, algumas explicações para o aumento do tempo médio que se passava diante da televisão nas décadas de 1970 e 1980 envolvia a idéia de que uma geração havia crescido acostumada com a TV como ruído de fundo de suas vidas;

à medida que perdia impacto, a novidade evoluiu de veículo rival a veículo não-rival, ou seja, que não impedia a execução de outras atividades, e assim passamos a consumi-lo mais.

Outros meios, como textos, não podem ser consumidos com mais rapidez, mas é possível utilizá-los com mais eficiência e maior satisfação, mediante melhor pré-seleção. Na verdade, é extraordinário como temos sido capazes de aumentar nossa banda larga de informações para consumo, com a leitura dinâmica de páginas com resultados de pesquisas no Google e de blogs personalizados. Pode ser que hoje eu não leia mais palavras do que antes, mas o que leio provavelmente é mais importante para mim, graças à existência de filtros muito melhores (mais eficazes em atender a meus interesses do que, digamos, os editores do *New York Times*) para a pré-seleção do que leio. Assim, como as palavras são mais relevantes, minha banda larga significativa aumentou; sob certo aspecto, melhorei minha capacidade de concentração na leitura.

Mas quando se combina a escassez de renda disponível com a escassez de tempo, alguns veículos de comunicação não-rivais podem tornar-se rivais. A razão por que as pessoas deixam a televisão ligada como ruído de fundo é que isso não custa nada. Mas, caso se tratasse de vídeo pay-per-view, é evidente que a televisão voltaria a ser o centro das atenções. Sob a perspectiva do consumidor, essa característica enfatiza as vantagens dos serviços de subscrição ilimitados, que possibilitam a exploração isenta de riscos ao longo da Cauda. Você tende a consumir mais caso esse aumento não lhe custe mais.

Conclusão: a atenção humana é mais expansível do que o dinheiro. O efeito básico da Cauda Longa é deslocar nossa preferência para os nichos, mas, à medida que ficamos mais satisfeitos com o que descobrimos, é provável que aumentemos nosso consumo. E nem sempre pagaremos mais pelo privilégio.

OS PREÇOS DEVEM SUBIR OU DIMINUIR CAUDA ABAIXO?

Geralmente me perguntam sobre os efeitos da Cauda Longa em relação aos preços. Será que os preços tendem a diminuir com a demanda, à medida que se desce na Cauda? Ou devem subir, na proporção em que itens mais específicos e com o foco mais estreito exercem atração mais forte sobre os públicos de nicho?

A resposta certa é: depende do produto. Uma maneira de abordar a questão é distinguir entre mercados de "desejos" e mercados de "necessidades", cada um com diferentes implicações para os preços.

Os mercados de necessidades são aqueles em que os clientes sabem o que estão buscando e simplesmente não conseguem encontrá-lo em outro lugar, senão na Web. Imagine, por exemplo, um livro de não-ficção, relativamente difícil de encontrar, sobre assunto de extremo interesse para você. Ao descobri-lo, você provavelmente será insensível ao preço. Vê-se esse efeito com grande intensidade na política de descontos da Amazon, que concede reduções de preços da ordem de 30% a 40% para os best-sellers, diminuindo gradualmente os descontos para os livros menos consumidos, para chegar a quase zero para livros com classificação de vendas na casa das centenas de milhares.

Em comparação, música e outras formas de entretenimento são tipicamente mercados de "desejos". Pelo preço certo, você pode ser estimulado a tentar algo novo, aventurando-se Cauda abaixo, com pouco risco de perder dinheiro. Assim, muitas gravadoras experimentaram preços com desconto para seus títulos mais antigos e novos lançamentos mais obscuros.

A manifestação mais radical dessa tendência seria o custeio variável dinâmico, pelo qual os preços das músicas cairia automaticamente, em função da popularidade. Na verdade, é isso que o Google faz com seus leilões automáticos de anúncios com palavras-chave e como a eBay age com seus leilões semelhantes de tudo o mais. Quanto maior a demanda, mais alto o preço.

Um mercado de preços variáveis realmente eficiente provavelmente resultaria em queda das vendas mais gradual e em curva de demanda mais horizontal. Mas pelo menos para música, a adoção desse modelo vai contra as vantagens da simplicidade do preço único (como no modelo de preço fixo de US$0,99 da iTunes) e enfrenta os riscos do temido "conflito de canais" com os varejistas de CDs, que não podem mudar seus preços com a mesma facilidade. À medida que aumenta seu desespero, é provável que a indústria de música se torne mais ousada em sua busca de novos modelos de negócios. E então teremos melhores dados com que responder a essa pergunta.

"MICROESTRUTURA" NA CAUDA LONGA

Uma das características das leis de potência é que elas são "fractais", ou seja, não importa o grau de aproximação, as leis de potência continuam vigentes.

Os matemáticos descrevem o fenômeno como "auto-similaridade em escalas múltiplas", o que significa dizer que a Cauda Longa é feita de muitas minicaudas, cada uma das quais é seu próprio pequeno mundo.

Quando se observam com atenção os dados, vê-se que a grande curva da lei de potência de, por exemplo, "música" é realmente apenas a superposição de todas as pequenas curvas da lei de potência formadas por cada gênero musical. O mercado de música é composto de milhares de micromercados de nicho, ecossistemas em miniatura que, quando sobrepostos num ranking total, parecem uma Cauda Longa. Porém, vistos mais de perto, cada um tem sua própria cabeça e cauda.

Como exemplo, desmembrei a Cauda Longa de música no Rhapsody por gênero (considerando somente aqueles cujo título em inglês começa com a letra A), plotando a classificação média das faixas em termos de baixas para cada gênero no gráfico abaixo. Em seguida, desdobrei um deles – jazz afro-cubano – ainda mais, mostrando a curva de popularidade das faixas *dentro* desse gênero.

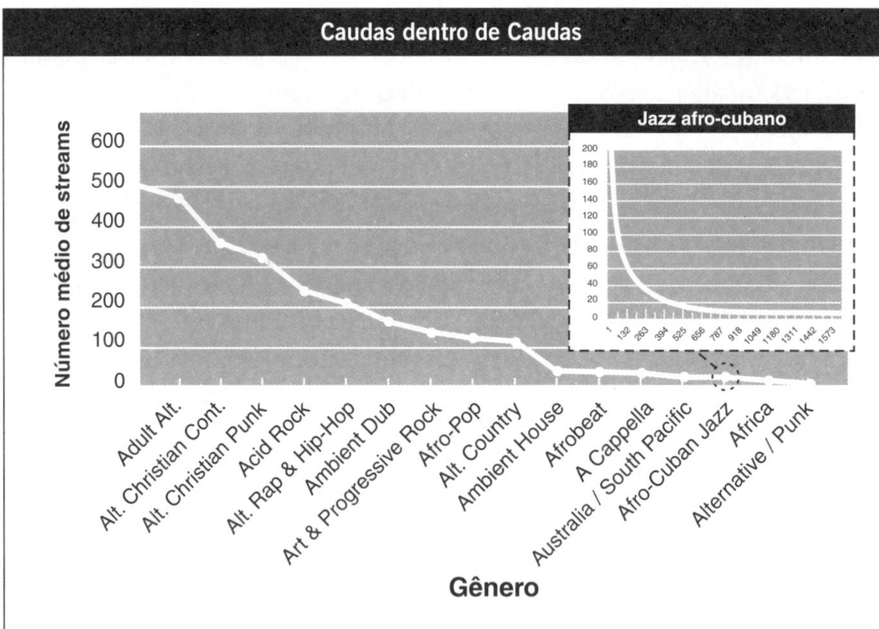

Fonte: Rhapsody

O que se vê é que as próprias médias dos gêneros em si compõem uma Cauda Longa e que dentro de cada gênero há outra Cauda Longa formada pelas diferentes faixas. E assim prossegue a tendência para todo o universo da música, que parece ser uma grande curva de popularidade, mas que, na verdade, representa um conjunto de curvas, dentro de curvas, dentro de curvas.

O mesmo acontece em outros mercados, desde livros até blogs. Peter Hirshberg, executivo da Technorati, empresa de busca de blogs descreve o surgimento de "Caudas Longas locais", as quais têm sido monitoradas pela empresa, demonstrando a lei de potência da popularidade de categorias como blogs de culinária e blogs para pais. "A exemplo de quando se passa a luz branca por um prisma, surge um espectro de diferentes comunidades de Cauda Longa na blogosfera", diz ele. As classificações são mais significativas *dentro* de tais comunidades do que entre elas.

Por que isso é importante? Porque explica um aparente paradoxo da Cauda Longa. A queda abrupta e acentuada que caracteriza a lei de potência da popularidade decorre do efeito de poderosos loops de feedback de propaganda boca a boca que ampliam as preferências dos consumidores, enriquecendo e reforçando cada vez mais tanto a reputação positiva quanto a reputação negativa. O sucesso impulsiona o sucesso. Na teoria das redes, esses loops de feedback positivo tendem a criar fenômenos do tipo "os vencedores levam tudo" (*winner-take-all*), outra maneira de dizer que são poderosas máquinas de produção de sucesso.

Potencializando a tendência, os filtros de hoje tornam a propaganda boca a boca ainda mais poderosa, ao medirem essa força de divulgação por meio de muito mais pessoas e para muito mais produtos. Assim sendo, será que isso não teria o efeito de tornar a lei de potência ainda mais íngreme, *aumentando* a lacuna entre hits e nichos, em vez de exercer efeito nivelador?

Em outras palavras, por que será que os sistemas de recomendação com efeito de rede, que são fundamentais para impulsionar a demanda Cauda abaixo, não agem de fato no sentido oposto, empurrando o conteúdo cauda *acima*, ampliando ainda mais a desigualdade hit/nicho? Na verdade, embora esse movimento ascendente fosse o resultado esperado de efeitos de rede mais poderosos, o que efetivamente se percebe nos mercados de Cauda Longa é uma lei de potência achatada, com *menos* diferença entre hits e nichos.

A explicação, descobriu-se, é que esses filtros e outros sistemas de recomendação de fato atuam com mais intensidade no nível dos nichos, dentro dos gêneros e subgêneros. Mas *entre* os gêneros seu efeito é mais discreto. Certos hits súbitos ascendem ao topo do gênero e logo se convertem em hits dominantes, atingindo o cume dos gráficos gerais. No entanto, são a exceção. Mais comum são os títulos que exploram a popularidade do gênero para irromper no meio dos gráficos gerais, onde competem com vários outros hits de outros gêneros e, assim, tendem a não subir muito.

Portanto, o artista mais popular no estilo "música ambiente rítmica" (ambient dub) pode vender muito mais do que os outros naquela categoria, mas isso não significa que o artista ganhará força como uma bola de neve, romperá o topo dos gráficos e se incluirá entre os dez mais. A lição dessa análise de microestrutura é que a popularidade se manifesta em várias escalas, mas dominar um nicho não transforma ninguém em rei da cocada preta.

A CAUDA LONGA DO TEMPO

Por que algumas coisas são menos populares do que outras? Até aqui, tratamos principalmente da profundidade e amplitude da atração de certos itens – até que ponto são produtos dominantes ou produtos de nicho e qual o grau de sua qualidade. Mas existe outro fator que influencia a popularidade: idade. Da mesma maneira como as coisas de apelo amplo tendem a vender mais do que as coisas de apelo estreito, os itens novos tendem a vender mais do eu os itens velhos.

Quando se observa uma curva de demanda básica, as razões por que algumas coisas vendem menos do que outras se perdem nas classificações gerais. A popularidade é multidimensional: os fatores que determinam a classificação dos álbuns, por exemplo, podem abranger não só a qualidade da música, mas também o gênero, a data de lançamento, a fama ou a nacionalidade da banda, semelhanças com outros artistas, e assim por diante. Mas tudo isso se mistura na dimensão única da lista de best-sellers, que obscurece todos os outros fatores numa massa disforme.

Pensando bem, vê-se que o hit de hoje é o nicho de amanhã. Quase todos os produtos, até os hits, sofrem quedas de venda com o passar do tempo. O filme *Twister* foi o segundo maior sucesso de bilheteria de 1996, mas hoje, no Amazon, sua versão em DVD vende a metade de um documentário de 2005 do History Channel sobre a Revolução Francesa.

Einstein definiu tempo como a quarta dimensão do espaço; também se pode considerá-lo a quarta dimensão da Cauda Longa. Tanto nos hits como nos nichos as vendas caem com o passar do tempo; no caso dos hits, elas começam mais alto, mas acabam descendo a Cauda. As pesquisas para quantificar

Caudas do tempo

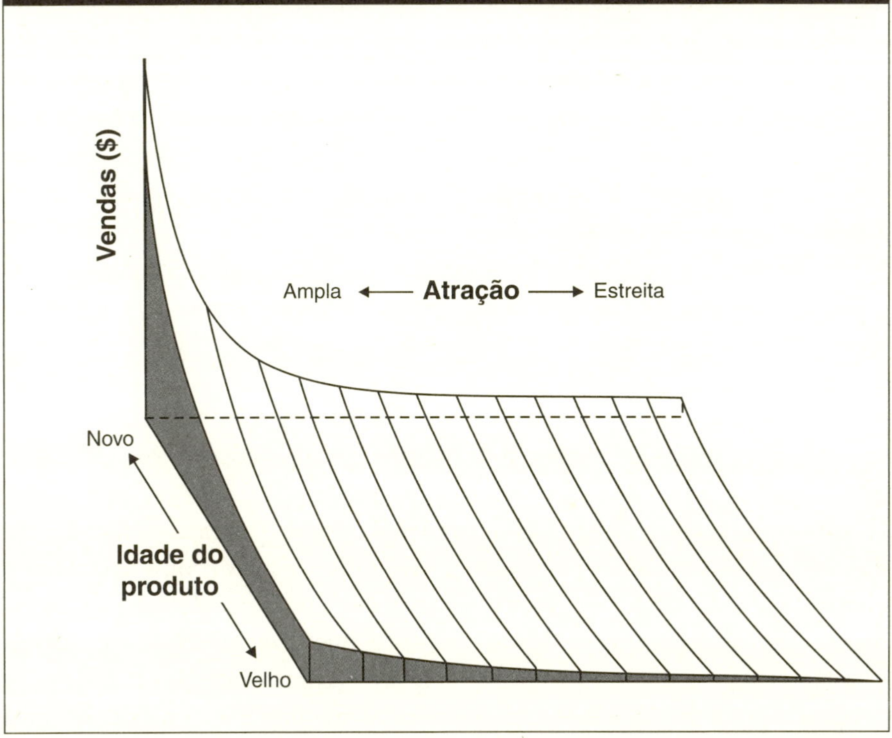

essa conclusão ainda estão em andamento, mas, conceitualmente, a curva seria mais ou menos a seguinte:

Especialmente interessante sobre tempo e Cauda Longa é que o Google parece estar mudando as regras do jogo. Para a mídia on-line, como para qualquer outra mídia, predomina a tirania do novo. Os jornais de ontem se transformam hoje em papel para embrulho de peixe, e depois que o conteúdo sai da primeira página de um site, sua popularidade despenca. Mas como o acesso aos sites é impulsionado cada vez mais pelo Google, esta regra está sendo rompida.

O Google não chega a ignorar o tempo, mas ele efetivamente mede a relevância sobretudo com base nos *incoming links* ou links remetentes, isto é, aqueles que remetem a determinado site, não em função da novidade. Assim, ao pesquisar um termo, é provável que se encontre a *melhor* página, não a *mais nova*. E como as páginas mais antigas têm mais tempo para atrair links remetentes, elas às vezes desfrutam de vantagem em relação às mais antigas. O resultado é que a costumeira queda de popularidade dos novos lançamentos em blogs e das páginas de notícias on-line é hoje muito mais gradual do que no passado, graças à intensidade do tráfego proveniente de pesquisas. O Google sob certo sentido atua como máquina do tempo, e estamos começando a medir o efeito daí decorrente sobre as editoras, a propaganda e a atenção.

A TRÁGICA RELEGAÇÃO DA ECONOMIA DA ABUNDÂNCIA

De modo mais amplo, Cauda Longa tem a ver com abundância. Abundância de espaço nas prateleiras, abundância na distribuição, abundância nas escolhas. Portanto, soa estranho que uma das definições de economia na Wikipedia seja:

> *Economia*: S.f. Ciência social da escolha em condições de escassez.

Há outras definições ("Alocação de recursos escassos para atender a necessidades ilimitadas", e assim por diante), mas muitas têm em comum o mesmo elemento: foco na escassez, especialmente em como distribuir recursos escassos. Numa época de abundância crescente, que se manifesta desde a Lei de Moore (a observação de que o desempenho dos computadores em relação ao preço dobra a cada 18 meses) até seu equivalente em armazenagem e banda larga, isso é um problema.

É difícil enfatizar demais como é fundamental para os economistas a idéia de que não se pode ter tudo de graça – toda a disciplina se baseia no estudo de trade-offs, ou seja, de escolhas e renúncias, e como são exercidos. Adam Smith, por exemplo, criou a economia moderna, ao considerar o trade-off entre tempo, ou conveniência, e dinheiro, inclusive analisando como uma pessoa poderia viver perto da cidade, e pagar mais aluguel, ou viver mais longe, e pagar menos aluguel, "arcando com a diferença por sua conveniência". E, desde então, a economia gira em torno de como dividir bolos de determinado tamanho, ou finitos.

Essa é a própria essência da disciplina. Deliberadamente, a economia neoclássica não lida com insumos abundantes. Ela não nega que o oxigênio é gratuito quando se tenta acender uma fogueira; apenas não leva em conta esse fator em suas equações, deixando-o por conta de outras disciplinas, como a química.

Mas estamos entrando na era em que o espaço nas prateleiras é ilimitado. Duas das principais funções da escassez na economia tradicional – os custos marginais de fabricação e distribuição – estão tendendo a zero nos mercados de Cauda Longa dos bens digitais, no qual os bits podem ser copiados e transmitidos praticamente sem nenhum custo. Será que a economia tem algo a dizer sobre isso?

Sem dúvida, a abundância (também conhecida como "profusão") hoje nos cerca por todos os lados, sobretudo em tecnologia. A Lei de Moore é um exemplo clássico. O que Carver Mead, pioneiro dos semicondutores e professor da Caltech, reconheceu em 1970, quando estimulou seus alunos a "desperdiçar transistores" foi que os transistores estavam ficando abundantes, ou seja, efetivamente gratuitos. A mudança de raciocínio, em decorrência da qual não mais se tentou extrair o máximo de recursos de computação escassos e se passou a "desperdiçar" ciclos para, por exemplo, desenhar janelas e ícones na tela, levou ao Mac e à revolução do computador pessoal, para não mencionar a prodigalidade escandalosa do PlayStation 2, um supercomputador usado para jogos.

Abundância semelhante também atua no armazenamento, na largura de banda e em quase tudo que é digital. Em outras áreas, a revolução verde trouxe fartura para a agricultura, e agora, para aumentar os preços, pagamos aos agricultores para *não* plantar suas safras. E qual é a força impulsora por trás da ascensão da Índia e da China, se não o trabalho abundante, criando condições para que, por assim dizer, desperdicem pessoas?

Mesmo as idéias, em certo nível, podem ser consideradas abundantes, pois são capazes de propagar-se sem limites, em face de sua natureza de "não-rivalidade". Como disse Thomas Jefferson, pai do sistema de patentes dos Estados Unidos, "Quem recebe minhas idéias adquire sua própria instrução sem diminuir a minha, assim como quem acende sua vela na minha recebe luz, sem obscurecer a minha".

Mais de uma década atrás, George Gilder, o apóstolo da abundância, propôs uma boa maneira de refletir sobre tudo isso:

> Durante boa parte da história humana, muita gente acreditou que a economia fosse basicamente um jogo de soma zero – que a escassez sempre prevalecerá sobre a abundância. O Pastor Malthus foi o famoso expoente da visão de que as populações aumentam em progressão geométrica, enquanto os produtos agrícolas crescem em progressão aritmética. Segundo o conceito malthusiano, a escassez de alimentos acabaria estrangulando o crescimento. Karl Marx encarou toda a

economia como algo que acabaria reduzindo-se a uma luta de classes, por "meios de produção" limitados.

O foco dos economistas na escassez decorre do fato de que as faltas são mensuráveis e terminam em zero. Elas restringem os modelos econômicos à produção de resultados calculáveis com clareza e a pontos de estrangulamento identificáveis no circuito industrial. A fartura é incalculável e não tem limite óbvio. Quando é onipresente, como ar ou água, são "externalidades" invisíveis. No entanto, a abundância é a força impulsora de todo crescimento econômico e de toda a mudança.

Assim, como reconciliar essa abordagem com a economia neoclássica? Gilder recomenda que se promova o desperdício.

Em toda revolução industrial, reduz-se substancialmente o custo de algum fator de produção fundamental. Em comparação com o custo anterior para executar a mesma função, o novo fator torna-se praticamente gratuito. Na Revolução Industrial, a força física ficou quase de graça em comparação com a situação anterior, quando era produzida por músculos animais ou humanos. De repente, podia-se fazer o que era impossível antes. Conseguia-se que uma fábrica funcionasse 24 horas por dia, produzindo produtos de maneira praticamente incompreensível antes da Era Industrial. Tal mudança realmente significava que a força física tornou-se, sob certo aspecto, praticamente gratuita. Toda a economia teve de reorganizar-se para explorar essa força física. Foi preciso "desperdiçar" a energia da máquina a vapor e seus derivativos para que ela prevalecesse, na guerra ou na paz.

Isso sugere uma maneira de inserir tal realidade no contexto econômico. Se os recursos abundantes forem apenas um fator de produção, num sistema sob outros aspectos ainda sujeito às restrições da escassez, eles não serão capazes de desafiar a ortodoxia econômica. Nesse caso, são como curvas de aprendizado e menores custos de transação – vetores da eficiência produtiva que servem para reduzir os preços e aumentar a produção, mas não invalidam as leis da economia.

E, realmente, a abundância da Cauda Longa, apesar de todo o seu poder, está cercada por tais restrições. Ainda que quase todas as mídias ofereçam escolhas quase ilimitadas, ainda perdura a escassez da atenção humana e das horas do dia. Nossa renda disponível é limitada. Em algum nível, ainda é um jogo em que o tamanho do bolo é constante. Quando se oferece a um telespectador contumaz um milhão de programas, é possível que ele ou ela acabe não vendo televisão durante mais tempo, mas apenas assistindo a programas diferentes, mais adequados às suas preferências pessoais.

Finalmente, vale a pena observar que o fato de a economia não ter uma boa teoria para algo não significa que o fenômeno não seja real. Simplesmente a teorização deve ser feita por outras disciplinas. A economia, apesar de todo o seu charme, não tem respostas para tudo.

9

A CABEÇA CURTA

O MUNDO QUE A PRATELEIRA CRIOU, PARA O BEM OU PARA O MAL

Os hits, queiramos ou não, chegaram para ficar. O mesmo se aplica às lojas de varejo, com espaço de prateleira limitado, às redes de broadcast e a outras manifestações da economia da escassez. Apesar de todo o crescimento dos mercados on-line, eles ainda representam menos de 10% de todo o varejo americano, mal tendo ultrapassado as compras por catálogo. Mesmo os maiores entusiastas não esperam que superem 20% dos gastos de consumo ainda por algumas décadas.

Não se trata apenas da gratificação instantânea e das vantagens tácteis do tijolo e argamassa. Somos uma espécie gregária e, às vezes, *gostamos* de fazer certas coisas com outras pessoas. Sentimos conforto nos grupos e as experiências compartilhadas nos tornam mais próximos.

Essa é a razão por que a forma desigual das leis de potência é inevitável. Os mercados de Cauda Longa tendem a ser um pouco mais achatados que os mercados tradicionais, mas eles ainda têm suas fatias de arrasa-quarteirões. A cada maneira como diferimos uns dos outros, sempre correspondem mais aspectos em que somos semelhantes. Essa característica não é só inevitável, mas é, efetivamente, essencial para desencadear os fluxos de recomendações e outros filtros que impulsionam os mercados on-line.

Neste capítulo, retornaremos ao lado esquerdo da lei de potência, a terra das listas das pessoas e coisas mais admiradas. Analisaremos as virtudes e os custos das prateleiras, assim como das tecnologias de broadcast e da máquina de sucesso de Hollywood. Comecemos com suas vantagens.

É possível que os hits não mais dominem a sociedade e o comércio tanto quanto no século passado, mais ainda exercerão impacto inigualável. E, em parte, isso se explica por sua capacidade de atuar como fonte de cultura comum, em torno da qual se constituem os mercados mais estreitos.

Os agregadores de Cauda Longa bem-sucedidos precisam dispor de hits *e* de nichos. Devem explorar todo o espectro de variedades, desde os itens de apelo mais amplo até as especialidades de atração mais restrita, para serem capazes de estabelecer as conexões que iluminam as trilhas de descida na Cauda Longa, de modo que façam sentido para todos.

Os consumidores anseiam por one-stop shopping, ou seja, por lugares onde possam comprar tudo. Querem ter alguma certeza de que o que estão buscando se encontra em algum lugar específico. As lojas que oferecem aos consumidores maior confiança de que nelas acharão tudo que procuram tendem a ser as mais bem-sucedidas. A idéia de boa seleção, de saber que os filtros estão separando o melhor de *tudo* (ou pelo menos tudo em determinada área) é a razão por que os agregadores de Cauda Longa são tão irresistíveis.

Os comerciantes que têm apenas os produtos que se concentram na Cabeça da curva logo descobrem que os clientes querem mais do que lhes está sendo oferecido. Já os comerciantes que dispõem os produtos que se espalham pela Cauda da curva também constatam que os clientes não têm idéia de onde começar suas escolhas. Eles não conseguem encontrar pontos de apoio no mercado, pois não estão familiarizados com nada daquilo. A importância de oferecer itens tanto da Cabeça quanto da Cauda é a possibilidade de começar no mundo já conhecido pelos clientes: produtos familiares que exploram um espaço definido.

Bom exemplo de por que esse atributo é tão necessário é a história da MP3.com, um dos primeiros serviços de música on-line. Em 1997, um empreendedor chamado Michael Robertson criou o que parecia um negócio clássico de Cauda Longa. A nova empresa possibilitava que qualquer pessoa transferisse arquivos de música, tornando-os disponíveis para todos. A idéia era que o novo recurso contornaria as gravadoras, permitindo que os artistas se conectassem diretamente com os ouvintes. A MP3.com ganharia dinheiro com os honorários pagos pelos músicos para que o site promovesse suas músicas. A tirania das gravadoras seria abolida, fertilizando o solo para a brotação de milhares de flores.

Mas, embora a MP3.com tenha crescido rapidamente e em breve tivesse milhares de milhares de faixas, as bandas em dificuldade, em geral, não encontraram novo público, não se promovendo a transformação de músicas independentes. Na verdade, a MP3.com desenvolveu a reputação de ser exatamente o que era: uma massa disforme principalmente de má música, que merecia sua obscuridade.

O problema do MP3 era atuar *apenas* como Cauda Longa. Durante boa parte de sua vida, não teve contratos de licença com as gravadoras para oferecer as músicas comerciais mais populares. Portanto, não havia pontos de entrada conhecidos pelos consumidores nem ofertas familiares de onde fosse possível iniciar explorações mais profundas. (Em busca de um modelo de negócios viável, a empresa passou a oferecer um serviço pelo qual os usuários podiam transferir CDs comerciais de sua propriedade, o que acarretou níveis sem precedentes de ações judiciais pelas gravadoras, que acabaram fechando a empresa.)

A razão por que o modelo de negócios da MP3.com não foi bem-sucedida, ao contrário dos bons resultados da iTunes, menos orientada para músicos independentes, é que esta última começou fazendo acordos com as grandes gravadoras, o que lhe conferiu massa crítica nas músicas mais populares. Em seguida, reuniu cada vez mais conteúdo de nicho, à medida que os "agregadores de direitos" enviavam-lhe discos rígidos cheios de centenas de milhares de músicos independentes. Assim, os clientes da iTunes conseguiram mergulhar num mercado em funcionamento, no qual as categorias já estavam definidas por leis comerciais inequívocas, que serviam como plataformas de salto naturais para a descoberta de músicas de nicho de que a iTunes já dispunha em grande profusão.

(Como complemento, vale a pena perguntar por que MySpace, que tem um modelo de música independente muito parecido com o da MP3.com, faz tanto sucesso. A essa altura, a resposta talvez seja sua grande eficácia na combinação de comunidade e conteúdo. Os fortes vínculos sociais entre as dezenas de milhões de fãs contribuíram para orientá-los em busca de músicas obscuras que, do contrário, não teriam encontrado, enquanto o conteúdo lhes dá motivos para manter suas visitas. Essa combinação permite que o site evite os fenômenos de exaustão ou queima, decorrentes principalmente da conexão simplesmente pela conexão em si.)

A CAUDA URBANA

Outro tipo de hit são as grandes cidades. Quando se mapeiam os aglomerados urbanos em torno do globo, obtém-se uma lei de potência. Um pequeno número de lugares, de Moscou até Paris, apresenta enormes concentrações demográficas. Como disse Richard Florida, em seu livro *The Rise of the Creative Class,* "o mundo é cheio de picos":

> As pessoas se aglomeram não só porque gostem de estar perto umas das outras ou porque prefiram centros metropolitanos, com muitas amenidades, embora ambas as características sejam relevantes. As pessoas e suas empresas também se aglomeram por causa das poderosas vantagens de aumento da produtividade, economias de escala e difusão do conhecimento, propiciados pela densidade demográfica. As idéias fluem com mais liberdade, são cultivadas com mais acuidade e são postas em prática com mais rapidez quando numerosos inovadores, implementadores e financiadores estão em contato constante entre si, no trabalho e no lazer.

Esses picos demográficos – as grandes cidades do mundo – existem porque os benefícios culturais e econômicos de estar perto de muitas outras pessoas mais do que compensam os custos da vida urbana. Uma dessas vantagens, por mais irônico que pareça, é a grande variedade em todos os nichos possíveis.

Lugares como Nova York, Londres, Paris e Tóquio oferecem quase tudo. Você quer comida internacional? Lá se encontra de ampla variedade de cardápios, mesmo pratos típicos da Eritréia, de Bengala ou da Mongólia. Há entretenimento de todas as variedades possíveis, serviços para atender a todas as necessidades e, para quem conhece as ruas e os becos, a fartura de produtos rivaliza até com a Amazon.

Por quê? Porque a população das cidades é tão densa que mesmo a demanda mais rarefeita se torna concentrada. Sob certo aspecto, as cidades são a Cauda Longa do espaço urbano, do mesmo modo como a Internet é a Cauda Longa do espaço das idéias e das culturas.

Como disse o escritor Steven Johnson:

> Uma loja que só venda botões dificilmente encontrará mercado numa cidade de 50 mil pessoas, mas, em Nova York, há todo um distrito com lojas de botões. As subculturas florescem nas grandes cidades também por esta razão: a probabilidade de que alguém com preferências muito específicas encontre outra pessoa com gostos semelhantes é muito maior numa cidade com 9 milhões de habitantes.

Jane Jacobs, especialista em urbanismo, observou, muitos anos atrás, que as cidades enormes criam ambientes propensos ao florescimento de pequenos nichos. Escreveu ela:

> As pequenas cidades e as periferias urbanas (...) são espaço natural para enormes supermercados, mas para muito pouco em termos de mercearias; para grandes cinemas ou drive-ins, mas para muito pouco em termos de teatros. Simplesmente não há pessoas suficientes paras justificar grande variedade, embora algumas (muito poucas), aproveitassem tal diversidade, caso existisse.
>
> As grandes cidades, contudo, são ambiente propício para supermercados e para grandes cinemas, mas também para delicatessen, lojas de massas vienenses, mercearias de produtos estrangeiros, e assim por diante, tudo isso em constante coexistência, o comum ao lado do insólito, o grande ao lado do pequeno. Em qualquer parte mais animada e popular da cidade, o pequeno supera em muito o grande.

EM DEFESA DAS PRATELEIRAS

Antes de enterrar as prateleiras, primeiro façamos sua apologia. Hoje, os mostruários do varejo são a interface humana com uma cadeia de suprimentos altamente evoluída, destinada a explorar ao máximo o tempo e o espaço. Em suas dimensões quase padronizadas, as prateleiras dos supermercados têm a capacidade cúbica de uma minivan.

Atulhadas com centenas de produtos embalados, projetados para encaixar-se perfeitamente naquele espaço delimitado, as prateleiras converteram-se no símbolo moderno da abundância. Atualmente, o supermercado comum expõe mais de 30 mil itens diferentes, todos arrumados de maneira ideal e exibidos em fileiras de prateleiras, para alcançar o máximo em vendas e o mínimo em custos. Trata-se ao mesmo tempo de milagre em armazenamento e de máquina de vendas ajustada com precisão.

As prateleiras refletem o mais sofisticado estado da arte em ciência do varejo. Os produtos que hoje se encontram nas prateleiras dos supermercados são embalados e arrumados de acordo com algoritmos de estocagem e com os picos de curvas de demanda elásticas. A distribuição ótima dos estoques é calculada todos os dias no escritório central das cadeias de varejo, sintonizado em tempo real com as lojas, para recebimento incessante dos dados de saída.

Esses modelos de abastecimento das prateleiras foi concebido para apertar todos os nossos botões: satisfazer a demanda existente, estimular nova demanda e extrair o máximo de vendas no mínimo de espaço. Todos os aspectos das prateleiras dos supermercados foram estudados, discutidos por grupos de foco e observados por antropólogos do varejo por meio de câmeras ocultas e de etiquetas de identificação dotadas de radiofreqüência. A prateleira do varejo é a linha de frente de um empreendimento que responde por cerca de 60% da economia americana, e a indústria de pesquisas que se concentra em sua compreensão é compatível com sua importância.

Conhecemos com exatidão o gradiente de valor da dimensão vertical num conjunto de prateleiras, de alto a baixo. Também conhecemos o valor monetário da prateleira dourada, pouco abaixo do nível dos olhos, em cada categoria de produto e tipo de varejo (por exemplo, num supermercado, esse lugar mágico é o meio e tem mais de vinte vezes o poder de venda da prateleira inferior). Em conseqüência, as lojas determinam com precisão o quanto podem cobrar dos fabricantes pelo "espaço livre", para que instalem seus produtos nesse doce escaninho, aumentando as vendas para o produtor e as margens para o vendedor.

Enquanto isso, a dimensão horizontal é um estudo em otimização da exposição da marca. Sabemos exatamente qual deve ser a largura da área de exibição dos produtos de uma empresa, de modo a aproveitar ao máximo a amplitude do olhar do consumidor, sem alargá-la demais e desperdiçar esse valioso frontispício. Graças aos gráficos de barras e à integração dos pontos-de-venda com os estoques, por meio de softwares de reabastecimento, também sabemos como manter as prateleiras cheias, com os itens certos, o tempo todo.

Em resumo, mercê de décadas de pesquisas pelas melhores mentes dedicadas à "supermercadologia", aprendemos a extrair o máximo de cada centímetro quadrado do espaço de varejo. Quando refletimos sobre o ponto que alcançamos, com a explosão de abundância e de diversidade, além do efeito de redução de preços das cadeias de suprimentos globais, é difícil discutir com as prateleiras. Trata-se da própria essência da evolução do capitalismo.

ALUGUEL DE MEIO CENTÍMETRO QUADRADO

No entanto, a prateleira é perdulária sob muitos aspectos. Comecemos com o óbvio. O aluguel mensal daquela pequena faixa de dois por quatro pés é ultrajante. É bem verdade que é possível empilhar seis pés quadrados de espaço de prateleira em cima de um pé quadrado de espaço no chão, mas as regras básicas do varejo determinam que para pé quadrado de espaço de chão usado para prateleiras precisa-se de outros dois a três pés quadrados de corredor, caixas e áreas comuns. Dependendo do tipo de loja e do tamanho das áreas para depósitos e escritórios, podem-se acrescentar outros 25% a esse espaço de chão. Em princípios de 2005, o espaço de varejo na maioria dos mercados americanos era alugado pela média de quase US$40 por pé quadrado; o que equivale a algo entre US$26 e US$33 como custo do espaço líquido de cada pé quadrado de prateleira.

Além disso, há as outras despesas indiretas dos varejistas de tijolo e argamassa: pessoal de vendas, desvalorização dos estoques, energia e outras utilidades, furtos nas lojas e outras perdas correlatas, devoluções, seguros e marketing. No total, essas despesas indiretas são quase iguais aos custos do espaço, elevando o custo daquela área de um pé quadrado para pelo menos US$50 por mês. Com o mark-up médio de 40% no varejo, isso significa que, em média, o pé quadrado do espaço de prateleira nos supermercados ou nos shoppings deve render entre US$100 e US$150 por mês, apenas para remunerar o espaço.

Como qualquer espaço nessa prateleira é precioso, nela só podem entrar os produtos mais promissores – aquele com certa expectativa de popularidade ou margem de lucro. É um teste brutal em que não passa a grande maioria dos produtos. Os supermercados consideram cerca de 15 mil novos produtos por ano. Dos poucos que efetivamente chegam às prateleiras, cerca de 70% a 80% não sobrevivem, de acordo com a Consumers Union. Hoje, o custo médio de manter em estoque um simples DVD numa locadora de filmes é de US$22 por ano. Somente os títulos mais populares são alugados com freqüência suficiente para oferecer algum retorno.

Como se tudo isso já não fosse bastante ruim, os custos ocultos de vender produtos em prateleiras podem ser ainda mais altos do que os custos explícitos. Trata-se, basicamente, dos custos de oportunidade dos produtos não encontrados e a demanda latente não realizada, em face das limitações físicas das prateleiras. A era do Google abriu nossos olhos para as virtudes lucrativas da acessibilidade. Digitamos o que queremos (ainda que com erro de grafia) e, quase sempre, a coisa surge diante de nossos olhos. Agora, estamos mal acostumados com as recomendações úteis (ensinamentos baseados em experiências prévias com produtos e serviços) que nos introduzem a experiências que jamais imaginaríamos ou descobriríamos sozinhos.

Entretanto, esses recursos não chegam ao supermercado local, onde os itens são classificados em grupos amplos ("produtos enlatados"), os padrões de outros consumidores são conhecidos apenas pela gerência e o único utilitário de pesquisa disponível é o estoquista, que recebe salário mínimo. Nada disso é culpa do supermercado ou de qualquer outro varejista de tijolo e argamassa, que estão condenados a viver no mundo inflexível das prateleiras e dos corredores, onde os produtos devem obedecer à física rígida dos átomos, não dos bits.

Uma dessas tristes limitações da matéria física é sua capacidade de transcender o tempo e o espaço. Obviamente, os itens tangíveis podem ocupar apenas um lugar no espaço, em determinado momento. Por exemplo, uma lata de atum não pode existir simultaneamente em várias categorias, ainda que os interesses e as rotas de compra de cada consumidor possam sugerir várias alternativas: "peixe", "alimentos enlatados", "ingredientes para sanduíches", "baixo teor de gordura", "produtos em oferta", "campeões de vendas", "de volta às aulas", "por menos de US$2", e assim por diante.

As lojas físicas não podem ser reconfiguradas às pressas para servir a cada cliente com base em seus interesses específicos. Não é possível reorganizar garrafas de vinho por um passe de mágica, com base nos resultados de uma pesquisa. Não há como transferi-las instantaneamente para a prateleira ao lado de modo a otimizar a probabilidade de que pessoas como você, que compraram queijo gouda e azeitonas pretas talvez também queiram levar este Pinot. Os átomos são realmente muito rígidos.

Quando alguém coloca algum item no carrinho de compras, a loja ignora o fato até o momento em que o consumidor chega ao caixa, quando já é tarde demais para fazer alguma coisa, a não ser dar-lhe um cupom de desconto para as próximas compras. Em algum lugar, os cientistas do varejo sonham com um carrinho de compras inteligente que identifique o conteúdo pela leitura de etiquetas de identificação e emita na hora recomendações de compra. No entanto, mesmo esses cientistas ainda não são capazes de transportar os produtos físicos para o alcance imediato dos clientes, de modo a facilitar ao máximo as compras induzidas. No mundo físico, os consumidores se movimentam, não os produtos.

EFEITO WAL-MART

Quando eu tinha pouco mais de 20 anos, eu, como muitos outros caras da minha idade, trabalhava numa loja de discos. Era uma loja bem grande, na área comercial do centro de Washington, D.C., pertencente a uma cadeia que não mais existe.

Servindo principalmente aos advogados, assistentes e funcionários que trabalhavam nas proximidades, a loja era relativamente grande. Ainda me lembro do corredor de discos importados, principalmente new wave inglesa (afinal, estávamos em meados da década de 1980), que se estendia por toda a extensão da loja, perto do banco em que eu ficava sentado, observando a entrada e respondendo a perguntas. Toda a parede dos fundos era de singles de 12 polegadas (Depeche Mode e Billy Idol eram ótimos), e os clássicos tinham sua própria sala, com excelente acústica, para os ouvintes mais refinados.

Tudo isso me veio à mente há pouco tempo, quando eu perambulava pelos dois corredores do departamento de música num Wal-Mart em Oakland, Califórnia. (E, realmente, será que *perambulava* é a palavra certa, para 15 passos na descida de um corredor e mais 15 passos na subida de outro?) O Wal-Mart, que abrange cerca de um quinto de todas as vendas de música nos Estados Unidos, é, de longe, o maior varejista de música do país. Cerca de 138 milhões de americanos compram no Wal-Mart por semana, transformando-o talvez na mais unificadora força cultural isolada.

Na última década, esses tipos de grandes varejistas, inclusive lojas como Best Buy, mudaram a face da indústria da música, com suas inigualáveis economias de escala. Hoje, a quantidade de grandes lojas de música independentes, como aquela em que trabalhei, é muito menor. A tradicional sala de audição é atualmente uma espécie ameaçada. Não precisa dizer que não há mais o corredor de importados.

Em lugar das coleções quase sempre ecléticas das lojas especializadas, as superlojas oferecem apenas uma seleção relativamente pequena de hits. É irônico que esses grandes estabelecimentos tenham tão pouca variedade em cada categoria, mas essa é a imposição de seu modelo econômico. No entanto, seus preços são excelentes e elas estão sempre apinhadas de consumidores ansiosos. Triunfo das eficiências da cadeia de suprimentos e da precificação para grandes quantidades, essas superlojas representam, hoje, o estado da arte no varejo de tijolo e argamassa.

Bem-vindo à Cabeça Curta.

Mas até que ponto a cabeça é curta? Em média, as lojas do Wal-Mart hoje mantêm em estoque cerca de 4.500 títulos de CD (como termo de comparação, a Amazon lista cerca de 800 mil). Mais especificamente, tome como exemplo o departamento de música do Wal-Mart no qual perambulei em Oakland. Eis o número de discos que encontrei em cada categoria da loja:

"Rock/Pop/R&B"	1.800
"Latina"	1.500
"Christian/Gospel"	360
"Country"	225
"Clássicos/Relaxantes	225

Repetindo, havia apenas dois corredores principais. Um era "Rock/Pop/R&B"; o outro era "Latina". Todas as outras categorias estavam misturadas em racks de quatro por cinco pés. Jazz, "clássicos", "World Music", músicas relaxantes e new age estavam juntos *em um só rack*.

Dos estimados 30 mil álbuns lançados por ano, o Wal-Mart tem apenas 750, de acordo com David Gottlieb, ex-executivo de gravadora. Isso consiste em apenas 2,5% de todas as novas músicas lançadas a cada ano, e aqueles 4.500 títulos são menos de 0,5% de todas as músicas disponíveis. Categorias inteiras, de Dance a Spoken-Word, ou são ignoradas ou estão misturadas em grupos abrangentes, como "Rock/Pop/R&B". Não encontrei gravações de *Exile on Main Street* dos Rolling Stones ou *Nevermind* do Nirvana.

Aí está. Escassez, gargalos, distorções na distribuição e tirania das prateleiras, tudo embrulhado no pacote único de uma grande loja. Repetindo, não deixa de ser irônico esse paradoxo da abundância: quem entra num Wal-Mart fica impressionado com a fartura e as escolhas. No entanto, observe mais de perto e constate como é delgada essa cornucópia. As prateleiras do Wal-Mart são uma vitrine com 1.600 metros de comprimento e 60 centímetros de profundidade. À primeira vista, isso pode parecer tudo, mas num mundo com 1.600 metros de comprimento e 1.600 metros de profundidade, uma camada de verniz de variedade não é suficiente.

NA BIBLIOTECA DOS LIVROS GUARDADOS NAS PRATELEIRAS ERRADAS

Um dos problemas mais exasperantes dos bens físicos é o de nos obrigarem a categorizações grosseiras e a classificações estáticas, como vemos no Wal-Mart. Isso significa que uma jaqueta do tipo *windbreaker* pode estar nas seções de "Agasalhos" ou "Roupas esportivas" mas não em "azul" ou "Náilon". Em geral, esse não é um problema sério, pois a maioria dessas categorias alternativas não faria sentido para boa parte das pessoas (o modelo econômico de varejo "tamanho único" deve ignorar os poucos consumidores para os quais essas categorias seriam perfeitas).

Como gerente de loja, você precisa adivinhar onde a maioria das pessoas espera encontrar um *windbreaker*. Assim, depois de arrumar a loja com base numa taxonomia preconcebida, não lhe resta nada a fazer senão esperar que sua configuração corresponda à maneira de pensar da maioria das pessoas. E os clientes que não pensarem da mesma maneira? O remédio é torcer para que peçam ajuda.

Com a evolução do varejo on-line, contudo, constatou-se que a capacidade de a qualquer momento classificar e arrumar de novo os produtos libera todo o seu valor real. Para começar, as lojas on-line têm liberdade para listar os produtos em quaisquer e em quantas seções quiserem. Esse recurso chama a atenção dos compradores potenciais, que não teriam encontrado o produto na categoria padronizada, além de estimular a demanda por pessoas que nem estavam procurando o produto, mas foram estimulados a comprar em face do posicionamento inteligente.

A eficiência e o sucesso do varejo on-line revelou os custos da inflexibilidade e do excesso de simplificação nas classificações do varejo tradicional. Uma coisa é altos preços ou seleção limitada; outra muito diferente é simplesmente a incapacidade de ajudar as pessoas a encontrar o que querem.

No mundo da ciência da informação, a questão insidiosa de onde colocar as coisas é conhecida como "problema ontológico". Ontologia é um termo com diferente significado em diferentes disciplinas, mas para os bibliotecários e cientistas da computação (e para gerentes de lojas, não importa que saibam ou não) é a maneira de organizar coisas. O Sistema Decimal de Dewey é uma maneira de organizar livros; a *Encyclopedia Britannica* é uma maneira de organizar informações; a tabela periódica de elementos é uma maneira de organizar a matéria.

Todos esses métodos são exemplos de sucesso nas respectivas áreas. Contudo, como demonstrou a era do Google, de repente estamos percebendo como são limitadas essas maneiras fixas de interpretar o mundo.

Comecemos com o Sistema Decimal de Dewey, que divide o mundo do conhecimento em dez categorias de alto nível:

- 000 Computadores, informação e referência geral
- 100 Filosofia e psicologia
- 200 Religião
- 300 Ciências sociais

- 400 Línguas
- 500 Ciência e matemática
- 600 Tecnologia
- 700 Artes e lazer
- 800 Literatura
- 900 História e geografia

Parece razoável até aqui, certo? Tudo bem, vejamos agora o próximo nível de organização, o segundo dígito. Ei-lo para a categoria 200, religião:

- 200 Religião
- 210 Filosofia & teoria da religião
- 220 Bíblia
- 230 Cristianismo
- 240 Moral cristã e teologia devocionária
- 250 Ordens cristãs e igrejas locais
- 260 Teologia social e eclesiástica
- 270 História do Cristianismo e seitas cristãs
- 280 Denominações cristãs
- 290 Religiões comparativas e outras religiões

Percebeu o problema? Islamismo, Judaísmo, Hinduísmo, Taoísmo e todas as outras religiões do mundo, que abrangem a maioria da população do planeta, estão agrupadas como subconjunto da categoria "outras religiões". Essa taxonomia diz mais sobre a cultura da América do século XIX, em que se desenvolveu o sistema (e, provavelmente, algo sobre o próprio Melvil Dewey) do que sobre o mundo da fé.

Mas, a verdade seja dita, a taxonomia decimal de Dewey realmente não é sobre o mundo do conhecimento; é sobre *livros*. Clay Shirky, eminente pensador sobre os efeitos sociais e econômicos das tecnologias de Internet, explica:

> O que está sendo otimizado é o número de livros nas prateleiras. A musculatura desse esquema dá a impressão de que ele trata de conceitos. Ele está organizado com base em teorias que não se superpõem e que ficam mais detalhadas em níveis cada vez mais baixos – qualquer conceito deve enquadrar-se em determinada categoria e não em outras categorias. Entretanto, vez por outra, o esqueleto transparece, e esse esqueleto, a estrutura de apoio sobre a qual o sistema realmente é construído, destina-se a minimizar o tempo de busca nas prateleiras.

Evidentemente, já percorremos um longo caminho, desde o século XIX. As bibliotecas desenvolveram catálogos em cartões, com indexação cruzada dos livros, em várias categorias: autores, títulos, palavras-chave, assuntos alternativos. Finalmente, surgiram os catálogos digitais e as buscas por palavra-chave, que pelo menos facilitam o acesso. Fosse como fosse, os livros físicos ainda estavam empilhados nas prateleiras, de acordo com o Sistema Decimal Dewey. Isso significava que, embora agora fosse possível localizar os livros procurados (mesmo que não se adotasse a visão de mundo vitoriana de Melvil Dewey), é provável que não se encontrasse muita relevância nos livros ao seu redor.

Mesmo com o catálogo em cartões, os livros ainda estão vulneráveis à física da materialidade. Veja o que acontece quando um é colocado no lugar errado, abrigando-se numa categoria errada. A não ser que alguém, por acaso, depare com ele e o transfira para o lugar certo, o livro estará condenado a perder-se no mundo (ainda que esteja presente, em algum lugar). Não admira que a semântica das prateleiras seja tão negativa. "Estar ou ficar na prateleira" significa "ficar esquecido, não ser chamado para alguma coisa" (*Dicionário Houaiss*). "Ir para a prateleira" significa "não casar (a mulher); ficar solteirona, encalhar" (*Novo Aurélio Século XXI*). Prateleiras são lugares aonde as pessoas vão para morrer.

Por outro lado, pense num mundo de organizações *ad hoc*, determinadas pelo que faz sentido em cada situação específica. Seria como uma grande pilha numa mesa enorme, em vez de fileiras de itens rigorosamente arrumados em prateleiras. Talvez pareça confuso, mas só porque é um tipo diferente de organização: espontânea, em ordem contextual, facilmente reorganizada em diferente contexto, conforme as necessidades. Essa imagem é um pouco como a própria Internet, sob as lentes do Google: um mundo de variedade infinita e quase nenhuma ordem predeterminada; um mundo de estrutura dinâmica, com forma diferente para cada observador.

Recentemente, visitei a Biblioteca Pública de Seattle, projetada pelo famoso arquiteto Rem Koolhaas, como modelo de biblioteca para o século XXI. Ele enfrentou o desafio de fazer com que pilhas de livros se enquadrassem numa cultura de utilitários de pesquisa. Percebendo que o equilíbrio relativo entre computadores e livros estava mudando e provavelmente continuaria a mudar, Koolhaas não se preocupou em definir muitos critérios sobre como os livros deveriam ser organizados. Ao contrário, arrumou as pilhas de livros em trilhos, sobre espirais, que podiam expandir-se ou contrair-se conforme a demanda.

Entretanto, mesmo com esse meritório sistema flexível, ele, obviamente, precisava arrumar os livros em alguma ordem. Uma vez que a mudança da cultura de uma biblioteca demora mais de um século, o critério adotado foi exatamente nosso velho conhecido: o Sistema Decimal de Dewey. Contudo, na Biblioteca Pública de Seattle, os números de Dewey estavam marcados no chão, em tapetes de borracha, que deslizavam em espécies de trilhos no concreto. À medida que as pilhas se expandirem e se deslocarem de acordo com as mudanças nas prioridades de informação do mundo, os tapetes também mudarão de posição. E se, algum dia, esgotar-se o prazo de validade do sistema de Dewey, esses tapetes de borracha poderão ser enrolados para oferecerem nada mais que um bom lugar para esfregar os sapatos. As bibliotecas à prova de futuro não adotam premissas quanto ao panorama informacional de amanhã.

COMPRANDO NO CORREDOR DE MISCELÂNEAS

O que é verdade para as bibliotecas é duas vezes verdade para as lojas de varejo. Nas bibliotecas, pelo menos há um esquema de classificação padronizado — os catálogos de cartões servem como instrumento de busca e os bibliotecários tendem a conhecer seu ofício. No entanto, você precisa ter sorte para encontrar com rapidez o que quer num supermercado ao qual não está muito afeito. As conseqüências das taxonomias *ad hoc* e da arrumação das prateleiras com base no capricho são clientes frustrados, mercadorias encalhadas e a fuga para os produtos e marcas mais bem conhecidos, simplesmente por que esses são os itens fáceis de encontrar. As mesmas observações são aplicáveis a outras espécies de lojas, de ferragens a roupas.

Como exemplo, outro dia procurei em minha Blockbuster local um filme chamado *Akira*, desenho animado japonês clássico. Em que seção procurar? Ficção científica? Animação? Estrangeiros? Ação? Acabei descobrindo que não importava, pois eles não tinham o filme. A vantagem das lojas físicas em termos de gratificação imediata são pouco significativas quando não se encontra o objeto almejado.

Na Amazon, contudo, foi simplesmente uma questão de digitar "akira" na barra de busca (e veja que nem mesmo era necessário grafar a palavra com letra maiúscula). O filme apareceu quase imediatamente, assim como duas outras versões (além da indicação de cópias usadas ou novas para as três). Se eu quisesse pesquisar por categoria, qualquer uma das já mencionadas teria dado certo; o filme estava incluído em qualquer uma delas. Oferecia-se, inclusive, um pacote tentador, com *O Fantasma do Futuro*, outra virtude do marketing e do posicionamento dinâmicos. E ainda por cima a Amazon recomendava dois outros filmes de que eu talvez gostasse: *Princess Mononoke e Fantasma do Futuro 2*. E, evidentemente, as duas ofertas também estavam disponíveis e mais baratas do que na Blockbuster. Minhas experiências com essas duas lojas não poderiam ter sido mais diferentes.

Sob certo aspecto, os varejistas on-line estão para as lojas de cimento e argamassa como o Google está para uma biblioteca. Em face das limitações das prateleiras físicas, os terminais de varejo do mundo real são obrigados a criar taxonomias para enquadramento de todos os itens. Tremo ao pensar onde o Sistema Decimal de Dewey colocará o livro que você está lendo nesse momento. Tecnologia? Economia? Negócios? Cultura? Nenhuma dessas classificações é muito exata. Infelizmente, não há categoria do tipo "todas as relacionadas acima".

O Google, em contraste, não o incluirá em nenhuma categoria. O lugar natural do livro no mundo surgirá espontaneamente depois do fato, com base nos links remetentes. Meu editor talvez o considere "livro de negócios", mas se o mundo decidir que se trata mais de "economia popular" e os leitores o procurarem nesse contexto, o livro é isso e será isso, além de qualquer outra descrição que alguém talvez considere relevante. No mundo do Google, significado e ontologia estão inteiramente nos olhos e mentes do observador. Qualquer coisa pode ser muito diferente para inúmeras pessoas. Dessa maneira, os algoritmos do Google exploram a sabedoria das multidões, calculando quais são os resultados mais adequados para as palavras-chave digitadas por um pesquisador.

Enquanto isso, a Amazon, de início, incluirá este livro em cinco ou seis categorias. Em seguida, chegará a vez dos clientes, que o "rotularão", ou seja, digitarão qualquer palavra de sua escolha para criar suas próprias categorias ("Internet", "bloguista", "ler depois", "Pareto", "bom presente para um geek" etc.). Outras pessoas verão os vários rótulos, fornecendo mais contextos que ajudarão este livro a encontrar seu lugar no mundo. Esse processo de rotulagem cria o que é conhecido como "folksonomias" – categorizações depois do fato, com base inteiramente no que as pessoas consideram significativo sobre alguma coisa. O interessante é que a Amazon atribui tanta importância a esses rótulos que eles aparecem mesmo antes de sua própria lista de categorias predeterminadas.

No entanto, esse é apenas o começo do processo multidimensional de definir alguma coisa na livraria infinita. O software da Amazon digerirá todas as palavras do texto deste livro e determinará uma lista de frases "com baixa probabilidade estatística", que são combinações de palavras que não aparecem em muitos outros livros ou até em qualquer outro. Por assim dizer, essa será a impressão digital exclusiva de meu livro, mas também constituirá indício de idéias e temas singulares, que serão úteis em si mesmos. O software também listará palavras pouco comuns em letras maiúsculas, ajudando a definir os fundamentos factuais de meu livro. Então, a Amazon utilizará todas as suas ferramentas colaborativas de filtragem e recomendação, para descobrir livros que outros clientes examinaram ou compraram com o meu, o que ajudará a definir o livro por meio de seu enquadramento em certos padrões de interesse.

A TIRANIA DA GEOGRAFIA

As prateleiras têm outra desvantagem: são limitadas pela geografia. Seu conteúdo está disponível apenas para as pessoas que por acaso estão mais ou menos no mesmo lugar. Evidentemente, essa também é a sua virtude: as lojas locais são convenientes e oferecem a gratificação imediata de dispor de pronto da compra. Afinal, por mais tempo que passemos on-line, vivemos, na verdade, num mundo físico.

A principal restrição do varejo de tijolo e argamassa é a necessidade de encontrar público *local*. Não importa que se trate de filmes, CDs ou qualquer outro tipo de produto, os varejistas físicos manterão em estoque apenas o que valer a pena ou oferecer retorno, ou seja, que atrairá maior interesse (e dinheiro), de um número limitado de clientes.

Nos Estados Unidos, 20% da população vive a mais de 15 quilômetros da livraria mais próxima; 8% moram a mais de 30 quilômetros. Os números referentes a lojas de CDs, cinemas e locadoras de vídeo não é muito diferente. Mesmo que todos quisessem comprar nessas condições, muitos não conseguiriam.

Lembre-se, em qualquer tirania do espaço físico, público muito difuso é o mesmo que falta de público. Portanto, a demanda local deve ser bastante concentrada para compensar os altos custos da distribuição física. Em termos mais contundentes, insuficiência de demanda local é o mesmo que falta de loja.

Isso se aplica a bens de qualquer tipo. Não é à toa que não se encontram com muita freqüência lojas de esquis em climas quentes nem lojas de equipamentos de mergulho em ilhas tropicais, apesar do fato de muita gente sair desses dois lugares para esquiar e mergulhar. Talvez haja demanda local para esses bens, mas, novamente, a questão para qualquer comerciante é se existe demanda local *suficiente*. O cálculo é mais ou menos o seguinte:

Vendas =

Porcentagem da população que pode comprar

Menos

Porcentagem de quem não se situa a 15 quilômetros da loja

Menos

Porcentagem de quem nunca visita a loja

Menos

Porcentagem de quem não vê o item na prateleira.

Mas não precisa ser assim. Sob certo aspecto, é sempre possível imaginar a existência de uma Cauda Longa de clientes, da mesma maneira como de produtos. Imagine que o eixo vertical da curva seja de cidades e que o horizontal seja o do número de compradores potenciais para determinado produto. O varejista tradicional teria de ater-se à cabeça da curva, onde há maior concentração de clientes. No entanto, como já vimos, a maioria dos clientes está na cauda, dispersa entre muitas cidades. Esse é o ponto fraco do varejo tradicional. As lojas perdem negócios simplesmente porque seu modelo econômico não lhes dá condições para explorá-los.

Em resumo, nisso se baseia o argumento de negócios dos varejistas on-line. Como *são capazes* de alcançar todas as muitas cidades de baixa densidade, com tanta eficiência quanto no caso das de alta densidade, eles dispõem de meios para explorar a Cauda Longa da demanda dispersa. Foi exatamente o que fez o catálogo da Sears, Roebuck um século atrás: aproveitar a demanda distribuída na ampla diversidade do interior americano. Hoje, apenas o fazemos com mais rapidez, a menor custo e com a possibilidade de explorar variedade ainda maior.

AR RAREFEITO

O lançamento do rádio e da televisão destinou-se a produzir exatamente esse efeito igualitário. Em termos de mercado de massa, o modelo econômico do broadcast é difícil de superar: ambos os veículos permitem que se alcancem milhões de pessoas ao mesmo custo em que se incorreria para chegar a uma única pessoa. No entanto, embora os custos de concessão e de transmissão sejam fixos, as receitas de propaganda são variáveis. Quanto mais gente se alcançar, mais dinheiro se ganhará. Nos hits da Cauda Longa, é assim tão simples.

Depois do advento do broadcast, em meados do século XX, de repente foi possível levar um programa a cada lar e um noticiário à noite de cada um. Em comparação com o teatro e o cinema, o rádio e a televisão eram forças extremamente democráticas, ampliando o público de programas de áudio e vídeo bem mais longe na Cauda Longa da demanda do que qualquer outra força anterior.

Contudo, não se esqueça de que as tecnologias de broadcast têm suas próprias limitações. Lembre-se da física: as ondas aéreas podem transportar apenas tantas estações e os cabos coaxiais, somente tantos canais de televisão. E, ainda mais óbvio, toda a programação deve conter-se em apenas 24 horas por dia.

Para os executivos de rádio e de televisão, essas restrições exercem efeito muito real. Cada estação de rádio ou canal de televisão tem um custo. Às vezes, é o custo das concessões ou dos cabos; outras vezes, são as expectativas de um anunciante. Em qualquer dos casos, há apenas uma maneira de gerar lucro ou de pelo menos atingir o ponto de equilíbrio: conseguir audiência bastante grande para extrair o máximo daquele naco de broadcast.

A solução tradicional é concentrar-se nos grandes sucessos. Além de usar os recursos de distribuição escassos de maneira eficiente, agregando e concentrando audiências, os hits também se beneficiam dos efeitos de rede em marketing, também conhecidos como buchicho. Depois que a propaganda atinge um certo nível de popularidade, deflagra-se a disseminação boca a boca, galgando sucessivos níveis, até atingir a situação de arrasa-quarteirão, se realmente fizer vibrar uma corda sensível.

Mas como produzir um hit? Bem, há duas opções básicas: (1) procure em todas as dimensões um gênio imprevisível ou (2) aplique as fórmulas do mais baixo denominador comum para produzir algo otimizado a ser vendido como grande sucesso. Não é difícil descobrir qual é o método mais comum.

O resultado é a cultura movida a hits e a cultura de entretenimento que caracterizaram a segunda metade do século XX. Ela é definida pelos seguintes elementos:

- Busca desesperada or produtos tamanho único
- Tentativa de prever a demanda
- Eliminação dos perdedores
- Escolhas limitadas

Umair Haque, que escreve sobre economia da mídia digital, resume tudo em termos de "atenção do consumidor". Os programas de televisão comuns, desenvolvidos para exercer amplo apelo, ainda que superficial, talvez alcancem algum público (o mesmo ocorrendo com seus comerciais). Mas seu público será maior se oferecer algo mais, e assim foi durante toda a história da televisão. O mesmo ocorre com o cinema e com o rádio:

> O princípio geral do modelo econômico do entretenimento nos últimos cem anos foi o de que o conteúdo e a distribuição eram escassos, enquanto a atenção do consumidor era abundante. Nem todo o mundo era capaz de produzir um filme, de ter uma emissora de rádio ou televisão, ou de editar um jornal. Quem era capaz e explorava sua capacidade detinha o controle dos meios de produção. Era um mercado do vendedor, e se podia desperdiçar a atenção.

Uma estatística sobre anúncios de televisão é reveladora. Depois da desregulamentação de meados da década de 1980, a duração dos anúncios por hora nas emissoras de televisão aumentou de seis minutos e quarenta e oito segundos, em 1982, para 12 minutos e quatro segundos, em 2001, ou seja, mais de 50%! Por quê? Porque os americanos continuam vendo cada vez mais televisão, apesar do aumento na quantidade de anúncios. Como o veículo manteve o nível de atenção, apesar de cada vez menos conteúdo, por que não explorar essa situação? Como observa Haque, sob a perspectiva das redes, "o aumento no tempo de anúncios foi um custo suportado pelos participantes no outro lado de um mercado de dois lados". Não admira que os anúncios estivessem cada vez mais presentes.

OS PERIGOS DO "HITISMO"

Demorará algum tempo para que desaprendamos as lições do século passado em distribuição da escassez. Mas estamos começando a fazê-lo, com a primeira geração que está crescendo on-line.

Em 2001, a primeira onda de "nativos digitais" atingiu a maioridade. Crianças que começaram a usar a Internet aos 12 anos, em 1995, completaram 18 anos (início da faixa etária dos 18 aos 34 anos, altamente cobiçada pelos anunciantes. Principalmente os machos da espécie estavam vendo menos televisão. Ao se depararem com a escolha entre variedade infinita e facilidade de fuga dos anúncios on-line, em comparação com as redes de TV, eles tendiam a optar pela primeira – os níveis de audiência de televisão nessa faixa começaram a cair pela primeira vez em meio século.

Embora ainda pequena, a mudança é real. O público está se deslocando do broadcast para a Internet, onde predomina a economia de nicho. Dispondo de mais escolhas, também estavam deslocando sua atenção para o que valorizavam mais – e aí não se enquadravam as fórmulas convencionais, com muitos comerciais. Na expressão de Haque, os consumidores estão começando a reassumir o controle de sua atenção, ou pelo menos a valorizá-la mais.

A lição para a indústria do entretenimento deve ser clara: dê às pessoas o que elas querem. Se for conteúdo de nicho, dê-lhes conteúdo de nicho. Da mesma maneira como estamos repensando o prêmio que pagamos aos hits e às estrelas, também estamos começando a perceber que a natureza dos bens e dos participantes, assim como dos respectivos incentivos, nesse novo mercado também são diferentes.

Faz parte da natureza humana ver as coisas em termos absolutos e extremos, preto ou branco, isso ou aquilo – sucessos ou fracassos. Mas, evidentemente, o mundo é confuso, gradativo e estatístico. Nós nos esquecemos que a maioria dos produtos não bate recordes de vendas, exatamente porque a maioria dos que vemos nas prateleiras de fato vendem em grandes números, pelo menos em comparação com aqueles que, para começar, não entraram nas lojas. No entanto, a grande maioria de quase tudo, de música a roupas, é, na melhor das hipóteses, apenas um pouco populares. Embora boa parte não passe no teste do sucesso, de alguma maneira continua a existir. Por quê? Porque a economia dos arrasa-quarteirões não é o único modelo eficaz. Os grandes sucessos são a exceção, não a regra. Entretanto, vemos indústrias inteiras respirando esse ar rarefeito.

Por exemplo, a economia de Hollywood não é igual à economia do vídeo em rede, e as expectativas financeiras de Madonna não são as mesmas das de Clap Your Hands Say Yeah's. Mas quando o Congresso dos Estados Unidos amplia o prazo de vigência dos direitos autorais por mais uma década, por insistência do lobby da Disney, os congressistas estão considerando apenas o topo da curva. O que é bom para a Disney não é necessariamente bom para a América. O mesmo se aplica à legislação restritiva de tecnologias que permitem a cópia ou transmissão por vídeo de arquivos digitais. O problema é que a Cauda Longa não tem lobistas, razão por que, com muita freqüência, só se ouve a Cabeça Curta.

Eis algumas outras armadilhas mentais em que caímos por causa da mentalidade da escassez:

- Todos querem ser estrelas
- Todos estão em busca de dinheiro
- Se não for sucesso, é fracasso
- O único sucesso é o sucesso de massa
- "Direto para o vídeo" = ruim.
- "Autopublicação" = ruim.
- "Independente" = "Não conseguiram fazer negócio"
- Amador = amadorismo
- Baixas vendas = Baixa qualidade
- Se fosse bom, seria popular

E, finalmente, ainda predomina a idéia de que "muita escolha" é massacrante, crença tão comum e tão desprovida de fundamentos que merece seu próprio capítulo.

10

O PARAÍSO DA ESCOLHA

ESTAMOS ENTRANDO NUMA ERA DE ESCOLHAS SEM PRECEDENTES. SERÁ QUE ISSO É BOM?

Em 1978, o programa de televisão *Saturday Night Live* apresentou como atração principal um quadro sobre a "Scotch Boutique", uma loja num shopping elegante, que vende exclusivamente fitas adesivas em ampla variedade. Seus proprietários estavam perplexos com a falta de clientes – ofereciam tantas espécies de fitas que, decerto, uma delas deveria atrair quase todo o mundo. No entanto, nada de clientes. O quadro explorava o espanto dos donos da loja, em sua obsessão por seu produto único. Será que haveria algo mais absurdo que uma loja de Fitas Scotch?

No entanto, em 2004, inaugurou-se em Manhattan uma loja chamada "Rice to Riches" (Arroz para Ricos), para vender pudim de arroz em mais de 20 sabores e nada mais. Parece que está indo bem e expandindo o negócio para entregas em domicílio. Enquanto isso, a White Store, em Londres, vende somente utensílios domésticos na cor branca. Nos Estados Unidos, loja semelhante, chamada White House, alcançou tamanho sucesso que inspirou a criação de sua contrapartida, a Black House. A piada de ontem é a realidade de hoje.

Estamos em meio à maior explosão de variedade na história. Percebe-se essa tendência a toda hora e em todos os lugares, mas, às vezes, algumas situações demonstram-na ainda melhor. Existem exatamente 19 mil variações em torno do tema Starbucks, de acordo com a empresa de propaganda OMD. Só em 2003, lançaram-se 26.893 novos produtos alimentícios, e domésticos, entre os quais se incluíam 115 desodorantes, 187 cereais matutinos e 303 fragrâncias femininas, de acordo com o banco de dados Global New Products, da Mintil International.

Em 1960, o sedan Impala, da Chevrolet, respondia por mais de um milhão dos 8 milhões de carros vendidos por ano nos Estados Unidos, quase 13% de um mercado que oferecia não mais que quarenta tipos diferentes de automóveis. Hoje, num mercado quase dez vezes maior, há mais de 250 modelos disponíveis, que se desdobram em mais de mil, quando se consideram as variantes. Menos de dez deles vendem mais de 400 mil unidades, ou 0,5% do mercado.

Mas por que será que ocorreu tal explosão de variedade? Parte da resposta é a globalização e as cadeias de suprimentos hipereficientes, dela resultantes. Hoje, os comerciantes de um país podem recorrer a um espectro de produtos efetivamente global. Com efeito, o National Bureau of Economic Research estima que a variedade de bens importados pelos Estados Unidos cresceu mais de trezentas vezes entre 1972 e 2001.

Outra parte da resposta está na demografia. A respeito dessa questão, a revista *Business Week* escreveu recentemente:

> Nas décadas de 1950 e 1960, o país era muito mais uniforme em termos não só de etnia – o grande influxo hispânico ainda não começara – mas também de aspiração. O ideal dominante era, mais do que imitar os vizinhos, ser os próprios vizinhos – ter o mesmo modelo de carro, de lavadora de louça e de cortador de grama. No entanto, com a elevação marcante dos níveis de riqueza nas décadas de 1970 e 1980, redefiniu-se o conceito de status. Nosso ideal evoluiu de "Quero ser normal" para "Quero ser especial". E as empresas passaram a competir para atender a esse anseio e começaram a converter a produção em massa em personalização em massa.

Finalmente, desenvolveu-se a Cauda Longa em si. A iTunes oferece uma seleção de música quase quarenta vezes maior que a do Wal-Mart. A Netflix tem 18 vezes mais DVDs que a Blockbuster e ofereceria ainda mais variedade se houvesse maior disponibilidade de DVDs. A Amazon tem quase quarenta vezes mais livros do que as superlojas Borders. Quando se trata de negócios do tipo eBay em contraste com a média das lojas de departamentos, já não mais se consegue calcular o múltiplo, mas sem dúvida chega à casa dos milhares.

ESCOLHAS DEMAIS?

A realidade incontestável de nossa era on-line é que *tudo* está disponível. Os varejistas on-line oferecem variedade em escala inimaginável mesmo uma década atrás – milhões de produtos em todas as formas e combinações possíveis. Mas será que alguém precisa de tantas opções? Será que alguém é capaz de lidar com essa situação?

Essa é a questão que está sendo levantada cada vez mais em nossos dias, à medida que se expande a cornucópia on-line. A visão convencional é de que quanto mais escolhas melhor, pois assim se reconhece que as pessoas são diferentes e se criam condições para que encontrem o que lhes for mais conveniente. Mas, em *The Paradox of Choice,* livro influente publicado em 2004, Barry Schwartz argumenta que o excesso de escolhas não só gera confusão, mas também é demasiado opressivo.

O autor citou famoso estudo sobre o comportamento dos consumidores num supermercado. Os detalhes do trabalho, "Why Choice Is Demotivating", são os seguintes:

Os pesquisadores das universidades de Columbia e de Stanford montaram uma mesa numa loja de comidas especiais e ofereceram aos clientes a degustação de ampla variedade de geléias. Em seguida, presentearam os clientes com um vale de desconto de US$ 1, para ser usado na compra de qualquer pote de geléia. Em metade das vezes, a mesa continha seis sabores; na outra metade, 24 sabores. Os pesquisadores tiveram o cuidado de não incluir os sabores mais comuns, como cereja, para que os consumidores não escolhessem o costumeiro. Também evitaram sabores exóticos.

Os resultados foram claros. 30% dos clientes que degustaram da amostra menor compraram um pote, enquanto apenas 3% dos que provaram da mais ampla levaram alguma delas. Curiosamente, a seleção maior atraiu mais degustadores – 60% em comparação com 40% –, mas menos compradores. Quanto mais escolhas os pesquisadores ofereciam, menos os clientes compravam, e menos satisfeitos pareciam com as compras.

Os clientes davam a impressão de terem ficado confusos, até mesmo oprimidos, com a abundância – por que cargas d'água deveriam ser especialistas em variedade de geléias para fazer uma escolha com confiança? As opções adicionais os expulsaram da zona de conforto na seleção de geléias – morango, framboesa, mocotó e outras comuns – para lançá-los no território desconhecido dos sabores inusitados. A indecisão e o remorso dos compradores começou a obscurecer a imagem. De repente, tudo pareceu muito confuso.

Schwartz expõe a conclusão nos seguintes termos:

> À medida que cresce o número de escolhas, também começam a aparecer os aspectos negativos de ter enorme variedade de opções. À medida que continua aumentando a quantidade de alternativas, os pontos adversos também se intensificam, até se converterem em sobrecarga. A essa altura, as escolhas não são liberalizantes, mas, sim, debilitantes. Até se poderia dizer que se tornam tiranas.

Como antídoto contra esse veneno da era moderna, Schwartz recomenda que os consumidores busquem o "satisfazimento" (*satisfacing*), no jargão das ciências sociais, em lugar da "maximização". Em outras palavras, eles seriam mais felizes se apenas se satisfizessem com o que está à sua frente, em vez de se obcecarem com a idéia de que algo poderia ser ainda melhor. (Alguém comentou numa resenha da Amazon sobre *The Paradox of Choice* que encontrara vinte livros sobre o mesmo tópico e não conseguiu chegar a uma conclusão, motivo por que não comprava nenhum deles.)

Estou um pouco cético a esse respeito. A alternativa para deixar as pessoas escolherem é escolher no lugar delas. As lições de um século de ciência do varejo (além da história das lojas de departamentos soviéticas) são que isso não é o que quer a maioria dos consumidores.

Evidentemente, a multiplicidade de escolhas nem traz apenas benefícios. Muitas vezes, nos leva a indagar: "Bem, o que eu *realmente* quero?" E a introspecção nem sempre é boa para todos. Porém, a solução não é limitar as escolhas, mas organizá-las de modo que não sejam opressivas. Conforme observa o próprio Schwartz, "O morador de uma pequena cidade que visite Manhattan se sentirá esmagado por tudo aquilo. Já um nova-iorquino, afeito a toda aquela hiperestimulação, estará à vontade".

Minhas suspeitas sobre a pesquisa de geléias citada por Schwartz surgiram pela primeira vez quando, por acaso, visitei a seção de geléias de meu supermercado local. As alternativas se estendiam por mais de cinco metros de prateleiras. Começavam com as mais comuns e prosseguiam até as mais exóticas.

Não havia 6 ou 24 variedades. Existiam mais de 300. No todo, a loja oferecia 42 marcas, com a média de oito tipos de geléia cada uma. Conversei com o gerente. Nos cinco anos desde que foi publicado o estudo original sobre geléias, o supermercado havia mais ou menos dobrado a quantidade de escolhas. "A disponibilidade é muito maior e parece que as pessoas querem experimentar as mais diferentes", disse-me.

VARIEDADE NÃO É SUFICIENTE

A situação era confusa. Ou havia algo de errado com o estudo original ou os donos de supermercados nos Estados Unidos ignoravam os desejos dos consumidores. Enviei um e-mail aos autores do estudo original para perguntar-lhes se eles tinham alguma idéia de por que as pessoas que mais deveriam conhecer as escolhas dos consumidores num supermercado estavam ignorando as conclusões deles.

Como seria de esperar, eles de fato tinham uma resposta, que estavam para publicar em novo estudo. Em "Knowing What You Like versus Discovering What You Want: The Influence of Choice Making Goals on Decision Satisfaction", os autores concluem:

> Apesar das conseqüências negativas da sobrecarga de escolhas, os consumidores querem alternativas, e muitas. Entretanto, os benefícios decorrentes da multiplicidade das escolhas não decorrem das opções em si, mas, sim, do processo de escolher. Ao criar condições para que os optantes se vejam como agentes volitivos, que desenvolveram com sucesso suas preferências e souberam selecionar durante o processo de escolha, restabelece-se a importância da disponibilidade de alternativas. Lembre-se da recomendação em artigo recente da *Forbes* "I'm Pro-Choice": Ofereça aos clientes abundância de escolhas, mas também os ajude a pesquisar". E agora sabemos como fazê-lo.

Eles descobriram que a solução é organizar a escolha de maneira a efetivamente ajudar os consumidores. Retornemos a um varejista on-line para ver como isso funcionaria.

Como seria de supor, a Amazon também vende geléias. Não 6 ou 24 espécies, porém mais de 1.200 tipos, graças às suas parcerias Marketplace com uma multidão de pequenos comerciantes de comidas especiais. Contudo, é enorme a diferença entre a apresentação da diversidade no mundo físico e no mundo on-line.

Numa loja de tijolo e argamassa, os produtos ficam nas prateleiras, onde foram colocados. Se o consumidor não souber o que quer, a única orientação de que dispõe é o material de marketing que talvez esteja impresso na embalagem, além do pressuposto grosseiro de que o produto oferecido em maior quantidade é provavelmente o mais popular.

On-line, contudo, o consumidor tem muito mais ajuda. Dispõe-se de quantidade quase infinita de técnicas para explorar as informações latentes no mercado e para facilitar o processo de seleção. Pode-se selecionar por preço, avaliações, data e gênero. Também é possível recorrer aos comentários de outros consumidores. E ainda existe o recurso de comparar preços entre produtos e, caso se queira, recorrer ao Google para descobrir tanto quanto possível sobre o produto. As recomendações sugerem produtos que "pessoas como você" estão comprando e, por mais surpreendente que pareça, elas em geral são muito exatas. Mesmo que não se saiba nada sobre a categoria, a classificação por volume de vendas mostrará as escolhas mas populares, o que facilita a seleção e também tende a minimizar o arrependimento pós-venda. Afinal, se todos escolheram determinado produto, ele não pode ser assim tão ruim.

O problema com a experiência das geléias é que a oferta não estava organizada; todas as geléias foram mostradas ao mesmo tempo e, como orientação, os clientes contavam apenas com seus atuais conhecimentos ou com os rótulos dos produtos. Essa também é a deficiência das prateleiras dos supermercados. Tudo de que se dispõe são seus conhecimentos sobre a área, as informações sobre a marca que ficaram armazenadas em seu cérebro, decorrentes da experiência ou da propaganda, e as mensagens de marketing na embalagem ou na prateleira.

A maioria das informações que os varejistas on-line usam para organizar sua grande variedade de ofertas e para facilitar a escolha – popularidade, preços comparativos, resenhas – também está disponível para os gerentes de supermercados. Mas, quase sempre, eles não as compartilham com os clientes, em parte porque não existem boas maneiras para fazê-lo, a não ser que instalem uma pequena tela em cada prateleira. O paradoxo da escolha é simplesmente conseqüência das limitações do mundo físico, onde se perdem as informações necessárias para escolhas esclarecidas.

A sabedoria convencional estava certa: mais escolhas realmente é melhor. Mas agora sabemos que a variedade em si não é suficiente. Também precisamos dispor de informações *sobre* a variedade e saber o que outros consumidores antes de nós fizeram com as mesmas escolhas. A ascensão do Google, com sua capacidade aparentemente onisciente de organizar o caos infinito da Web, de modo que o que buscamos apareça no topo, mostra o caminho. O paradoxo da escolha mostrou-se ter a ver mais com a deficiência de ajuda para exercer as opções do que com a rejeição da fartura. Organizadas de maneira inadequada, as alternativas são opressivas; expostas de maneira apropriada, as escolhas são libertadoras.

Virginia Postrel, autora de trabalhos sobre a economia da variedade, explicou por que tantas pesquisas acadêmicas sobre as escolhas parecem contradizer os ensinamentos de décadas de experiência de negócios no mundo real:

> Por boas razões científicas, os experimentos em psicologia sistematicamente ignoram os hábitos e as práticas de negócios que tornam gerenciáveis as escolhas da vida real, sobretudo as decisões de compra. Isso ocorre porque os experimentos se destinam a compreender a mente, não o mercado... Na realidade, as pessoas não desgostam das escolhas, nem mesmo da sobrecarga de alternativas. Seus sentimentos sobre o assunto são confusos. E, no mundo real, elas geralmente contam com ajuda para tomar as decisões.

Em sua coluna no *New York Times*, Postrel observa que os corretores de imóveis, os planejadores financeiros, os utilitários de busca e os serviços de recomendações do Google geralmente fazem a mesma coisa. "Cada um deles sabe alguma coisa a nosso respeito e sobre o que é valioso. Eles não se limitam a simplesmente reduzir o número de escolhas. Também o fazem de maneira inteligente, com vistas ao que é mais provável que queiramos. Eles nos ajudam a sermos nós mesmos."

Daí o advento dos planejadores de casamento, profissão que praticamente não existia vinte anos atrás. "À medida que as limitações impostas pela tradição se tornaram menos rígidas e o mercado de produtos e serviços para cerimônias de matrimônio produziu mais alternativas para tudo, desde convites até limusines, os casamentos se tornaram mais complexos e personalizados", explica Postrel. A quantidade de membros da Association of Bridal Consultants (Associação de Consultores em Cerimônias de Matrimônio) aumentou de 27, em 1981, para 4 mil, em 2004.

John Hagel, consultor gerencial, acrescenta: "Quanto maior o número de escolhas de que dispomos, mais temos de decidir sobre o que de fato queremos. Quanto mais refletimos sobre o que realmente queremos, mais nos envolvemos na criação dos produtos que compramos e usamos [via personalização]. Quanto mais participamos da criação dos produtos e serviços, mais escolhas acabamos criando para nós mesmos."

A ECONOMIA DA VARIEDADE

Será que a maior disponibilidade de escolhas estimula os consumidores a comprar mais? Todos nós conhecemos casos interessantes em que o aumento da variedade e melhores métodos de busca induziram as pessoas a consumir mais. Eu sei, por exemplo, que o Napster despertou de novo meu interesse pela exploração de novas músicas, paixão que agora se tornou mais fácil (e legal) com a Rhapsody, que provavelmente dobrou meus gastos com música. E minha família decerto vê mais DVDs, graças ao Netflix.

Esse exército de nova-iorquinos que usam fones brancos nas orelhas sem dúvida está escutando mais música do que antes do advento do iPod, ampliando o efeito produzido pelo walkman, uma geração atrás. Mas será que toda essa multidão também está *comprando* mais música? Infelizmente, os números concretos não são conclusivos. Em princípios de 2006, a Apple já havia vendido 42 milhões de iPods e 1 bilhão de faixas musicais pela iTunes, média de 24 faixas por aparelho, ou menos que o equivalente a dois CDs durante os quase quatro anos que a iTunes está no mercado. Esses dados não são impressionantes.

As vendas de CDs caíram quase 20% desde o lançamento do iPod. Assim sendo, como os consumidores estão enchendo seus espaçosos discos rígidos portáteis e seus chips de memória flash? Copiando CDs de amigos, baixando-os de serviços gratuitos peer-to-peer (cujo tráfego continua aumentando, apesar das ocasionais campanhas legais restritivas) e trocando-os através de LANs, entre as paredes dos dormitórios das universidades.

Com efeito, não obstante o pressuposto geral de que mais disponibilidade resulta em mais vendas, poucos são os trabalhos estatísticos que demonstram esse efeito nessa situação específica, sobretudo para grandes números de produtos. Entretanto, trabalhos sobre psicologia dos consumidores, em pequenos números, de fato sugerem que, quando a escolha é significativa, mais é melhor – simplesmente é mais provável que se encontre o que se quer, ou pelo menos algo que vibre cordas sensíveis.

Alguns estudos analisam exemplos específicos, como o efeito de aumentar em um ou dois o número de sabores de iogurtes em oferta, o que ajuda as vendas. Uma das pesquisas mais conhecidas sobre mais é melhor é um trabalho intitulado "The Lure of Choice", que analisa experimentos em bancos, boates e cassinos, para mostrar que os consumidores escolhiam com mais freqüência quando dispunham de mais alternativas. Os consumidores preferiram cinemas multiplex com mais salas e cassinos com mais mesas. Quanto mais numerosas eram as escolhas, menor era a percepção do risco de ficar encalhado com alguma coisa que não queriam.

Do mesmo modo, Malcolm Gladwell enfatizou o estudo de caso de um pretenso concorrente no mercado de molhos para espaguete, que aprendera que seu objetivo não devia concentrar-se em produzir o molho ideal, mas, sim, em celebrar a diversidade – espesso, caseiro, picante – e expandir o mercado por meio de vários nichos. Em parte por causa desse lançamento de mais variedade, que tocou em pontos sensíveis até então inimagináveis pelos consumidores, molho para espaguete é agora uma das seis categorias de mais rápido crescimento, no mercado de molhos e guarnições.

Francis Hamit, que escreve sobre o setor editorial, explica que o vínculo entre variedade e volume de consumo deve ser encarado como um trade-off típico da economia básica:

> Um dos exemplos clássicos era um gráfico em meu livro-texto de economia, que demonstrou o trade-off entre bombardeiros de longo alcance e novos prédios escolares. Naquele caso, a restrição era dinheiro. Aqui, a restrição é tempo. Você demora algum tempo para encontrar os itens que quer, e a maioria das pessoas comprará o que está querendo na primeira loja em que o encontrar, em vez de buscar preços mais baixos.
>
> Essa é a razão por que todas as lojas de varejo colocam aqueles pequenos itens perto da caixa registradora. Disponibilidade e conveniência equivalem a mais vendas. Por isso, as chamadas "lojas de conveniência" ganham boa parte de seu dinheiro com leite, pão, cerveja e bebidas não-alcoólicas, cujos preços são muito mais altos do que os do supermercado local. O que se vende é menos o produto do que sua disponibilidade imediata.

A distribuição digital exerce dois efeitos sobre esse modelo. Amplia o campo de clientes potenciais e reduz a duração da busca. Com o tempo, a combinação de ambos deve aumentar as vendas e expandir o mercado geral. Como vimos no Capítulo 8, as caudas longas também podem ser grossas.

11

CULTURA DE NICHO

COMO SERÁ A VIDA NUM MUNDO DE CAUDA LONGA?

Em 1985, nos dias obscuros do fim da era do disco, uma protocultura musical de Cauda Longa emergiu num ex-distrito industrial de Chicago. Quase dez anos depois do lançamento de *Saturday Night Fever,* a comoditização abjeta de gravações ao vivo e de R&B tinha chegado ao fim e os consumidores estavam insatisfeitos, fartos da mesmice homogeneizada de um setor que procurava clonar seus sucessos anteriores. O público que assistia a um jogo de beisebol em Comiskey Park, Chicago, foi convidado a trazer todos os seus discos indesejáveis, que, depois do jogo, foram lançados a uma fogueira, sob gritos de "Disco Sucks".

Mas numa boate chamada Warehouse, o DJ Frankie Knuckles estava fazendo algo novo, ao remixar e misturar diferentes gêneros de música, para criar algo inédito. Partindo de discos clássicos, do novo Eurobeat e de batidas sintetizadas, inclusive as então novas baterias eletrônicas, transformou o conjunto em amálgama altamente vibrante de soul reciclado. Sob inspiração do nome da boate, o novo som tornou-se conhecido como *house music.*

Em *The History of House Sound of Chicago,* Stuart Cosgrove descreve a cena:

> Frankie é mais do que um DJ. É um arquiteto de sons que elevou a arte da mixagem a novas alturas. Freqüentadores assíduos do Warehouse, se lembram daquele espaço como o lugar mais vibrante de Chicago, o centro nervoso pioneiro

de um cenário de vigorosa música para dançar, onde clássicos do velho Philly, interpretados por Harold Melvin, Billy Paul e The O'Jays eram mixados com grandes hits, como "Disco Circus", de Martin Circus e com música pop importada da Europa, por grupos de sintetizadores como Kraftwerk e Telex.

O som se difundiu para outra boate de Chicago, a MusicBox, onde o DJ Ron Hardy a ergueu a píncaros ainda mais altos, com volume estremecedor e ritmo frenético, algo que, conforme se dizia, era inspirado pelo uso de heroína. Até que, por fim, o som viajou até o norte da Inglaterra, onde se converteu no que viria a ser os alicerces do cenário Rave.

O notável nessa ascensão foi ser ao mesmo tempo uma reação à bancarrota da cultura do arrasa-quarteirão e uma nova cultura diferente em si mesma. Os DJs e os clubes criaram uma indústria de música radicalmente diferente do gênero pop. Em sua essência, os *nightclubs* consistem em surfar a Cauda Longa da música para dançar e esse ecossistema assistiu à evolução de novos modelos de inovação ao seu redor.

Para compreender por quê, mapeemos o desenvolvimento da house music. Suas origens hoje são lembradas por DJs lendários, como Larry Levan, que alcançou a proeminência como DJ residente da Paradise Garage, de Nova York. No fim da década de 1970, esses profissionais começaram a produzir discos juntos, os hoje comuns DJ sets, a cujo som os freqüentadores de boates dançam até o sol raiar.

Mas como nasceram esses DJs superstars? Para isso contribuíram muitas das forças que hoje se encontram em atuação. Tudo começou com a difusão de tecnologia acessível, desde painéis de mixagem até gravadores de várias faixas. Essa é a primeira força da Cauda Longa, a democratização das ferramentas de produção. A tecnologia de produção barata reduziu os custos do tempo de estúdio e a tecnologia de masterização barata possibilitou que centenas de pequenas gravadoras independentes produzissem e comercializassem discos. Algumas dessas gravadoras mais conhecidas lançaram centenas de discos em poucos anos.

O efeito econômico dessas mudanças foi a profusão de ofertas, dando origem a um vácuo de informações e abrindo espaço para que alguém atuasse como filtro, de modo a ajudar a encontrar e a tocar esses discos. Mas, para começar, esses filtros não seriam eficazes sem acesso a essas músicas underground, o que exigia canais de distribuição abertos, exatamente o que ofereciam as festas dos nightclubs e do Warehouse, desencadeando, assim, a indispensável segunda força – democratização da distribuição.

Enquanto nas estações de rádio de mídia de massa predominam fluxos de informação em sentido único, na forma do marketing das grandes gravadoras, os nightclubs fecham instantaneamente o loop de feedback. Quando um DJ toca uma faixa que não é valorizada pelos freqüentadores, a insatisfação é visível – eles não dançam. O público vota na hora com os pés, transmitindo como um todo, de forma agregada, ao DJ as informações sobre suas expectativas e preferências. O DJ surfa a Cauda Longa da música e recomenda o conteúdo com maior probabilidade de agradar seu público, fazendo-o dançar.

À medida que os custos de masterização se mantinham em queda, a house music explodiu e se fragmentou em gêneros hiperespecializados, como deep house, funky house e dub house. Em conseqüência, os DJs passaram a necessitar de novo mecanismo para serem capazes de navegar num panorama de consumo de espantosa complexidade.

Esse mecanismo é paradoxal quando visto por observadores externos. Durante muitos anos, os produtores de house music lançaram discos sob vários pseudônimos. Por que usar pseudônimos se seu objetivo é vender discos? Afinal, a variedade de pseudônimos é um tipo de antimarca, gerando informações desordenadas que podem confundir o mercado.

Mas, para os DJs, as informações importantes estão no selo, não na faixa. As gravadoras independentes são como etiquetas, fornecendo pistas sobre em que tipo hiperespecializado de microgênero se enquadraria a faixa. Os selos são uma maneira de permitir que os DJs, de maneira barata e eficiente, encontrem faixas que tendam a satisfazer as expectativas de seu público. Nesse sentido, os selos lançam a infra-estrutura para a posterior agregação de informações descentralizadas que ocorre nas pistas de dança.

Com efeito, depois de algum tempo, os nomes dos DJs não mais eram importantes, pois os selos forneciam a maioria das informações valiosas. Por exemplo, Moritz Von Oswald e Mark Ernestus, grande dupla de Berlim, mais conhecida como Basic Channel, lança discos com seus colaboradores sob ampla variedade de selos. O selo Burial Mix é para dark dub profundo, com vocais; o selo M é para dub house mínimo, com instrumentos; Rhythm & Sound é para dub abstrato, com forte influência do reggae; e o Chain Reaction é para eletrônica abstrata instrumental, com forte impacto de house music.

Cada um desses selos lança discos de vários artistas diferentes. Multiplicando-se isso por mil, começa-se a compreender como se tornou complexo o panorama do consumo da house music – e por que surgiu a necessidade de selos como etiquetas. Como os DJs podem usar as informações embutidas no próprio selo, eles não precisam perder tempo ouvindo cada um dos projetos em que se envolvem Oswald e Ernestus – podem simplesmente concentrar-se nos selos mais relevantes para seus públicos. Em outras palavras, podem surfar de maneira barata e eficiente a Cauda Longa da house music.

Os produtores de house music também se baseiam em estratégias de produtos de acesso aberto. Em contraste com as grandes gravadoras, que passam cada vez mais tempo com advogados para evitar a transgressão de seus direitos autorais, os produtores de house music (e os produtores de underground, em geral) de há muito perceberam que abrir suas mercadorias para remixagem e ajuste fino gera conseqüências econômicas benéficas.

As gravadoras de house music bem-sucedidas geralmente atraem remixagens de outros produtores, convertendo-se numa espécie de plataforma. Como, em geral, essas remixagens são hiperespecializadas para diferentes microgêneros, elas são complementos da faixa original. À medida que aumenta o número de complementos, o valor da faixa plataforma aumenta como bola de neve. Esse efeito de bola de neve é outro mecanismo pelo qual os DJs-como-agregadores podem navegar com eficiência a Cauda Longa da música, descobrindo com rapidez e facilidade que faixas são bolas de neve nos respectivos nichos.

DA CULTURA "OU" PARA A CULTURA "E"

Cauda Longa é nada mais que escolha infinita. Distribuição abundante e barata significa variedade farta, acessível e ilimitada – o que, por sua vez, quer dizer que o público tende a distribuir-se de maneira tão dispersa quanto as escolhas. Sob a perspectiva da mídia e da indústria do entretenimento dominantes, essa situação se assemelha a uma batalha entre os meios de comunicação tradicionais e a Internet. Mas o problema é que, quando as pessoas deslocam sua atenção para os veículos on-line, elas não só migram de um meio para outro, mas também simplesmente se dispersam entre inúmeras ofertas. Escolha infinita é o mesmo que fragmentação máxima.

Escrevendo em *Corante*, Vin Crosbie, analista de mídia, explica por quê:

> Cada ouvinte, espectador ou leitor em si é, e sempre foi, um conjunto exclusivo de interesses *genéricos* e interesses *específicos*. Embora muitos desses indivíduos talvez compartilhem interesses genéricos, como as condições climáticas, a

> maioria, se não todos, também tem interesses específicos muito diferentes. E cada indivíduo é um mix verdadeiramente singular de interesses genéricos e específicos. Até cerca de trinta anos atrás, o americano médio não tinha acesso a nenhum meio capaz de satisfazer a cada um de seus interesses específicos. O que todos tinham era a mídia de massa, capaz de, com *algum sucesso*, atender a muitos de seus interesses genéricos (ou seja, de "massa").
>
> Até que as tecnologias de mídia evoluíram de maneira que começaram a satisfazer aos interesses específicos do público. Durante a década de 1970, a melhoria da litografia por offset produziu uma explosão de revistas especializadas; e a partir de então já não mais se viam uma ou duas revistas nas bancas de jornais, mas centenas, a maioria apenas sobre *tópicos* específicos. A proliferação, primeiro, dos sistemas analógicos de televisão a cabo, durante a década de 1980, e depois dos digitais, na década seguinte, aumentou o número de canais de televisão acessíveis para o americano médio, de quatro para centenas, sobretudo de canais *especiais* (Home & Garden TV, Golf Channel, Military Channel etc.). Por fim, a Internet tornou-se acessível ao público durante a década de 1990 e a pessoa típica rapidamente passou a ter acesso a *milhões* de sites, a maioria sobre assuntos *muito específicos*.
>
> O resultado foi que cada vez mais pessoas, as quais, até então, usavam apenas os meios de massa *genéricos*, pois não dispunham de nada além disso, migraram para essas publicações, canais ou sites especializados, em vez de continuar a usar apenas as publicações, canais ou sites de massa. Cada vez mais pessoas usam cada vez menos os meios de massa. E esse "cada vez mais" em breve será maioria. As pessoas não mudaram; as populações sempre foram fragmentadas. O que está mudando são seus hábitos de uso dos meios de comunicação. Agora, estão simplesmente atendendo a seus interesses fragmentados. Há tantos fragmentos quanto pessoas. Sempre foi assim e sempre será.

A mudança do genérico para o específico não significa o fim da atual estrutura de poder ou uma migração em grande escala para uma cultura amadora ou portátil. Ao contrário, trata-se apenas do reequilíbrio da equação, uma evolução de uma era "ou", de hits *ou* nichos (cultura dominante *vs*. subculturas) para uma era "e". Hoje, nossa cultura é cada vez mais uma mistura de cabeça *e* cauda, hits *e* nichos, instituições *e* indivíduos, profissionais *e* amadores. A cultura de massa não deixará de existir, ela simplesmente se tornará menos massificada. E cultura de nicho já não será tão obscura.

Já estamos vendo o efeito em música. No mundo dos CDs, a música clássica representa 6% das vendas, o que é muito pouco para justificar a existência de um único CD no Wal-Mart. Mas na iTunes, onde há mais espaço para mais variedade, a música clássica representa 12% de todas as vendas. Os documentários raramente chegam aos grandes cinemas públicos, mas eles são uma das categorias mais populares na Netflix, que abrangia quase metade dos negócios americanos com tais tipos de filmes, como *Capturing the Friedmans* e *Murderball*.

A ASCENSÃO DE UMA GRANDE CULTURA PARALELA

Em julho de 2005, Anil Dash, executivo da empresa de tecnologia de blog SixApart, "arrombou" o *New York Times*, ao usar uma camiseta em que se lia "GOATSE", numa foto para um artigo que, sob qualquer outro aspecto, seria inocente, sobre como é difícil mudar o que o Google diz a respeito de alguém. Espantado com aquela ousadia louca, fiquei surpreso ao descobrir que ninguém da minha equipe (e, obviamente, nenhum editor do *New York Times*) sabia o que era GOATSE. (Trata de uma imagem chocante, com que gozadores on-line deixam cicatrizes nas retinas alheias, ao induzir novatos a clicar num link, alegando que ele levará a algo irresistível, como um ensaio fotográfico com Natalie Portman. Na verdade, o que se abre aos olhos do curioso é não só muito pornográfico, como também de extremo mau gosto.) No entanto, muitos de meus amigos fanáticos por computador se referiram ao fato como uma espécie de piada.

Pensei que todos soubessem o que era GOATSE, mas estava enganado. Na verdade, constatei que apenas alguns de meus relacionamentos on-line conheciam o termo. Eu não havia percebido que eu era parte de uma tribo, com sua própria subcultura, mas tudo indicava que eu pertencia a essa minoria. E saber sobre GOATSE parece que era um de seus códigos secretos, conhecido pelos membros, que era o que Anil estava demonstrando, quando, com certo atrevimento, usou a palavra em sua camiseta, na foto do *Times*.

Decidi testar outros paradigmas culturais, para ver se eram tão conhecidos como eu supunha. Comecei apresentando alguns outros clichês de meu pequeno mundo on-line a meus amigos do mundo real e descobri que esses fragmentos de cultura que eu supunha fossem de conhecimento geral eram, na verdade, bastante obscuros, até em meu próprio escritório. Ao fazer uma pesquisa informal durante uma palestra, constatei que apenas cerca de 10% do público já havia escutado aquelas expressões – e para cada uma delas a composição dos 10% era *diferente*.

Quando alguém consulta o verbete da Wikipedia *Internet Phenomena*, logo descobre centenas de tipos de memes virais,* demonstrando que minha tribo nem sempre é a sua tribo, anda que trabalhemos juntos, joguemos juntos e moremos no mesmo mundo. Mesma cama, sonhos diferentes.

As mesmas forças e tecnologias da Cauda Longa, que estão levando a uma explosão de variedade e de escolha abundante naquilo que consumimos, também tendem a converter-nos em pequenos redemoinhos ou contracorrentes tribais. Ao se romper, a cultura de massa não se transforma em outra massa diferente, mas em milhões de microculturas, que coexistem e interagem umas com as outras de maneira extremamente confusa.

Em conseqüência, podemos considerar a cultura, hoje, não como um grande cobertor, mas como a superposição de muitos fios entrelaçados, cada um dos quais é acessível individualmente e interliga diferentes grupos de pessoas ao mesmo tempo.

Em síntese, estamos assistindo ao deslocamento da cultura de massa para uma enorme variedade de *culturas paralelas*. Não importa que pensemos assim ou não, cada um de nós pertence a muitas tribos diferentes simultaneamente, muitas vezes imbricadas (cultura geek e LEGO), outras tantas sem qualquer inter-relação (tênis e punk-funk). Compartilhamos alguns interesses com nossos colegas e outros com nossa família, mas nem todos os nossos interesses. Cada vez mais, contamos com outras pessoas com quem interagir em nossas preferências, pessoas que nunca conhecemos e que nem mesmo consideramos indivíduos (em oposição aos autores de blogs e aos criadores de listas musicais).

Todos nós – por mais que nos julguemos enquadrados na tendência dominante – sempre nos encaixamos em supernichos, sob alguns aspectos de nossa vida. Por exemplo, embora eu seja muito convencional em cinema e um pouco menos convencional em música, minhas leituras se situam num nicho muito específico, consistindo sobretudo em economia de rede (e este livro é o culpado). Além disso, quando entramos em nichos, não raro vamos muito mais

---

* *Nota do Tradutor*: O termo meme, por analogia com gene, foi cunhado por Richard Dawkins, em *O gene egoísta* (Itatiaia Editora, 2001), para designar idéias que se reproduzem por si mesmas, com a conotação de parasitas que usam as pessoas para propagar-se como vírus. Refere-se a qualquer unidade de informação cultural que uma pessoa transmite a outra, por palavras ou atos, abrangendo pensamentos, conceitos, idéias, teorias, opiniões, crenças, práticas, hábitos, canções e danças, e que promove algum tipo de evolução cultural autopropagadora. Ver Wikipedia (http://en.wikipedia.org) e http://dictionary.reference.com/.

fundo do que em outras situações, deixando que nosso entusiasmo nos conduza aos meandros do cultivo vinícola ou das coleções de jóias antigas – porque, graças à fartura de escolhas, hoje isso é possível.

Virginia Postrel, colunista de economia, observou que a explosão de variedade é nada mais que um reflexo da diversidade inerente à distribuição demográfica:

> Todos os aspectos da identidade humana, desde tamanho, compleição e cor da pele, até tendências sexuais e dotes intelectuais, se manifestam em ampla variedade. Quase todos nos aglomeramos no meio da maioria das distribuições estatísticas. Mas existem muitas curvas normais ou em forma de sino e quase todo o mundo se situa na cauda de pelo menos uma dessas numerosas distribuições. Talvez colecionemos suvenires estranhos ou leiamos livros esotéricos, tenhamos crenças religiosas incomuns, usemos sapatos diferentes, soframos doenças raras ou apreciemos filmes obscuros.

Sempre foi assim, mas apenas agora podemos expressar e explorar essas preferências. A resultante ascensão da cultura de nicho transformará o panorama social. As pessoas estão formando milhares de *tribos de interesse* culturais, conectadas menos pela proximidade geográfica e pelos bate-papos no local de trabalho do que pelas preferências comuns. Em outras palavras, estamos deixando para trás a era do bebedouro, quando quase todos víamos, ouvíamos e líamos as mesmas coisas, que constituíam um conjunto relativamente pequeno de grandes sucessos. E estamos entrando na era da microcultura, quando todos escolhemos coisas diferentes.

Em 1958, Raymond Williams, sociólogo marxista, escreveu em *Culture and Society*: "Não há massas; há apenas maneiras de ver as pessoas como massas." Ele estava mais certo do que supunha.

SE AS NOTÍCIAS SE ENCAIXAREM...

E como será essa cultura de nicho? Podemos observar as mudanças da mídia como indícios. O setor de notícias foi o primeiro a realmente sentir o impacto da Internet e hoje já existe toda uma geração que cresceu com a expectativa de ser capaz de acessar notícias a qualquer hora, sobre qualquer assunto, de graça. Isso pode ser bom para os adictos em notícias, mas é o inferno para as empresas de notícias. O declínio dos jornais, cuja circulação caiu mais de um terço em relação ao pico da década de 1980, é a prova mais concreta do efeito revolucionário que a Cauda Longa é capaz de exercer sobre as indústrias tradicionais.

Houve época em que o poder dos jornais decorria do controle das ferramentas de produção. Daí o ditado: "Nunca compre briga com alguém que compra tinta em barris." Porém, a partir de princípios da década de 1990, as notícias começaram a aparecer em telas, não apenas em páginas tisnadas. E, de repente, qualquer pessoa com um laptop e conexão com a Internet tinha o poder da imprensa.

De início, os jornais e outras empresas de mídia tradicionais foram as primeiras entidades a explorar essa vantagem. Porém, à medida que cada vez mais pessoas construíam as primeiras home pages e, depois, blogs, ficou menos clara a diferença entre jornalismo profissional e reportagem amadora. Em suas próprias áreas de interesse, os bloguistas geralmente sabem tanto quanto ou mais que os jornalistas, também podem escrever e são muito mais rápidos. Às vezes, por serem participantes, não apenas observadores, chegam a ter melhor acesso às fontes de informação do que os jornalistas.

Richard Posner, juiz e jurista eminente, considera que tudo isso significa mudança radical e pouco freqüente nas regras do jogo. Escrevendo numa resenha de livros do *New York Times*, talvez com boa dose de ironia, ele observou que, praticamente sem custos, um bloguista tem condições de alcançar determinado segmento do público leitor, muito mais estreito do que o acessível aos jornais e aos canais de notícias. Com efeito, os blogs alcançam os clientes da grande mídia um a um, encaixando-se em nichos ainda mais específicos do que seus precursores da velha mídia.

> Os bloguistas são capazes de especializar-se em determinados tópicos com a profundidade a que podem chegar apenas alguns poucos jornalistas das empresas de mídia, uma vez que, quanto mais os jornalistas se especializam, mais jornalistas as empresas teriam de contratar para conseguir cobrir todas as bases. Um jornal não contratará um jornalista por seu conhecimento sobre velhas máquinas de escrever, mas muita gente na blogosfera tem esse conhecimento esotérico e foram eles que derrubaram Dan Rather.
>
> O que realmente incomoda os jornalistas tradicionais é que, embora os blogs isoladamente não ofereçam garantia de exatidão, a blogosfera como um todo dispõe de melhor máquina de correção de erros do que a mídia convencional. A rapidez com que se colige e se seleciona vasta massa de informações deixa a mídia convencional na poeira. Além da existência de milhões de blogs e de milhares de bloguistas especializados, os leitores, ainda por cima, postam comentários que enriquecem os blogs, e as informações contidas nesses comentários, como as existentes nos próprios blogs, percorrem a bloglândia à velocidade das transmissões eletrônicas.

A blogosfera tem mais freios e contrapesos do que a mídia convencional; apenas são diferentes. O modelo é a análise clássica de Friedrich Hayek sobre como o mercado econômico reúne enormes quantidades de informações com eficiência, apesar de sua natureza descentralizada, da falta de um coordenador ou regulador geral e dos próprios conhecimentos limitados de que dispõe cada participante. Com efeito, a blogosera é um empreendimento coletivo – não 12 milhões de empreendimentos isolados, mas um único empreendimento com 12 milhões de repórteres, articulistas e editorialistas, embora quase a custo zero. É como se a Associated Press ou a Reuters tivesse milhões de repórteres, muitos deles especialistas, todos trabalhando sem receber salário, para jornais gratuitos que não vendem propaganda.

Para ter uma idéia de como tudo isso funciona, veja o seguinte gráfico de popularidade dos sites, com base em links remetentes, incluindo blogs e grande mídia, ou "MSM" (MainStream Media), na linguagem dos bloguistas:

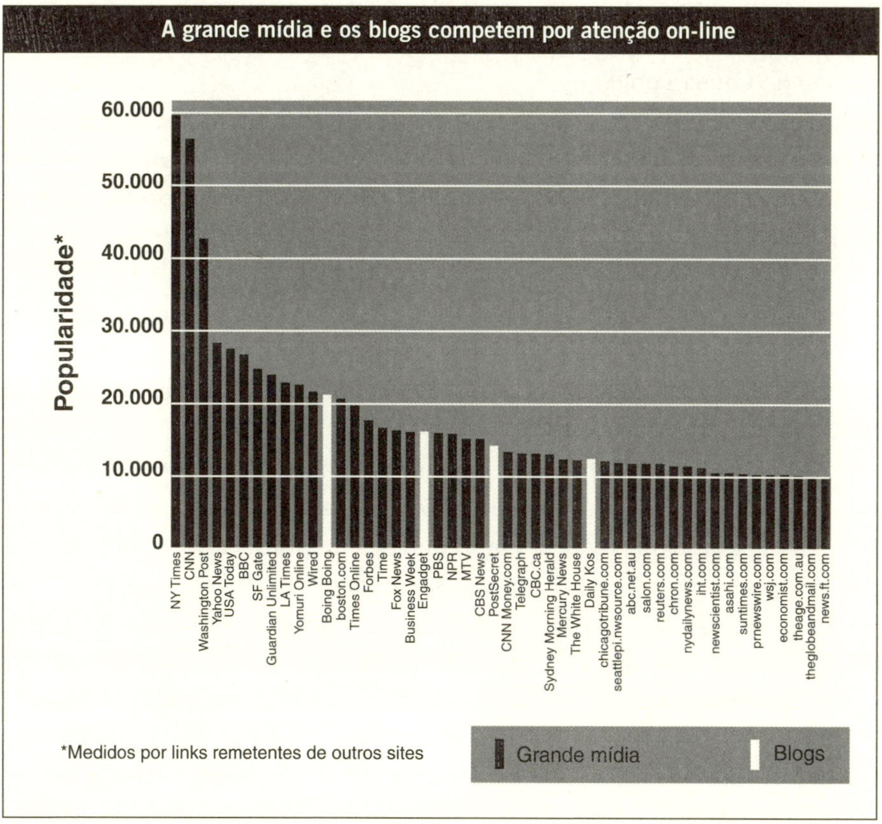

Fonte: Technorati.

Veja o caso de apenas uma das linhas mais claras, Daily Kos, a quarta da esquerda para a direita. Trata-se de um site liberal sobre política, dirigido basicamente por Markos Moulitsas Zúniga, ativista em Berkeley. Ele tem mais links remetentes do que o *Los Angeles Times* e quase um milhão de visitas por dia à página. Ou desça um pouco mais na curva para encontrar Instapundit, o blog pessoal de Glenn Reynolds, 45 anos, professor de direito da University of Tennessee, que posta vários tópicos de interesse, de política libertária a nanotecnologia, durante as folgas no trabalho. Por ser inteligente, com opiniões próprias e rápido, desfruta de grande popularidade. E, como é popular, exerce enorme influência. Seus links para outros sites uma "instalanche" de tráfego para o site favorecido, que não raro supera o acesso a quase todos os maiores sites da grande mídia. Ele tem mais links remetentes do que o *Sports Illustrated.*

Cada um desses dois bloguistas desfruta de mais "autoridade de link" do que a maioria dos jornais americanos. Trata-se, evidentemente, de comparação injusta, uma vez que os jornais ainda realizam a maioria de seus negócios pela edição impressa. Mas, para quem atua no negócio de notícias, o gráfico da página 185 levanta algumas questões problemáticas sobre o futuro da área no mundo de Cauda Longa.

Em *Cartas a um jovem contestador*, Christopher Hitchens escreve que ele acorda todas as manhãs e verifica seus sinais vitais, ao olhar a primeira página do *New York Times*. "Se 'All the News That's Fit to Print' me aborrece, sei que ainda estou vivo."

O slogan do *Times* remonta a fins do século XIX. Em 1987, Adolph Ochs, novo proprietário do jornal, cunhou a frase, como um murro nos jornais concorrentes da cidade de Nova York, que, naquela época, eram conhecidos pela prática de "imprensa marrom". Com a perda de seu significado original, o mote apenas parece arrogante e superior.

Mas será que realmente houve algum tempo em que o slogan era verdadeiro? Provavelmente não, e decerto não é o caso hoje. Como diz Jerry Seinfeld, "É espantoso que todas as coisas importantes que acontecem no mundo todos os dias caibam exatamente no espaço de um jornal".

O fato é que, slogan à parte, o *New York Times* hoje compete não só com outros jornais da cidade de Nova York e de outros lugares, mas também com a sabedoria coletiva e com a diversidade de informações de todo o mundo on-line. A autoridade está nos olhos do observador; não é algo inato da instituição em si. Os jornalistas e editores do *Times* têm o mérito de produzir um jornal tão bom, que, apesar de tudo, ainda revela grandes notícias e define a agenda.

Mas, sem dúvida, notícias e informações não mais pertencem apenas ao domínio de profissionais.

Com a estimativa de 15 milhões de bloguistas no ciberespaço, as chances de que uns poucos tenham algo importante e imaginoso a dizer são boas e estão melhorando. E, à medida que os filtros melhoram, a probabilidade é de que eles também ficarão cada vez melhores. Sob a perspectiva da grande mídia, isso significa apenas mais competição, qualquer que seja a fonte. E parte do público prefere essa situação. Queiramos ou não, a fragmentação é inevitável.

UM MILHÃO DE PEQUENAS PEÇAS

A cultura fragmentada é melhor ou pior do que a cultura de massa? Muita gente acredita que a cultura de massa atua como uma espécie de adesivo, mantendo a coesão social. Mas se agora cada um está na sua, será que ainda existe uma cultura comum? Será que nossos interesses ainda estão alinhados com os de nossos vizinhos?

Em seu livro *Republic.com,* Cass Sunstein, professor de direito da Universidade de Chicago, argumenta que os riscos são reais – a cultura on-line está de fato estimulando a polarização dos grupos: "À medida que aumenta a customização ou personalização de nosso universo de comunicação, a sociedade corre o risco de fragmentar-se e as comunidades compartilhadas estão em perigo de dissolver-se." E evoca o famoso *Daily Me,* a última palavra em jornal personalizado, como hipótese aventada por Nicholas Negroponte, do Media Lab do MIT. Para Sunstein, num mundo onde todos lemos nosso próprio *Daily Me* "ninguém depara com tópicos e opiniões que não buscou. Sem qualquer dificuldade, cada um é capaz de ver exatamente o que quer ver, nem mais, nem menos".

Christine Rosen, senior fellow do Ethics and Public Policy Center, tem as mesmas preocupações de Sunstein. Num ensaio em *The New Atlantis,* escreve:

> Se essas tecnologias facilitam a polarização política, que influências estão exercendo sobre a arte, a literatura e a música? Em nossa pressa para descobrir as maneiras mais rápidas, mais convenientes e mais personalizadas de satisfazer nossos anseios, estamos construindo teatros pessoais ecléticos ou sofisticadas câmaras de eco? Estamos promovendo o individualismo criativo ou o individualismo estreito? A expansão das escolhas ou o embotamento do gosto?

O efeito dessas tecnologias, argumenta Rosen, é a ascensão do "egocasting", a busca absolutamente individual e extremamente estreita de atender às preferências pessoais. Os TiVos, os iPods e o conteúdo de qualquer outro tipo de narrowcasting criam condições para desenvolvermos nossa própria narrativa cultural. E isso, diz ela, é ruim:

> Ao criar a ilusão de controle perfeito, essas tecnologias envolvem o risco de nos tornar incapazes até de nos surpreendermos. Elas estimulam não o desenvolvimento das preferências, mas a repetição enfadonha dos fetiches. Encantados por nossos próprios pequenos mundos construídos pela tecnologia, estamos descobrindo, ironicamente, que se torna cada vez mais difícil apreciar a genuína individualidade.

Será que Rosen está certa? Acho que não; na verdade, tenho a impressão de que é exatamente o oposto. Um mundo de nicho é um mundo de escolhas abundantes, mas a ascensão de poderosos guias, na forma de recomendações e outros filtros, estimulam mais exploração, não menos. Abastecemos nossos iPods com músicas que conseguimos com os amigos, e nossos TiVos sugerem novos programas de que talvez gostemos com base nos padrões de preferência de outras pessoas. As experiências da Netflix sugerem que, quando dispõem do recurso de escolher qualquer filme de uma seleção de dezenas de milhares, os clientes não se limitam a mergulhar nos nichos de documentários sobre a Segunda Guerra Mundial, para nunca mais sair. Ao contrário, tornam-se extremamente ecléticos em suas preferências, redescobrindo os clássicos num mês e migrando para a ficção científica no outro.

Enquanto isso, a blogosfera é o mais poderoso vetor de todos os tempos para a expressão de novas vozes. A convenção de construir links para idéias e informações relevantes, qualquer que seja sua procedência, profissional ou amadora, é vigorosa força de diversidade. O principal risco dos blogs é a dispersão resultante do excesso de pistas oferecidas, não a falta de variedade. Qualquer pessoa que costume ler on-line e não esteja aumentando sua perspectiva cultural, ou se perdeu em algum rincão atipicamente estéril do mundo dos blogs ou precisa com urgência de um curso de reciclagem sobre o significado dos hiperlinks.

Como nada na Internet é sancionado por autoridades no assunto, ou seja, credenciado, compete a cada um consultar fontes suficientes para chegar às suas próprias conclusões. Este é o fim da ortodoxia inibidora e das instituições infalíveis, proporcionando ambiente fértil para a ascensão de mosaicos de informações heterogêneas que exigem – e recompensam – a investigação. A década de 1960 nos ensinou a questionar a autoridade, mas não nos ofereceu as ferramentas para tais desafios. Hoje, temos as ferramentas. A questão atualmente é como usá-las, sem nos perdermos na incerteza.

Basicamente, as sociedades que fazem perguntas e conseguem respondê-las são mais saudáveis do que aquelas que simplesmente aceitam o que lhes é imposto por um espectro estreito de especialistas e de instituições. Se a certificação profissional já não é fonte de autoridade, precisamos desenvolver nossos próprios padrões de qualidade. Essa necessidade nos instiga a pensar por nós mesmos. A Wikipedia é o ponto de partida para a exploração de algum tópico, não a última palavra.

É o fim da era em que nos refestelávamos diante da televisão e nos empanturrávamos com batata frita e com programas de massa. Quando refletimos sobre essa época, no apogeu das grandes redes de televisão, constatamos que talvez todos estivéssemos assistindo às mesmas coisas, mas provavelmente estávamos muito sozinhos, surfando solitários no horário nobre, sem vida social e comunitária. Hoje, no mundo on-line, estamos fazendo coisas diferentes; porém, é mais provável que nos encontremos com outras pessoas, lendo o que escrevem, batendo papo ao vivo ou apenas seguindo os seus exemplos. O que perdemos em cultura comum, compensamos com o aumento de nossa convivência com outras pessoas.

Atualmente, ao mesmo tempo em que nos fragmentamos também nos reagrupamos ao longo de outras dimensões. Hoje em dia, nossos bebedouros são cada vez mais virtuais; há muitos deles; e as pessoas que se reúnem em torno deles se selecionam a si mesmas. Em vez de nos relacionarmos por laços frouxos com multidões, graças às sobreposições da cultura de massa, temos a capacidade de nos interligarmos, mediante laços mais fortes, com igual quantidade de pessoas, se não com mais, em conseqüência da afinidade comum pela cultura de nicho.

Embora o declínio das instituições culturais dominantes possa resultar na transformação de algumas pessoas em caixas de ressonância de opiniões semelhantes, acho que, com o tempo, o poder da curiosidade humana, fortalecido ainda mais pelo acesso quase infinito às informações, tenderá a tornar as pessoas mais abertas, em vez de mais refratárias.

Por mais que a era dos grandes sucessos pareça o estado natural das coisas, trata-se, como vimos, sobretudo de um artefato das tecnologias de broadcast da segunda metade do século XX. Antes disso, boa parte da cultura era essencialmente local; no futuro, a cultura se baseará nas afinidades e será maciçamente paralela. A cultura de massa pode desaparecer, mas a cultura compartilhada perdurará. Nossa cultura continuará tendo algo em comum com a de outras pessoas, mas não com a de todo o mundo.

12

A TELA INFINITA

DEPOIS DA TELEVISÃO, O VÍDEO

> A televisão é vulgar, lúbrica e parva não porque seu público seja reles e néscio. A televisão é como é simplesmente porque as pessoas tendem a ser extremamente semelhantes em seus interesses vulgares, lúbricos e parvos, e muitíssimo diferentes em seus interesses refinados, estéticos e nobres.
>
> – DAVID FOSTER WALLACE

Ninguém imaginou que o futuro da televisão seria assim. Em 19 de janeiro de 2006, o Google lançou o Google Video, a última palavra em mercado de Cauda Longa para imagens em movimento. A impecável loja de vídeos da iTunes da Apple talvez ofereça muito mais conteúdo das redes de televisão, mas o Google permitiu que todos carregassem seus vídeos gratuitamente e definissem seus próprios preços, até quase de graça.

O resultado foi uma mixórdia previsível, uma coleção quase aleatória de tudo, desde produções rejeitadas até vídeos de crianças. Mas também representou uma amostra de um mundo com variedade infinita, onde os conteúdos comerciais e amadores competem cabeça a cabeça, e os amadores geralmente são os vencedores.

Na primeira metade da página de vídeos do Google, encontram-se miniaturas de conteúdo comercial: *CSI, Jornada nas Estrelas,* jogos de beisebol e clássicos da programação, a US$0,99 por episódio. Em seguida, aparecem os vídeos gratuitos mais populares: pequenos clips de cachorros burros, comerciais engraçados e um polvo comendo um tubarão (que, por sinal, é impressionante). E ainda mais abaixo começava a seção "Random" (aleatório): tombos na prancha de surfe, pessoas jogando videogames e coisas do gênero.

As redes de televisão podem usar o Google Video como vitrine de seus arquivos ou somente para a hospedagem de aperitivos dos próximos programas.

Ele já se transformou em fonte de recursos para a diáspora indiana, que agora é capaz de encontrar programas em hindi que só são transmitidos na Índia (legalidade: suspeita). E os produtores indianos agora podem descobrir se alguém está disposto a pagar US$12 (ou US$3 por um dia) para ver a sua obra de arte. Não ter distribuição já não é desculpa.

Ao mesmo tempo, Microsoft, Yahoo!, AOL e vários outros lançaram seus próprios mercados de vídeo. Os maiores desses sites hoje se firmaram como rivais das grandes redes de televisão. O público dos vídeos de música do Yahoo! hoje se inclui entre os níveis de audiência da MTV e da VH1. Mais pessoas viram os segmentos mais populares de Jon Stewart on-line do que ao vivo. Os vídeo shows on-line populares, como Tiki Bar TV, são vistos rotineiramente por centenas de milhares de pessoas por dia, o que os coloca em pé de igualdade com programas de TV a cabo com bom público.

The Abrams Report, da MSNBC, com orçamento de muitos milhões de dólares e uma equipe de dezenas de pessoas, era visto, quando eu escrevi esta página, numa média de 215 mil domicílios por dia. Rocketboom, noticiário satírico criado on-line por exatamente duas pessoas, ao custo de algumas fitas de vídeo, duas luzes e um mapa de papelão, era visto em 200 mil domicílios por dia, na mesma época. Agora, está vendendo propaganda e conseguiu US$40 mil por cinco comerciais de 30 segundos em sua primeira semana. Talvez não tanto quanto a receita das redes de televisão, mas, sem dúvida, as grandes emissoras fariam qualquer coisa para trabalhar com as mesmas margens.

Tudo isso foi previsto há décadas, mas só se concretizou com a popularização da banda larga. Uma geração que cresceu on-line e desenvolveu seus hábitos de consumo de mídia no paraíso da largura de banda, representado pelos dormitórios das universidades americanas, sente-se hoje totalmente à vontade, assistindo a vídeos em telas de computador. No entanto, cada vez mais, ninguém precisa submeter-se ao que poderia ser considerado um desconforto. A explosão das redes domésticas está ligando a banda larga à sala de estar, por meio de TiVos e outros gravadores de vídeo digitais (DVRs), além de consoles de videogames, como o Xbox 360.

É fácil descartar o lixo aleatório do Google Video como ameaça insignificante a *Os Sopranos*. Afinal, a distribuição não é a única barreira à televisão de entretenimento: os custos de produção também são um grande obstáculo. Precisa-se de mais do que uma câmera de vídeo digital para produzir *CSI*, e apenas o modelo econômico da grande mídia é capaz de criar dramas como

Lost. Mas também existe público para produções menos sofisticadas, cujo custo é uma pequena fração dos programas das emissoras tradicionais. Não é somente *America's Funniest Home Videos* que consegue grandes audiências. Lembre-se, também, dos esportes locais e de outros interesses mais estreitos, de bons comerciais que valem a pena ser revistos e de palestras e conferências de que você não pode participar ao vivo.

O bloguista Thomas Hawk explica:

> Se hoje vejo *CSI Miami*, mas nos fins de semana pratico vôo livre e sou grande fã de vôo livre, quando os campeonatos de vôo livre na Califórnia forem transmitidos por meio de uma plataforma de microconteúdo, é provável que eu substitua *CSI* por essa nova atração.
>
> Se hoje vejo alguns programas das grandes redes, mas gosto ainda mais de ler Hunter S. Thompson, e minha plataforma de microconteúdo apresenta uma palestra desse autor na Universidade de Wyoming, também é provável que eu prefira essa alternativa a ver *CSI*.
>
> Se tenho 16 anos e minha banda favorita não é a que rompe os gráficos de sucesso, mas, sim, *skate punk music,* os programas com esse tipo de música, que podem ser criados e oferecidos com facilidade por minha plataforma de microconteúdo serão muito mais interessantes para mim do que *American Idol*.

Hoje o público masculino de TV na faixa de 18 a 34 anos, o mercado mais lucrativo para os anunciantes, chegou ao topo e está começando a cair, à medida que os encantos mais interativos da Internet e dos videogames ganham a competição pelo tempo defronte às telas. A audiência das emissoras de televisão nunca esteve tão alta, de modo que ainda não é hora de entrar em pânico. Mas o dia em que a Internet realmente será rival da TV nunca esteve tão próximo. A pergunta é o que fazer nessa situação.

CAUDA A SER CONQUISTADA

Ao percorrer com o polegar centenas de canais a cabo digitais, a TV talvez lhe pareça muito longe de ser algo limitado. Entretanto, o que parece abranger todo o conteúdo imaginável é, na realidade, uma lasca muito estreita do mundo do vídeo. A atual estrutura de canais favorece sobretudo uma programação bastante restrita, mas com profundidade suficiente para atender ao grande público, 24 horas por dia, sete dias por semana. Assim, o canal DIY (Do It Yourself) e History Channel en Español passam na prova, mas outros, como o Halo 2 Physics Hacks ou o "Cool Robots" são reprovados.

Hoje, tanto a realidade em torno dos canais quanto a natureza efêmera da TV são produtos dos gargalos de distribuição do broadcast a cabo. A televisão ainda está na era do espaço de prateleira limitado, enquanto a lição da Cauda Longa é a de que mais é quase sempre melhor. O aumento da capacidade dos cabos durante a última década torna-se inexpressivo em comparação com o crescimento da criação em vídeo no mesmo período e com a ampliação dos pequenos públicos para qualquer coisa e para tudo. O TiVo talvez tenha ajudado, pelo menos ao eliminar da equação a tirania do tempo, mas ainda estamos muito longe do modelo da iTunes, pela qual se pode baixar qualquer coisa jamais feita, a qualquer hora.

De todos os setores da mídia tradicional, a televisão é hoje o que mostra maior potencial de transformação pelas forças da Cauda Longa. Eis por quê:

- A TV gera mais conteúdo do que qualquer outra mídia ou setor de entretenimento. Produzem-se por ano cerca de 31 milhões de horas de conteúdo original para a televisão. Embora isso não seja tanto quanto no rádio, boa parte do conteúdo do rádio é de bate-papos ou de música gravada, disponível em qualquer outro lugar, ou seja, estamos comparando laranja com banana. Além disso, vendem-se por ano 115 milhões de fitas para câmeras de vídeo pessoais. A quantidade de vídeos produzidos por ano é espantosa, mas...
- Apenas uma fração minúscula desse total está disponível para o público. Primeiro, a média das famílias americanas dispõe hoje de uma centena de canais de TV. Embora isso pareça muito – são 876 mil horas por ano de transmissões de vídeo para a maioria dos domicílios – isso ainda é menos que 10% dos vídeos comerciais produzidos para broadcast nos Estados Unidos (quando se consideram os mais de 400 canais nacionais disponíveis em redes de alta capacidade, por satélite e digitais, e toda a programação local em todo o país). Piorando ainda mais a situação, se a casa não tiver um DVR (o que ocorre apenas em 10% dos domicílios americanos) e se alguém não passar boa parte de seu tempo livre vasculhando listas para programar as gravações, quase a totalidade dessas transmissões se perderá. E quando não se vê um programa de televisão, dificilmente se tem outra oportunidade. Apenas uma minúscula proporção dos programas pertence a uma rede de emissoras e somente uma parcela ainda menor chega aos DVDs.

- Assim, o conteúdo disponível como porcentagem do conteúdo produzido é mais baixo do que em qualquer outro setor, alguns dos quais talvez produzam mais conteúdo, como a imprensa escrita e a indústria editorial, mas, nesses casos, a disponibilidade é muito maior (ver Google). Apenas a televisão trata seu melhor conteúdo como descartável. Na verdade, muita coisa de fato é lixo, mas nem tudo, e, de modo algum, se pode considerar desprezível tudo que jogado fora, depois de uns poucos momentos ao sol.

O que não falta é gente boa dando tratos à bola sobre como salvar a televisão. Mas não é fácil. Para começar, boa parte das redes são *locatárias* de conteúdo, não proprietárias. Isso significa que os arquivos geralmente não são delas, para serem explorados à vontade.

Mesmo para aquelas que de fato possuem o conteúdo, o lançamento de vídeos de maneira não prevista no momento da transmissão original ainda pode ser muito difícil. Os direitos autorais formam um grande emaranhado, que fica ainda mais complexo em conseqüência dos acordos exclusivos de distribuição regional (que conflitam com a natureza global da Internet) e em virtude de outras formas de associação. E ainda há as questões piores das músicas no vídeo.

TV FORA DO QUADRADO

Mas outro tipo de vídeo, produzido desde o início para a Internet, resultante da difusão das câmeras digitais e da animação em computadores de mesa, está sujeito a muito menos limitações legais. Produzido especificamente para ser lançado on-line, de graça, essa nova modalidade já está demonstrando que é a fonte de programação mais rica e mais empreendedora da era pós-broadcasting.

Veja o caso do Barrio305, serviço de televisão por Internet, especializado em vídeos de música "reggaeton", entrevistas e cultura latina urbana. Pense na MTV... mas em "spanglish" ou "espinglês", diz seu co-fundador, Noah Otalvaro. Todos os dias ela transfere cerca de 50 mil minutos de vídeo para mais ou menos 5 mil usuários exclusivos. Isso é minúsculo em comparação com a televisão (reggaeton não é para todos), mas o interessante é sua capacidade de expansão.

O site se baseia numa "plataforma" de distribuição de vídeo criada pela Brightcove, serviço de televisão por Internet. Isso significa que Otalvaro e seus irmãos não precisam imaginar maneiras para transferir o vídeo para seus usuários; simplesmente divulgam o vídeo como num blog e a Brightcove cuida da distribuição. Ainda melhor, se outro site quiser usar o conteúdo do Barrio305, pode simplesmente copiar alguns códigos HTML para as suas páginas, de modo que também tenham os vídeos. (Barrio305 fica com a receita de anúncios do maior público.)

Jeremy Allaire, fundador da Brightcove, descreve o efeito:

> Da mesma maneira como os consumidores migraram para a Internet, apesar da lerdeza dos modems de discagem e dos tropeços nas páginas pioneiras, também avançarão como manada para esse novo meio que lhes dá mais poderes, de maneira inimitável por qualquer outra empresa ou setor. Eles se esquecerão de que seus relacionamentos com a programação de vídeos eram mediados por uma caixa preta ligada a seus aparelhos de TV e passarão a ter o mesmo grau de liberdade de que já desfrutam no consumo e uso de textos da Web em qualquer computador pessoal.
>
> Ainda mais importante, as grandes economias de escala e alcance que a Internet já oferece se estenderão à área de produção de vídeos, onde a produção e a distribuição por conta própria de um programa de vídeo são quase tão fáceis quanto construir um site na Internet, e onde surgem milhões de novos produtores e programadores.

Ou, como diz Gregg Spiradellis, co-fundador do popularíssimo site de animação JibJab: "O público é a rede."

MAIS CURTO, MAIS RÁPIDO, MENOR

A primeira coisa que se observa sobre o conteúdo do Google Video ou do Barrio305, além da ausência quase total de aprimoramento da produção, é que boa parte dele dura três minutos ou menos, bem menos que a maioria dos programas das grandes redes de televisão, nas quais predominam os segmentos de meia hora (ou 22 minutos, quando não se consideram os comerciais). Na verdade, trata-se de algo novo – um meio que se situa em algum lugar entre a assistência passiva da televisão e a participação interativa da Web.

Quando se reflete sobre a questão, constata-se que não há nada mágico nas meias horas, mas, simplesmente, uma maneira fácil de dividir a programação em partes que começam e terminam em cada hora. Fora da programação das grandes redes, diversões e notícias se apresentam com todos os tipos de durações, desde clips de trinta segundos a concertos de três horas; não existe qualquer vantagem nos trinta minutos.

Como várias outras convenções que hoje aceitamos como escolhas culturais, a programação rígida de produzir vídeos em múltiplos de trinta minutos é, na realidade, conseqüência das ineficiências de distribuição. Um dia, essa convenção talvez desapareça, substituída por ampla variedade de conteúdo com duração mais natural, que reflita a diversidade do alcance da atenção humana por tipo de atração, em vez de basear-se na conveniência da programação e nas prioridades dos anunciantes.

Esse é mais um exemplo das implicações por vezes surpreendentes da mudança da escassez para a abundância na distribuição. Também é demonstração de como a mentalidade da escassez está arraigada em nossa cultura. O deslocamento para o vídeo em banda larga e o rompimento da dependência em relação a programações fixas produzirão o efeito de encurtar a duração média dos programas. De repente, o importante é o que *nós* queremos; não o que o canal de distribuição quer.

Ao mesmo tempo, o surgimento do vídeo móvel, começando com o iPod vídeo e com os telefones móveis com vídeo, será acompanhado pelo desenvolvimento de conteúdos curtos, para serem vistos nos breves intervalos entre compromissos – no ônibus, enquanto se espera um amigo, em alguns instantes de folga no trabalho. Alguns esportes, em especial, podem ser fatiados em dezenas de novas durações: jogos inteiros, principais momentos, últimos dois minutos, e assim por diante.

Acho que o programa de trinta minutos é para a televisão o que o jornal convencional é para a mídia impressa – formato resultante da escassez na distribuição, que agora pertence ao passado e perdeu a razão de ser. A demanda se deslocará para conteúdo mais curto por conveniência e para entretenimento, e o conteúdo mais longo será destinado mais especificamente a quem busca substância e satisfação. Conteúdos com duração intermediária serão mais difíceis.

HOLLYWOOD @ HOME

Outra forma de vídeo que passará por transformações no mundo da Cauda Longa é o cinema, que também já sofreu mudanças drásticas no passado. Um dos fatores que mais contribuiu para o enfraquecimento da cultura de massa e para o fortalecimento da cultura de nicho ocorreu em princípios da década de 1980, com o lançamento do videocassete e, ainda mais importante, com a proliferação das locadoras de fitas. Até então, os filmes disponíveis para os americanos de classe média em determinada noite eram os três ou quatro filmes transmitidos pelas redes de televisão, além do que estivesse em cartaz nos cinemas locais.

O advento do aluguel de fitas significou basicamente a oferta de milhares de filmes, em todas as salas de estar, em qualquer noite. O resultado foi a transição da mídia *empurrada* (não importa se para as salas de projeção ou para os televisores) para a mídia *puxada*. De uma hora para a outra, os consumidores se viram dotados da capacidade de escolher filmes com um grau de veleidade e de liberdade que, uma década atrás, seria inimaginável pelo próprio Walt Disney.

Essa enorme expansão da seleção foi acompanhada por grande mudança no preço de acesso aos filmes. Enquanto antes o padrão era uma pessoa, um tíquete, agora se pagava um pequeno preço para tantas pessoas quantas coubessem na sala. Essa transição foi recebida com relutância e resistência por Hollywood, que só muito tempo depois a aceitou a contragosto e, finalmente, a explorou em proveito próprio. (Lembre-se das primeiras tentativas de vender filmes no varejo a US$70 ou US$80 – preço que foi calculado no custo em que incorreria uma família típica para comprar ingressos para ver seu filme favorito duas ou três vezes.)

Rob Reid, fundador do primeiro serviço de música digital, Listen.com, descreve as implicações econômicas dessa mudança:

> Em princípios da década de 1980, a tecnologia criou condições para que a unidade básica de consumo de um filme escolhido pelo espectador deixasse de ser uma noite fora de casa e passasse a ser uma noite em casa – situação que efetivamente clamou pelo "lançamento" de ampla variedade de escolhas de filmes para saturar essa nova área da demanda. Uma noite em casa é diversão de baixo custo, mas o fato é que está ficando muito comum.
>
> De início, Hollywood estava convencida de que era contrária às instituições e aos princípios dos Estados Unidos uma família de cinco pessoas pagar menos de US$20 para ver um filme de sua escolha (em vez de um filme oferecido pela CBS, que, evidentemente, era de graça – caso se aceite que qualquer pessoa é capaz de suportar 30 a 40 minutos de comerciais, sem custos para o cérebro). Em conseqüência, os estúdios acreditavam (erroneamente, como se constatou) que os preços e as margens deveriam ser analisados no micronível associando-se determinado consumidor ao preço pago pelo acesso a determinada mídia – em vez de considerar o total de tempo e dinheiro que o consumidor dedica a seus produtos no agregado.

Em outras palavras, os estúdios ficaram horrorizados quando perceberam que uma família de cinco (não de quatro – lembre-se, estávamos na década de 1980) que pagava US$20 para ver *ET – O Extraterrestre* no cinema nunca pagaria US$20 para alugar para alugar uma fita de vídeo. Mas eles não se deram conta de duas coisas: a mais óbvia, o total de tempo e dinheiro que determinada família destinava a cinemas estava prestes a explodir quando a mesma família tivesse condições de acessar qualquer filme que quisesse, em vez do que lhe fosse imposto no mês; menos óbvio, não consideraram que a receita total arrecadada por *ET* também poderia disparar se o filme se tornasse acessível para milhões de pessoas desconhecidas que não pagariam US$10 para ver *ET*, mas poderiam pagar, digamos, US$2,95.

Tanto o videocassete quanto a locadora de vídeos sinalizavam o início da era da escolha infinita, pois ambas aumentaram em talvez cem vezes a disponibilidade de filmes em qualquer noite de sábado. As TVs a cabo também multiplicaram por igual fator a oferta de programas de televisão. Hoje, o aluguel de DVDs na Netflix por via eletrônica acrescenta pelo menos um zero à direita desses multiplicadores. E, finalmente, a Internet ainda adiciona mais três zeros, e com ela as escolhas atingem a casa dos milhões.

Toda vez que uma nova tecnologia amplia as escolhas, seja o videocassete ou a Internet, os consumidores reagem à altura, com o aumento da demanda. Isso é o que queremos e, talvez, o que sempre quisemos.

13

ALÉM DO ENTRETENIMENTO

ATÉ QUE PONTO PODE CHEGAR A REVOLUÇÃO DO NICHO

Neste capítulo, veremos cinco exemplos da atuação da Cauda Longa, fora da mídia e do entretenimento. Eles abrangem atividades industriais e de serviços e ampliam os princípios da Cauda Longa para setores que compõem boa parte das economias mundiais.

EBAY

Para uma empresa que começou menos de dez anos atrás, como pouco mais que um experimento sobre se a Internet seria mais capaz de vender velharias do que o velho método americano de expor as tralhas na garagem, a eBay é nada menos que um fenômeno. Em qualquer dia, seus cerca de 60 milhões de usuários ativos vendem ou compram mais de 30 milhões de itens, transformando-a num dos maiores varejistas do mundo – ao intermediar transações que perfazem mais de US$100 milhões por dia. Porém, é enorme a diferença entre a eBay e o Wal-Mart, que vende mais ou menos o mesmo volume. A maioria dos bens intermediados pela eBay não se encontra nas prateleiras dos varejistas tradicionais, e quase todas as pessoas que os vendem tampouco são varejistas tradicionais.

Ao contrário, a eBay é tanto a Cauda Longa dos produtos quanto a Cauda Longa dos comerciantes. Trata-se de um caso clássico de mercado criado pelos usuários, com a eBay simplesmente atuando como facilitadora. Para tanto, ela explorou quase todas as táticas da Cauda Longa, ampliando a variedade para níveis inimagináveis antes da Internet. Como o programa Marketplace, da Amazon, a eBay se desenvolveu em torno da idéia de estoque distribuído: tudo que ela fornece é um site na Internet, no qual se reúnem compradores e vendedores e chegam a um acordo quanto ao preço das mercadorias (cerca de metade das vezes, por meio do processo de leilão original da eBay e a outra metade através do processo de preço fixo Buy it Now, ou Compre Agora). Portanto, seus custos de estoques são zero. Não é assim tão fácil quanto ligar o computador e ficar vendo o dinheiro entrar, mas também não é tão mais difícil.

A eBay também é um modelo de auto-serviço – os vendedores criam suas próprias listas de produtos e providenciam a embalagem e a postagem. Portanto, a eBay conseguiu construir seu enorme negócio com muito pouca gente na folha de pagamento. Ela gera quase US$5 milhões de receita por empregado, pouco menos que trinta vezes o número do Wal-Mart. Finalmente, ela oferece filtros, quase sempre na forma de mecanismos de pesquisa e de uma estrutura de categorias de vários níveis, para ajudar os compradores a encontrar o que estão buscando.

A variedade de produtos para os quais a eBay tem demonstrado sua eficácia superou todas as expectativas. Hoje, a empresa faz bem mais do que limpar os sótãos e porões americanos. Também é o maior revendedor de carros usados e de autopeças dos Estados Unidos. Inclui-se entre os maiores vendedores de equipamentos esportivos e também é um dos maiores revendedores de computadores. Depois de adquirir a Half.com (itens excedentes nos estoques) e Shopping.com (superloja on-line que vende mercadorias novas), a eBay hoje se estende da cabeça à cauda, vendendo desde os grandes sucessos mais recentes até raridades de nicho e produtos únicos.

Mais de 724 mil americanos afirmam que a eBay é sua fonte de renda primária ou secundária, de acordo com estudo da ACNielsen, em 2005. No Reino Unido, a Nielsen descobriu que mais de 68 mil pequenas empresas, de lojas de CDs a escultores, dependem do site como fonte de pelo menos um quarto de sua receita. Em média, cada negócio que depende da eBay como canal de vendas emprega nove pessoas e quase a metade dessas empresas aufere mais de três quartos de sua receita através do site. Enfim, é a última palavra em agregador de pequenas empresas.

Mas a eBay não é caso perfeito de mercado de Cauda Longa, por uma razão que eu e a equipe de alunos da Stanford Business School, que trabalhou comigo no estudo da empresa, descobrimos logo no início da pesquisa. Uma das perguntas que nos fizemos foi por que a eBay não dispunha, ao contrário da Amazon, de sistemas de recomendações, análises de produtos, classificação por preço e por avaliação e outros filtros sofisticados. A resposta é que a eBay, por mais surpreendente que pareça essa afirmação, geralmente não sabe o que está sendo vendido em seu site.

Ela sabe *quem* está vendendo e *quem* está comprando, mas, como as listas de produtos são criadas pelos próprios vendedores e cada vendedor descreve os itens de maneira diferente, não há nada parecido com o chamado "item de estoque", designação ou número padronizado que identifica os diferentes produtos existentes no estoque. (Excepcionalmente, a eBay também adota essa prática no caso de categorias como CDs e carros, situações nas quais sugere que os vendedores usem em suas listas as categorias e a nomenclatura padronizada da empresa.) Sem essas informações sobre os produtos, a eBay não pode oferecer muitas das poderosas tecnologias de filtros, como as recomendações, que impulsionam a demanda com tanta eficácia em outros varejistas de Cauda Longa. E, como os vendedores podem descrever seus produtos de maneiras tão diferentes, inclusive com erros de ortografia, é mesmo difícil para os compradores saber se de fato encontraram todos os exemplos do que estão procurando.

Isso representa grande vulnerabilidade no mercado sob outro aspecto notável da eBay. Boa parte do volume de vendas da empresa decorre não das vovós que querem desfazer-se de suas quinquilharias, mas de quase 400 mil comerciantes de pequeno e médio portes espalhados por todo o mundo, que usam a eBay como vitrine. Porém, a maioria deles também tem seus próprios sites, e outros agregadores, como o Froogle da Google e o Yahoo! Shopping, estão descobrindo maneiras cada vez mais inteligentes de extrair as informações necessárias dessas centenas de milhares de comerciantes para criar mercados virtuais capazes de oferecer recursos de comparação de produtos indisponíveis na eBay. O desafio para a eBay será fazer o mesmo em relação a seus próprios serviços, mantendo os concorrentes a distância, por meio da oferta de melhores filtros que ajudem os clientes a ter a certeza de que encontrarão o que pretendem comprar, com informações não só sobre o vendedor, mas também sobre o produto.

KITCHENAID

Talvez seja difícil imaginar que existe Cauda Longa no mercado de utensílios de cozinha, mas há, e seu principal ingrediente são as cores. A KitchenAid é conhecida pela qualidade de seus utensílios de cozinha para clientes sofisticados, porém, ainda mais, pela variedade de cores oferecida. Com efeito, a empresa é considerada um dos principais lançadores de tendências em diversidade de cores.

Quem vai a um varejista de grande porte como a Target geralmente encontrará três cores de misturadores KitchenAid em exposição: branco, preto e outra. Essa outra é quase sempre uma cor exclusiva, como azul-cobalto, que a KitchenAid negociou com o varejista para o espaço extra necessário à apresentação de três cores, em vez de apenas duas. Além de distingui-la entre outros fabricantes de misturadores e aumentar suas vendas gerais, a empresa também descobriu que essa pequena variedade de cores, representada pelo acréscimo de uma terceira opção, efetivamente melhora as vendas de branco. Suspeita-se que o motivo seja a atração exercida pelas prateleiras coloridas da empresa sobre os consumidores, que valorizam a diferenciação da marca, resultante da maior possibilidade de escolhas. No entanto, depois de atraídos pelo brilho da variedade, muitos consumidores, pensando melhor, constatam que admiram ainda mais o clássico e eterno branco, cor que acabam comprando.

Até aqui, tudo bem. Mas qual será a terceira cor escolhida por cada varejista? E que cores a KitchenAid deve oferecer? Para decidir, a empresa conta com uma equipe de especialistas em cores e outros profissionais, mas, como ocorre com outros "pré-filtros", o trabalho envolve uma certa dose de adivinhação. E depois que se toma a decisão e os produtos vão para as prateleiras, é difícil saber por que eles vendem ou não vendem, em face das numerosas variáveis em interação, como condições dos mostruários e produtos dos concorrentes. Até há pouco, esse era quase sempre o fim da história: a KitchenAid podia oferecer aos varejistas qualquer número de cores, mas a cada ano as únicas disponíveis para os consumidores eram as seis ou sete efetivamente escolhidas pelos varejistas.

Mas, entre 2001 e 2003, a KitchenAid desenvolveu um sistema para oferecer *todas* as suas cores on-line – geralmente mais de cinqüenta entre seus diferentes modelos. Agora, quando se compram misturadores na Amazon ou na KitchenAid.com, é possível escolher qualquer uma dessas cores, num menu cortina, onde se encontram as cores convencionais ao lado de outras mais ousadas, disponíveis apenas pela Internet: pistache, tangerina, uva, azul cristal, sena, limão e outras.

O interessante é que, quando os clientes podem escolher entre todas as cinqüenta cores, eles não se limitam à meia dúzia disponível no varejo tradicional. Ao contrário, logo surge uma Cauda Longa. Evidentemente, branco e preto ainda são as cores preferidas, além da maioria das outras oferecidas pelas lojas regulares. Mas todas as outras também vendem – sem exceção. E todos os anos, em algum lugar entre as dez mais, surge uma cor, na qual ninguém apostava, como uma das mais vendidas.

Em 2005, essa cor foi tangerina. Nenhuma loja de tijolo e argamassa a escolheu para figurar em suas prateleiras e, para ser honesto, a KitchenAid não está bem certa da razão desse sucesso repentino. Os fatores capazes de afetar as escolhas de cores abrangem itens vistos nos cenários dos programas de televisão mais populares, objetos usados por celebridades e até variações sazonais aleatórias. Mas, até que a KitchenAid lançasse um canal on-line, criando condições para que os clientes escolhessem entre sua ampla variedade de ofertas, a empresa não tinha meios de saber da existência dessa demanda latente, até então inexplorada.

LEGO

Quem conhece a Lego apenas das festas de aniversário de crianças e das prateleiras das lojas de brinquedos viu apenas metade da empresa. A outra metade é o que a Lego oferece aos entusiastas, que abrangem desde crianças em busca de algo além dos kits padronizados até adultos que recorrem às pequenas peças como a última palavra na caixa de ferramentas dos prototipistas.

Tudo começou com o negócio de reembolso postal da Lego, que, no início, era apenas um catálogo tradicional para compras em casa e agora gira cada vez mais em torno do site da empresa. Numa loja de brinquedos típica, é possível que se encontrem algumas dúzias de produtos da empresa. Na loja on-line, a variedade chega a quase mil, desde sacos de telhas para telhados até Deathstar de US$300. Para ver como o mercado on-line é diferente do mercado de varejo tradicional, no caso da Lego, basta examinar a lista dos mais vendidos. Apenas alguns desses campeões de vendas estão disponíveis nas lojas, como um sandcrawler (veículo do deserto usado em Tatooine pelos Jawa), a US$140, e um grande saco com pequenas figuras, a US$43.

Neste ponto, vale a pena fazer uma pausa e refletir sobre as implicações disso para a Cauda Longa. Pelo menos 90% dos produtos da LEGO não estão disponíveis nos varejistas tradicionais. Só são encontrados nos catálogos e on-line, nos quais o modelo econômico dos estoques e da distribuição são muito mais favoráveis para os produtores de nicho. Em geral, esses componentes do negócio que não pertencem ao varejo representam de 10% a 15% das vendas anuais da Lego, no valor de US$1,1 bilhão. Mas as margens desses produtos são mais altas do que as dos kits vendidos nas grandes lojas de brinquedos, graças à inexistência dos custos e do lucro do varejo. E como a loja virtual pode oferecer produtos para *todos* os tipos de consumidores, desde crianças até entusiastas adultos, em vez de apenas para meninos de nove anos, a faixa de preços é muito mais ampla on-line, desde peças de US$1 até o já mencionado kit de US$300 de *Star Wars*.

O nível seguinte da obsessão por Lego é entrar no clube Brickmaster, pelo qual se paga US$40 por ano. As vantagens são uma revista maior, com muitos projetos "do-it-yourself", cinco kits exclusivos entregues em domicílio e um ingresso para a LEGOland. É assim que a Lego segmenta seus clientes, desde o esporádico até o fanático, e descobre maneiras de ir além do mercado tamanho único das prateleiras do varejo.

Depois de tudo isso, chega a hora de falar sério sobre as próprias criações dos consumidores. A Lego tem uma longa história de oferecer ferramentas on-line para estimular a troca de modelos e outras formas de produção colaborativa. Em 2000, o projeto "My Own Creation" (Minha própria criação) promoveu um concurso para a escolha do melhor modelo criado por usuários. O ganhador foi uma oficina de ferreiro que a LEGO licenciou de seu criador e ofereceu durante algum tempo como kit comercial. Depois, lançou o Lego Mosaic, pelo qual os usuários podiam carregar imagens que eram então convertidas em peças bidimensionais (2D LEGO), para serem baixadas para qualquer computador.

Em 2005, a Lego lançou sua iniciativa mais ambiciosa de produção colaborativa, a LEGO Factory (Fábrica Lego). Essa fábrica virtual permite que os usuários baixem software para projetar seus próprios modelos e depois enviá-los para o site da Lego. Mais ou menos uma semana depois, o usuário recebe um kit com todas as peças especificadas e outras partes, entregues numa caixa com a imagem de sua criação na tampa. O mais interessante é que outras pessoas também podem comprar o kit, se for incluído numa boa seleção de modelos criados por usuários, disponíveis para compra. Mais de 100 mil modelos já foram projetados dessa maneira e alguns dos melhores foram lançados como produtos oficiais da Lego, pelos quais os produtores recebem um pequeno royalty.

Entretanto, nem tudo se encontra nas fábricas Lego. A personalização em massa é ótima, mas quando se dispõe de 7 mil partes, em 75 cores (o que resulta em mais de meio milhão de possibilidades), o desafio de oferecer aos usuários plena liberdade logo se torna esmagador. Assim, a Lego limita a escolha de duas maneiras. Primeiro, cada modelo pode ser construído apenas com base num único conjunto de peças, como "partes de carros". Segundo, essas partes são oferecidas em pacotes embalados, com uma quantidade determinada de peças, sendo provável que se receba mais do que se necessita. Se a pessoa não for cuidadosa, um simples veículo que custaria menos de US$ 10 numa loja de varejo pode acabar ficando por quase US$ 100 na Lego Factory, apenas por se ter usado os sacos de peças de maneira ineficiente.

Felizmente, existe uma saída. Os entusiastas por Lego compilaram um banco de dados sobre os pacotes correspondentes a cada conjunto e também desenvolveram software para ajudar os construtores a usar esses pacotes com mais eficiência, poupando-os do infortúnio de ter de comprar todo um pacote para conseguir uma única peça. E diga-se a bem da verdade que a Lego tem encorajado esse tipo de atividade. Mas, como isso é muito difícil e restritivo para a maioria das pessoas, inclusive para mim, a empresa está examinando como melhorar a experiência, a começar com software de projetos de fácil utilização.

Perguntei a Michael McNally, gerente sênior de relações com a marca da Lego, se sua organização via similaridades na abordagem de qualquer outra empresa sobre o fornecimento a mercados de nicho e sobre o estímulo à produção colaborativa. Curiosamente, ele viu semelhanças com a iTunes, da Apple. A iTunes permite que se baixem músicas separadas, em vez de apenas álbuns. Dessa maneira, é possível compor as próprias listas de músicas e compartilhá-las com outros usuários, o que é um pouco parecido com a criação personalizada de projetos Lego, com base em peças padronizadas. "O que a iTunes faz em música a Lego Factory faz para as pessoas que gostam de construir", disse McNally. Bem-vindo à Cauda Longa de peças de plástico.

SALESFORCE.COM

No início de 2005, Mark Benioff via-se numa posição muito traiçoeira. Sua empresa, a Salesforce.com, adotara uma abordagem inovadora no mundo até então bastante monótono da venda de software para controle do pessoal de vendas. Em vez de oferecer seu pacote de gestão de contatos como um conjunto de discos a ser instalado nos computadores das empresas, como faziam seus concorrentes, ele rodava o software em seus próprios servidores e fornecia acesso aos assinantes de seus serviços, por meio de um navegador comum de Internet e o pagamento dos honorários estipulados. Na verdade, ele convertera o software em serviço, algo que atraía especialmente as empresas de pequeno e médio portes, que não queriam preocupar-se com a manutenção de seu próprio software. O modelo funcionou muito bem: em 2005, a Salesforce.com crescera com tanta rapidez que havia atraído a atenção dos grandes fornecedores de softwares empresariais, como Oracle e SAP, que se preparavam para concorrer com suas ofertas e destruí-la.

A defesa usual seria tentar tornar-se maior, agregando cada vez mais funções às ofertas da Salesforce.com para enfrentar os atributos dos concorrentes mais poderosos. E foi o que Benioff fez, de início. Mas então lhe ocorreu que também havia outras maneiras de crescer. Seu método de oferecer software on-line também podia criar condições para que centenas de desenvolvedores de menor porte, muitos deles em lugares de baixo custo, como Índia, alcançassem os mesmos clientes. Em geral, as empresas relutam em trabalhar com pequenos desenvolvedores, com medo de que seus programas não tenham condições de evoluir, por serem problemáticos e contarem com pouco apoio. Ao poupar seus assinantes das dificuldades de instalação e manutenção de software, fornecendo seus serviços de maneira conveniente, a distância, por meio de um navegador de Internet, Benioff também criou uma plataforma para que outros provedores agissem da mesma maneira.

O que ele estava fazendo era aplicar a teoria da Cauda Longa ao negócio de software. E o encaixe não poderia ter sido melhor. Como em outros setores, a indústria de software tem cabeça e cauda, com a Microsoft numa ponta e milhões de programadores individuais, muitos deles na Índia e na China, na outra. A meio caminho, situa-se o trabalho de enorme quantidade de pequenos grupos de desenvolvedores, a maioria dos quais dispondo de poucos meios para alcançar clientes em todo o mundo. Mas ainda se trata de uma distribuição com a cabeça muito pesada: o quase monopólio da Microsoft é a última palavra em mercado dominado pelos campeões de vendas.

Porém, como na mídia e no entretenimento, três forças estão atuando para mudar o modelo econômico da indústria de software. Os custos de escrever software, que já caiu de maneira drástica com a difusão de poderosos PCs, está diminuindo com rapidez ainda maior à medida que a Internet torna disponível para o resto do mundo milhões de programadores baratos e talentosos da Índia e da China. O custo de entrega do software também está decrescendo, com a substituição do CD-ROM pelas baixas on-line. E o custo de encontrar o melhor software para cada necessidade específica nunca foi tão baixo, graças aos enormes grupos de usuários conectados on-line que, em conjunto, fornecem melhores recomendações (e apoio) do que a maioria dos consultores de alto preço. A capacidade de oferecer software por meio de um navegador de rede, operado a distância, sem qualquer risco para os computadores do usuário, reduziu ainda mais todos esses custos – tanto reais quanto psicológicos.

Sempre houve um mercado para software de nicho, começando com o shareware comercializado on-line e o demoware divulgado sob a forma de "experimente antes de comprar". Mas esse mercado não era muito grande, principalmente por causa dos problemas de risco, complexidade e padrões de alguns programas decorrentes de incompatibilidades com o computador ou com o sistema operacional. O modelo de software hospedado (*hosted software*) oferece a oportunidade de superar essas dificuldades, criando condições para que os profissionais da empresa hospedeira lidem com boa parte da complexidade, numa situação em que o navegador de Internet atua como interface universal com o usuário e como escudo em relação ao sistema operacional.

Em fins de 2005, a Salesforce foi a primeira a lançar um mercado de software Cauda Longa em sua plataforma. Desenvolvedores autônomos podiam criar um aplicativo para um nicho específico, como avaliação do desempenho ou recrutamento de pessoal, na área de recursos humanos, que rodaria nos servidores da Salesforce, em integração com os outros softwares da empresa. A expectativa era que centenas ou até milhares de pequenos servidores atendessem a todas as necessidades específicas dos clientes da Salesforce, permitindo que ela se concentrasse nas necessidades mais comuns. Em outras palavras, a cauda reforçaria a cabeça. Em princípios de 2006, já havia mais de duzentos aplicativos à venda no mercado, e Benioff confirma que a forma das curvas de vendas confirma as previsões. "Até eu fiquei espantado", afirma. "É uma Cauda Longa perfeita. Coisa de livro-texto!"

A SAP logo seguiu o mesmo caminho, com sua própria estratégia de plataforma on-line, a exemplo de várias empresas menores, com modelos semelhantes, aplicando-se todas as convenções da Cauda Longa. Tais empresas agregam software de nicho em suas respectivas plataformas e fornecem mecanismos de filtro (variando desde listas de mais vendidos por categoria até resenhas dos usuários). Tudo isso ajuda as pessoas a avançar com confiança curva abaixo, até as aplicações de nicho capazes de atender melhor às suas necessidades, do que o software monolítico, do tipo tamanho único, que até hoje dominou o mercado. Esse modelo interliga sem interrupções a cabeça à cauda.

É muito cedo para dizer até que ponto esses novos mercados de software funcionarão a contento, mas eles são mais um exemplo de como a redução dos custos para alcançar os nichos pode mudar as regras do jogo. Como observa Joe Kraus, CEO da JotSpot (outra empresa de software que tenta adotar essa estratégia), "até agora, o foco tem convergido sobre dezenas de mercados com milhões de pessoas, em vez de sobre milhões de mercados com dezenas de pessoas". Ele, como cada vez mais pessoas, está apostando nessa segunda perspectiva.

GOOGLE

O mercado de propaganda tradicional é uma indústria típica baseada em grandes sucessos, no qual os altos custos reforçam o foco nos maiores vendedores e compradores. No estilo tradicional, um anunciante, digamos, a General Motors, tem um orçamento de marketing. A GM contrata uma empresa de propaganda para criar alguns anúncios e, depois, um comprador de mídia, para colocar os anúncios na televisão, no rádio, na imprensa e on-line.

Enquanto isso, no outro lado, a mídia movida a propaganda também tem seu pessoal de vendas de anúncios. Decantam para seus anunciantes e compradores de mídia as virtudes de seus veículos de propaganda. Quando tudo corre bem, milhões de dólares mudam de mão. Tudo envolve muito trabalho, cujos custos são ainda mais elevados em razão de todo o relacionamento dispendioso que é indispensável em negócios nos quais a falta de critérios de avaliação confiáveis transforma a habilidade em vendas e as interações pessoais em ingredientes fundamentais para os vencedores.

A maioria dos anúncios, não importa que sejam divulgados nas Páginas Amarelas ou no telão do estádio, durante uma final de campeonato, requer intenso esforço de vendas, mediante sucessivos telefonemas ou visitas. Raros são publicados apenas porque alguém resolveu anunciar alguma coisa. Nestes dias, o pessoal de vendas não se limita a persuadir os clientes, também atua como consultores em propaganda, orientando os anunciantes sobre as maneiras mais eficazes de usar determinado meio de comunicação ou desenvolvendo novas abordagens criativas para transmitir a mensagem do anunciante. Tudo isso funciona bem, mas, por ser caro, impõe um custo sutil: o foco apenas nos maiores e mais lucrativos anunciantes potenciais. Em outras palavras, o sistema é enviesado no sentido da cabeça da curva da propaganda.

Como em todos os outros mercados que examinamos, a cabeça é apenas uma fração minúscula do mercado potencial. Porém, como é tão caro vender propaganda da maneira tradicional, os anunciantes potenciais menores foram deixados por sua própria conta, a maioria se limitando a publicar um anúncio nos classificados ou a publicar no jornal local alguma coisa um pouco mais elaborada, feita em casa.

Durante boa parte do século passado, a propaganda funcionou mais ou menos assim, sem grandes variantes. O Google, então com dois anos, mas já o utilitário de busca que mais crescia no planeta, começou a buscar seu próprio modelo de negócios. E da mesma maneira como desenvolvera nova maneira de fazer pesquisas, em comparação com seus antecessores, também decidiu fazer propaganda de modo diferente. Tomando de empréstimo um modelo lançado alguns anos atrás, pela primeira vez, por Bill Gross, empreendedor que criou a Overture, o Google construiu o que viria a ser a mais eficaz máquina de propaganda da Cauda Longa já vista pelo mundo.

O Google percebeu que, se pudesse eliminar boa parte dos custos de vender e comprar propaganda, também conseguiria aumentar drasticamente o conjunto de possíveis compradores e vendedores de anúncios. O software poderia fazer quase todo o trabalho, reduzindo, assim, a barreira econômica à entrada e à exploração de mercados muito maiores.

O modelo de propaganda do Google tem três importantes características da Cauda Longa. Primeiro, baseia-se na pesquisa de palavras-chave, em vez de na apresentação de imagens em banners e, como já vimos, a Cauda Longa de palavras e de combinação de palavras é praticamente infinita. Os termos pesquisados atuam mais ou menos da mesma maneira, como mostra o gráfico a seguir (circa 2001), de Joe Kraus, co-fundador do utilitário de pesquisa Excite:

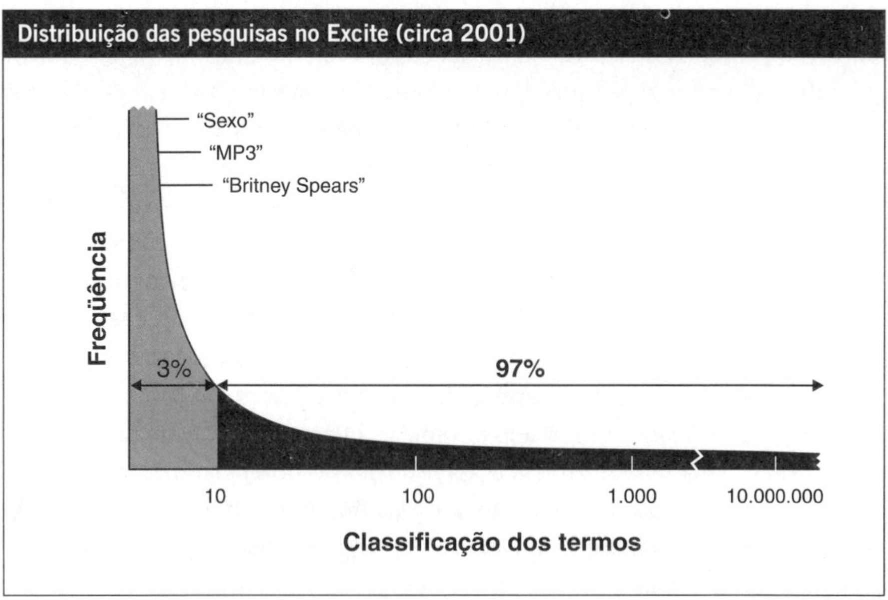

Fonte: Joe Kraus

As dez palavras mais pesquisadas respondem por apenas 3% de todas as buscas. O resto se espalha entre dezenas de milhões de outros termos. O que o Google descobriu é que cada um desses termos também é uma oportunidade de propaganda: dezenas de milhões de expressões de interesse e de intenção, cada uma das quais passível de ser convertida em oportunidade de propaganda altamente dirigida, se a identificação dos anúncios for determinada pelos mesmos algoritmos PageRank que produzem os resultados das pesquisas no Google.

Mas como vender dezenas de milhões de anúncios exclusivos? Havia apenas uma resposta: deixar o trabalho por conta do software. Daí surgiu a segunda técnica de Cauda Longa do Google – reduzindo drasticamente o custo de alcançar o mercado, baseada num modelo de auto-serviço simples e muito barato. Qualquer um pode tornar-se anunciante do Google, comprando uma palavra-chave num processo de leilão automático, no qual o lance mínimo é de apenas US$0,05 por clique.

Esse modelo de auto-serviço não só é mais barato para o Google e para o anunciante, mas também produz anúncios mais eficazes. O Google fornece ferramentas para personalizar e testar os anúncios, de modo a gerar o máximo de "clickthroughs" (quando o consumidor clica no anúncio e vai para o site do anunciante). E não raro os anunciantes alteram obsessivamente suas palavras-chave e tipos de anúncios até conseguirem os resultados almejados. Afinal, quem conhece melhor o negócio do que o próprio anunciante?

O efeito desse modelo foi empurrar o negócio de propaganda do Google ainda para mais longe cauda abaixo. Hoje, o Google conta com milhares de pequenos anunciantes, que nunca antes anunciaram em nenhum outro lugar. Por causa desse modelo de auto-serviço, do desempenho mensurável, do baixo custo de entrada e da capacidade de sempre alterar e melhorar os anúncios, os anunciantes estão avançando como multidão para esse novo mercado. Não é preciso convencê-los; ninguém da Google precisa procurá-los. Resultado: menos empregados e um modelo que é tão eficiente na cauda quanto na cabeça.

Finalmente, o Google fez o mesmo pelos editores on-line. Tradicionalmente, só havia duas maneiras de os editores on-line ganharem dinheiro com propaganda: contratar sua própria força de vendas e cortejar os anunciantes prováveis ou participar de uma rede de publicação de anúncios e ficar com o que lhes coubesse a preço de banana. A idéia do Google foi que a mesma tecnologia de identificação da pertinência, capaz de associar o anúncio certo com uma palavra-chave procurada, também poderia colocar o anúncio certo em sites adequados de terceiros.

Hoje, não importa que se trate do *New York Times* ou de um blog, é possível incluir no site algumas linhas de código HTML, para que ele exiba anúncios do Google: não há necessidade de autorização nem de telefonemas. Sempre que o anúncio for clicado no site, o anunciante paga ao Google e este repassa parte do dinheiro para o site.

O Google não quer saber se o site é de profissionais ou de amadores e tampouco está interessado na amplitude do conteúdo. Se os anúncios não estiverem funcionando, o Google automaticamente os substituirá por outros para ver se os resultados são melhores. Como as páginas ("inventory") não custam nada ao Google, ele pode dar-se ao luxo de desperdiçar espaço com anúncios em que ninguém nunca clica – o "custo de oportunidade" das receitas potenciais perdidas são suportados pelo terceiro. Essa é uma maneira notável de empurrar o mercado de propaganda para cada vez mais longe na Cauda Longa da editoria on-line, a ponto de incluir centenas de milhares de blogs.

Na primeira assembléia geral de acionistas do Google, o CEO Eric Schmidt se aprofundou um pouco mais na explicação de por que define a missão do Google como "servir a Cauda Longa".

Começou mostrando um slide de uma lei de potência, com dólares no eixo vertical e pessoas no eixo horizontal. Wal-Mart estava no cocuruto. O número "6 bilhões" estava na ponta da cauda. Schmidt explicou:

> Examinamos nosso mercado no ano passado e nos perguntamos: "Como estamos indo?" Quando se olha para o lado do anunciante, o mercado em que atuamos se estende desde as maiores empresas do mundo – Wal-Mart –, desce a curva até as menores empresas e chega finalmente às pessoas físicas. Chamamos isso de Cauda Longa. Muita gente tem falado sobre esse fenômeno – idéia muito interessante.
>
> Depois de encararmos essa realidade, dissemos: "Estamos indo muito bem, até agora, na parte do meio desse universo – empresas de médio porte, bem dirigidas, compostas de pessoas inteligentes, que resolvem problemas interessantes. Mas como nos saímos na tentativa de resolver os problemas dos clientes muito grandes?" Assim, no ano passado, desenvolvemos todo um conjunto de ferramentas destinadas a anunciantes de grande porte, que podem usar nossos serviços em todas as divisões de suas empresas, para gerar muita receita, pois, evidentemente, em nosso modelo, propaganda significa previsibilidade, significa conversões e assim por diante.

E quanto aos produtores individuais, às pequenas empresas, ao negócio em que Joe ou Bob é o presidente, o diretor financeiro, o diretor de operações, o operário e o responsável pelo atendimento aos clientes – a empresa de uma pessoa, de duas pessoas ou de três pessoas? Também construímos um conjunto de ferramentas de auto-serviço que permite usar nossos recursos de maneira quase automática.

Assim, avançamos em ambas as direções. Ao atingir a base, com auto-serviços, alcançamos os anunciantes que se situam abaixo do limiar da propaganda tradicional. E ao percorrer o caminho até o topo, chegamos às empresas muito grandes, até então fora de nosso alcance, além de toda uma área nova que nunca tinha tido acesso a esses tipos de serviços on-line.

Schmidt depois me explicou como esses milhões de clientes pequenos e médios compunham uma enorme Cauda Longa do mercado de propaganda:

O surpreendente sobre a Cauda Longa é exatamente o quanto a Cauda é longa e a quantidade de negócios que não eram atendidos pelas formas tradicionais de venda de propaganda. O reconhecimento de que empresas como a nossa apresentam uma distribuição de Pareto parece ser insight muito mais profundo do que alguém já se deu conta. É algo que os cientistas sabiam havia muito tempo, mas a que ninguém prestara atenção. Quando refletimos sobre nossa empresa, concluímos que nosso modelo funcionava muito bem no meio da curva. Depois de ler o artigo [publicado na *Wired*], olhamos para a cauda e perguntamos: "O que estamos fazendo para aproveitar essa oportunidade?"

Vejamos a curva de Pareto das empresas mundiais, classificadas por receita. A número um é o Wal-Mart. Mas qual será a última entrada? Talvez alguém na Índia, com uma cesta, vendendo quinquilharias. A área abaixo dessa curva, com cerca de um bilhão de pessoas, representa basicamente o PIB mundial. Assim, comece na extremidade inferior e suba a curva até chegar às pessoas conectadas à Internet. São indivíduos razoavelmente educados ou pequenos negócios, que querem comercializar seus produtos. E nos perguntamos: "Que benefícios nosso modelo pode oferecer-lhes para aumentar a receita dessas pessoas?" E a resposta foi que, se criássemos condições para que fizessem negócios fora de suas localidades, estarão alcançando um mercado maior, conseguindo mais fornecedores, obtendo melhores preços, e assim por diante.

Por várias razões, isso não ocorre de uma hora para a outra, sobretudo por fatores de infra-estrutura. Portanto, digamos que, para fins de argumentação, não foquemos 90% dessas pessoas. Ainda sobram 100 milhões de pessoas. Os números são tão grandes que se pode deixar de lado uma grande fatia e ainda resta um grande mercado.

O Google agora gera receitas superiores a US$ 5 bilhões por ano, número que dobra a cada nove meses. Embora boa parte de suas receitas provenha da cabeça da curva, a maioria de seus clientes se encontra em algum ponto da cauda, sugerindo que daí virá boa parte de seu crescimento no futuro. E o Google está apenas começando.

Uma das características interessantes do Google são as várias maneiras como participa do jogo da Cauda Longa. Como já vimos, trata-se de um agregador de propaganda, criando um mercado onde os anunciantes de Cauda Longa podem alcançar a Cauda Longa dos editores movidos a anúncios. Porém, o Google é ainda mais bem conhecido como agregador de informações, e como tal demonstrou algumas técnicas interessantes, ao se afastar, por evolução, do modelo tamanho único.

Um dos problemas da iTunes da Apple, como agregadora de música, é a maneira limitada como exibe os diferentes gêneros de música. O mesmo desafio se apresenta na área de informações – tudo começa com palavras, mas elas se apresentam em diferentes contextos. O Google concluiu que diferentes contextos precisam de diferentes apresentações. Quando se está buscando um lugar, provavelmente se precisa de um mapa. Quando se está procurando uma imagem, provavelmente se quer uma apresentação visual. Quando se está pesquisando um vídeo, provavelmente se pretende uma exibição de vídeo. Mais uma vez, o tamanho único não serve para todos – mesmo no caso de buscas. O Google agora oferece diferentes estilos de "busca vertical" (busca apenas dentro de uma única categoria): Google Local, Google Scholar (trabalhos acadêmicos), Google Maps, Froogle (produtos), Google News, Google Book Search, Google Video, e assim por diante.

Agora que o Google enfrenta a concorrência de Yahoo!, Microsoft e outros, o surgimento do mercado de busca vertical é simplesmente uma questão de fatiar a agregação em nichos, otimizados com base em diferentes necessidades. Cada um dos produtos de busca do Google tem apresentação exclusiva e extrai suas respostas de um subconjunto do universo de informações, oferecendo os resultados mais adequados e úteis. Em outras palavras, personaliza o painel de pesquisas de maneira significativa para cada um dos meios específicos.

A vantagem disso é que quando se sabe pelo menos o tipo de coisa que se está procurando e se atua como agregador com foco estreito e sintonia fina, em vez de agregador geral, obtêm-se melhores resultados. E quanto melhores forem os resultados, maior é a probabilidade de que as pessoas continuem escavando mais fundo, encompridando a Cauda Longa de todas as coisas.

14

REGRAS DA CAUDA LONGA

COMO CRIAR UM PARAÍSO DO CONSUMIDOR

O segredo para criar um negócio florescente de Cauda Longa pode ser resumido em dois imperativos:

1. Disponibilizar tudo.
2. Ajudar-me a encontrá-lo.

Quanto ao primeiro, é mais fácil falar do que fazer. Menos de uma dúzia dos 6 mil filmes apresentados no Sundance Film Festival todos os anos são escolhidos para distribuição, mas quase todos os outros não podem ser apresentados fora do festival, pois os direitos autorais referentes às músicas não foram acertados. Boa parte da programação de TV nos arquivos das redes enfrentam a mesma situação: é muito caro liquidar os direitos autorais referentes a música para distribuição por DVD ou streaming.

As mesmas questões sobre direitos autorais também mantêm a sete chaves a divulgação de música clássica e de videogames. Até descobrirmos alguma maneira de acertar os direitos autorais referentes a *todos* os títulos em *todos* os catálogos de produções – sem qualquer dificuldade, de maneira automática e em escala industrial – as restrições legais continuarão a ser a principal barreira para o crescimento da Cauda Longa.

O segundo elemento necessário é mover-se com mais rapidez. Desde filtros colaborativos até avaliações pelos usuários, os agregadores inteligentes estão usando recomendações para impulsionar a demanda Cauda Longa abaixo. Essa é a diferença entre "empurrar" e "puxar" entre broadcast e gosto personalizado. Os negócios de Cauda Longa tratam os consumidores como indivíduos, oferecendo a personalização ou customização em massa como alternativa para o mercado de massa.

Para a indústria do entretenimento, as recomendações são uma forma extremamente eficiente de marketing, permitindo que os filmes de menor destaque e as músicas menos enquadradas na tendência dominante encontrem seu público. Para os consumidores, a escolha simplificada com base em boas recomendações estimula a exploração de novidades e pode reacender paixões por músicas e filmes, com o potencial de criação de um mercado geral de entretenimento muito mais amplo. (A média dos clientes da Netflix aluga sete DVDs por mês, três vezes o padrão observado nas locadoras de tijolo e argamassa.) O benefício da cultura colateral é muito mais diversidade, revertendo os efeitos homogeneizadores da escassez na distribuição e derrubando a tirania do sucesso.

Agora que vimos o panorama geral, eis nove regras praticadas pelos agregadores de Cauda Longa bem-sucedidos.

REDUZA SEUS CUSTOS

Regra 1: Movimente os estoques para dentro... ou para fora.

A Sears desbravou o caminho, ao gerar sua grande eficiência inicial, com a vantagem dos grandes depósitos centralizados do velho sistema de reembolso postal. Hoje, os lados on-line do Wal-Mart, Best Buy, Target e de muitas outras empresas estão usando suas redes de depósitos existentes para oferecer muito mais variedade on-line do que em suas lojas, porque a centralização dos estoques é muito mais eficiente do que colocar os produtos nas prateleiras de centenas de lojas.

Para oferecer ainda mais variedade, empresas como Amazon desenvolveram "estoques virtuais", formados por produtos armazenados nos depósitos dos parceiros, mas exibidos e vendidos em seu próprio site. Hoje, o programa Marketplace da Amazon agrega esses estoques descentralizados, compostos de produtos mantidos nas margens mais remotas da rede, por milhares de pequenos comerciantes. Custo para a Amazon: zero.

O estoque digital – lembre-se da iTunes – é o mais barato de todos. Já vimos o efeito que a mudança no meio de fornecimento de música, do transporte de discos plásticos para a transmissão de megabits intangíveis, exerceu sobre o setor. Em breve, o mesmo ocorrerá com filmes, videogames e programas de televisão. As notícias já saíram da era do papel. O podcasting está desafiando o rádio e, quem sabe, você já esteja lendo este livro numa tela. A eliminação dos átomos ou das restrições do espectro de broadcasting é uma maneira poderosa de reduzir custos, permitindo o surgimento de mercados de nicho inteiramente novos.

Regra 2: Deixe os clientes fazerem o trabalho.

A produção colaborativa ou *peer production* possibilitou empreendimentos como eBay, Wikipedia, Craigslist e MySpace e forneceu à Netflix centenas de milhares de resenhas de filmes. Ao mesmo tempo, o auto-serviço criou condições para que o Google vendesse propaganda por centavos o clique e que a Skype arregimentasse 60 milhões de usuários em dois anos e meio. Ambos os casos são exemplos em que os usuários fazem de graça, de bom grado, o que a empresa faria ao custo da contratação de novos empregados. Não é "outsourcing" (transferência de serviços para terceiros, ou terceirização) é "crowdsourcing" (transferência de serviços para multidões).

A vantagem da croudsourcing não é só econômica; os clientes também podem prestar melhores serviços a si mesmos. As avaliações dos produtos pelos próprios usuários geralmente são mais bem informadas, mais claras e, ainda mais importante, mais confiáveis pelos demais usuários. Em conjunto, os clientes dispõem de tempo e energia praticamente ilimitados. Apenas a produção colaborativa é capaz de ir tão longe na Cauda Longa. E, no caso de auto-serviço, o trabalho está sendo feito pelos indivíduos mais interessados em seus resultados, e que conhecem melhor as próprias necessidades.

DESENVOLVA A MENTALIDADE DE NICHO

Regra 3: Um método de distribuição não é adequado a todas as situações.

Alguns clientes querem ir às lojas. Outros preferem comprar on-line. Ainda outros gostam de fazer pesquisas on-line, e depois comprar nas lojas. E também há os que percorrem as lojas e depois compram on-line. Uns são apressados, outros podem esperar. Alguns estão perto das lojas. Outros estão espalhados em grandes áreas. A demanda de alguns produtos é concentrada; a de outros é dispersa. Quando se concentra a distribuição em apenas um grupo de clientes, corre-se o risco de perder os outros.

Talvez pareça metafísica, mas os melhores mercados de Cauda Longa transcendem o tempo e o espaço. Não estão limitados por fronteiras geográficas nem adotam premissas sobre o que as pessoas querem e quando querem. A vantagem da iTunes decorre basicamente de sua enorme variedade e de suas baixas convenientes. Mas ficar aberto 24 horas por dia, sete dias por semana, não faz mal a ninguém.

Hoje, pode-se conseguir *CSI* (Crime Scene Investigation) diretamente na televisão, por video-on-demand, por baixa pela iTunes, em DVD (compra ou aluguel) e pela TiVo, e vê-lo em qualquer dispositivo, desde tela de plasma até PSP da Sony. O mesmo ocorre com alguns programas de rádio da NPR (National Public Radio), que podem ser recebidos mediante broadcast terrestre (em tempo real e programado), transmissão por satélite, streaming pela Internet, podcast e, para quem gosta, transcrição por e-mail. Os vários canais de distribuição representam apenas uma maneira de alcançar o maior mercado possível.

Regra 4: Um produto não atende a todas as necessidades.

Era uma vez uma época em que só havia uma maneira de comprar música: os CDs completos (os singles vendiam tão pouco que muitos artistas nem os ofereciam). Agora, pense nas escolhas disponíveis on-line: álbum, faixa individual, toque de telefone, amostra grátis de trinta segundos, vídeo de música, remix, amostras de remix de terceiros, por meio de streaming ou baixas, tudo em qualquer quantidade de formatos e amostras.

Umair Haque chama essa situação de "microchunking" (microfatiamento). Cada vez mais, a estratégia vencedora é desagregar o conteúdo em suas partes componentes ou "microchunks" (microfatias), de modo que as pessoas possam consumi-las da maneira que quiserem, além de misturá-las com outro conteúdo para criar algo novo. Os jornais são microfatiados em artigos individuais, que, por sua vez, são interligados em sites mais especializados, que criam produtos diferentes, em geral mais focados, com base no conteúdo de várias fontes – o bloguista como DJ, remixando as notícias para criar algo novo.

Já vimos isso antes, na forma de segmentação de produtos e marcas – uma dúzia de diferentes tipos de molho para espaguete destinado a uma dúzia de diferentes paladares. Agora, a tendência se espalhou, desde personagens e níveis de videogames (componha seu próprio jogo) até a venda de fatias de livros de receitas, uma de cada vez. Cada recombinação explora diferentes redes de distribuição e alcança diferentes públicos. Um tamanho para cada um; muitos tamanhos para muitos.

Regra 5: Um preço não serve para todos.

Um dos princípios mais bem compreendidos da microeconomia é o poder da precificação elástica. Diferentes pessoas estão dispostas a pagar diferentes preços pelas mais diversas razões, como, por exemplo, o dinheiro ou o tempo disponível. Porém, nos mercados tradicionais, da mesma maneira como geralmente há espaço para apenas uma versão do produto, também há espaço para apenas um preço, ou pelo menos um preço de cada vez. Entretanto, nos mercados com espaço para ampla variedade de produtos, a precificação variável pode ser técnica poderosa para maximizar o valor dos produtos e o tamanho dos mercados.

A eBay, por exemplo, oferece leilões (em geral com preços mais baixos, porém à custa de mais inconveniência e incerteza) ou "Buy it Now" (a preços mais altos). Até a iTunes, que, a bem da simplicidade, adotou o preço fixo de US$0,99 por faixa, cobra preço mais baixo quando se compram as faixas como parte de um álbum. A Rhapsody foi ainda mais longe, testando preços de US$0,79 a US$0,49 por faixa, constatando que reduzir preços à metade produz o efeito de mais ou menos triplicar as vendas.

O modelo natural para música e para qualquer outra coisa em que o custo marginal de fabricação e distribuição está perto de zero é a precificação variável. Os varejistas podem cobrar mais pelos itens mais populares e menos pelos itens menos populares. E por que ainda não é assim? Por que as gravadoras geralmente cobram um preço fixo no atacado em torno de US$0,70 por faixa, sobretudo para evitar "conflito de canais" com CDs, que ainda produzem o grosso das receitas dos negócios de música. Algum dia, as gravadoras verão a luz e a precificação se tornará mais fluida, criando condições para que os varejistas empurrem os consumidores Cauda abaixo, com preços menores.

PERCA O CONTROLE

Regra 6: Compartilhe informações

A diferença entre o autoritarismo massacrante de uma prateleira apinhada de produtos semelhantes e a liberdade esclarecida da "classificação por volume de vendas" é informação. Num caso, a loja sabe o que vende mais, porém não fornece nenhuma indicação aos clientes. No outro, ela orienta os clientes. O mesmo se aplica à "classificação por preço", "classificação por avaliação" e "classificação por fabricante". Todos esses dados já existem; a questão é como melhor compartilhá-los com os clientes. Mais informações é melhor, mas somente quando são apresentadas de maneira a ordenar a escolha, em vez de confundi-la ainda mais.

Do mesmo modo, as informações sobre padrões de compra, quando transformadas em recomendações, podem ser poderosa ferramenta de marketing. A qualidade das informações sobre produtos, desde as avaliações até as especificações, pode dirimir dúvidas que, do contrário, teriam impedido a compra. Explicar por que um consumidor está obtendo certo conjunto de recomendações aumenta a confiança no sistema e ajuda os consumidores a usar melhor as informações. A transparência aumenta a confiança sem custos adicionais.

Regra 7: Pense "e", não "ou".

Um dos sintomas da mentalidade de escassez é presumir que os mercados são de soma zero. Em outras palavras, o erro de pressupor que tudo é uma escolha e/ou. Venda esta *ou* aquela cor. Nas prateleiras ou nos canais de broadcast, isso é muito natural. Realmente há lugar para apenas um produto no mesmo espaço vazio. Mas, nos mercados com capacidade infinita, a estratégia certa é quase sempre oferecer *tudo*.

O problema da escolha é que ela requer discriminação, e o processo de discriminação exige tempo, recursos e estimativas. Alguém deve decidir, com base em alguns critérios, que uma coisa tende a ser mais bem-sucedida do que outra. Tais decisões podem estar certas no nível macro, mas quase sempre estão erradas no nível micro. Veja o exemplo dos "finais alternativos" nos filmes em DVD. Ainda que a maioria das pessoas goste mais do final padrão, sempre há alguém que prefira a alternativa um. Agora é possível ter ambas. Considere também a opção de língua estrangeira, a escolha de tela padrão ou de tela larga e mesmo a variedade de cortes para várias faixas etárias – cada opção tem um público, mesmo que não seja tão grande quanto o público básico.

Todas essas ofertas "extras" são possíveis graças à grande capacidade do DVD, permitindo que os diretores "desperdicem" armazenamento com conteúdo que não poderiam ter incluído em meio mais escasso, como em tela de cinema ou em videocassete. O mesmo se aplica a qualquer mercado digital on-line, no qual o preço decrescente e a capacidade de armazenamento crescente garantem que qualquer capacidade pretendida será gratuita mais cedo ou mais tarde. Quanto mais abundante forem o armazenamento e a distribuição, menos discriminatório será o seu uso. Decidir sobre "e" é muito mais fácil do que sobre "ou".

Regra 8: Ao fazer o seu trabalho, confie no mercado.

Nos mercados escassos, é preciso adivinhar o que venderá. Nos mercados abundantes, basta lançar tudo e ver o que acontece, deixando a seleção por conta do mercado. A diferença entre "pré-filtragem" e "pós-filtragem" é a mesma que entre previsão *versus* mensuração, e esta última sempre é mais exata. Os mercados on-line não são nada mais que indicadores altamente eficientes da sabedoria das multidões. Por serem ricos em informação, é relativamente fácil comparar mercadorias e difundir opiniões.

Os filtros colaborativos, por exemplo, são uma maneira de fazer promoção dos produtos com base nos mercados. As classificações de popularidade são outra voz do mercado, amplificada pelo loop de feedback positivo da propaganda boca a boca. E as classificações são opiniões coletivas, quantificadas de maneira a facilitar a comparação e a seleção de produtos. Todas essas ferramentas são capazes de organizar a variedade de forma que faça sentido para os consumidores, sem que os varejistas precisem adivinhar o que dará certo. Lição: não preveja; mensure e responda.

Regra 9: Compreenda o poder da gratuidade.

A gratuidade não tem boa reputação, evocando pirataria e outras formas de dissipação do poder. Porém, uma das características mais poderosas dos mercados digitais é tornarem a gratuidade acessível. Como seus custos são quase zero, seus preços também podem ser quase inexistentes. Um dos modelos de negócios mais comuns na Internet, do Skype ao Yahoo! Mail, é atrair muitos usuários por meio de serviços gratuitos e convencer alguns a subir de nível para categorias "premium" por assinatura, de modo a garantir níveis mais altos de qualidade e de atributos. Como os serviços digitais são muito baratos, os clientes gratuitos custam tão pouco que a empresa obtém lucro ainda que apenas uma fração minúscula dos usuários opte pelas modalidades remuneradas.

As amostras, como clips musicais ou trailers de filmes com a duração de trinta segundos, são possíveis porque os custos de entrega de bits em canais de banda larga são muito baixos. Os produtores de videogames quase sempre distribuem produtos demonstrativos com alguns níveis gratuitos. Quem gostar, precisa pagar para liberar os demais níveis. Em 2005, a Universal distribuiu os primeiros nove minutos de *Serenity – A Luta pelo Amanhã* (filme de ficção científica) on-line, de graça e sem cortes. Por quê? Porque podia. O custo de oferecer quase 10% de um filme para qualquer pessoa que quisesse vê-lo on-line era muito baixo em comparação com o valor de mercado de atrair o público para o enredo e deixá-lo com a pulga atrás da orelha, uma coceira que só seria aliviada com a ida paga ao cinema.

A televisão tradicional já é gratuita e paga pela propaganda. No entanto, as redes ainda querem descobrir maneiras de cobrar pelo conteúdo on-line, embora os custos de produção sejam pagos pela transmissão em broadcast e os custos de distribuição on-line sejam tão baixos. Por que não oferecê-lo de graça também on-line, com comerciais no início e no final, sem interrupções, ou simplesmente garantindo um público maior para a colocação do produto, que não pode ser nem eliminado nem passado em alta velocidade? Em última análise, nos mercados abundantes com muita competição, os preços tendem a seguir os custos. E graças ao poder da economia digital, os custos ficam cada vez mais baixos.

EPÍLOGO

A CAUDA DE AMANHÃ

Por cerca de US$ 30 mil, pode-se comprar uma impressora Solidscape T66 3D. É uma bela peça de engenharia para ser instalada sobre uma mesa, embora ainda esteja um pouco cara. Mas o preço está caindo com rapidez e sua tecnologia é tão revolucionária que lança a imaginação a alturas inimagináveis. Lembra-se da história da LEGO Factory, na qual se podem desenvolver modelos, transmiti-los para a empresa pela Internet e receber os kits em uma ou duas semanas? Bem, agora é possível eliminar o tempo de espera pelas peças. Uma impressora 3D é uma fábrica doméstica, capaz de fabricar quase tudo em lotes de um. Um dia, essas máquinas talvez sejam tão comuns quanto as impressoras jato de tinta e não muito mais caras. Mas pense no que elas podem fazer.

As impressoras 3D de hoje são de vários tipos, mas uma das mais comuns usa raios laser para transformar polímero líquido ou em pó em plástico duro, na forma desejada. Basta alimentá-la com um arquivo-objeto em 3D, como o produto de um programa CAD ou até o arquivo polígono de um personagem de um videogame, e o laser começará a trabalhar para produzi-lo. Camada a camada, acaba-se obtendo uma reprodução física perfeita do objeto. A impressora Solidscape 3D é capaz de converter bits em átomos em sua própria casa. Trata-se da última palavra em tecnologia de fabricação de objetos da Cauda Longa.

À medida que a tecnologia de impressão em 3D avançar além do plástico para uma ampla gama de materiais, desde metais até tecidos sintéticos, talvez nos tornemos capazes de fabricar por conta própria peças sobressalentes, brinquedos e, quem sabe, máquinas inteiras cujo projeto baixamos de algum varejista virtual. Já temos essa capacidade para bens digitais: hoje, quando se compra um software da Amazon, pode-se escolher entre recebê-lo numa caixa em dez dias ou simplesmente baixá-lo e rodá-lo imediatamente. Outros serviços oferecem a mesma escolha em relação à música: um CD na semana que vem ou faixas digitais agora. Mas um dia essa possibilidade talvez se estenda aos bens físicos. Hoje, imprimimos nossas próprias fotografias em casa; amanhã, talvez se imprima também o porta-retratos.

Já se pode ter uma idéia disso hoje. Will Wright, lendário projetista de videogames, está dando os toques finais em seu próximo jogo, Spore. Nele, os usuários serão capazes de desenvolver suas próprias criaturas, imbuindo-as de traços e características de sua própria concepção. Se gostar da criatura, será possível enviar o projeto para os servidores da Spore. E então, por cerca de US$20, elas serão impressas em 3D, como figuras físicas – cores, textura e tudo. Cada uma é única e será entregue em sua casa em questão de uma ou duas semanas. Reflita sobre isso como a Cauda Longa da comercialização, um vislumbre estarrecedor do que está por vir.

A Cauda Longa das Coisas de amanhã, à semelhança de tudo o mais, será agregadora, armazenará com eficiência seu conteúdo como bits, para que depois sejam entregues em sua casa por meio de fibras ópticas. Só então serão materializadas, percorrendo o círculo completo novamente para átomos, no ponto de consumo. Parece ficção científica, mas essa também era a reação, quando, uma década atrás, se pensava em carregar no bolso um vastíssimo repertório de músicas, a serem reproduzidas em qualquer lugar e a qualquer hora.

Nos mundos do entretenimento e da informação, já superamos as restrições de capacidade em termos de espaço em prateleiras e canais, além de suas exigências de tamanho único. Em breve, também deixaremos para trás as limitações de capacidade também em produção de massa. A explosão de variedade que vemos em nossa cultura, graças à eficiência da tecnologia digital, se estenderá para todos os outros aspectos de nossa vida. No futuro, a questão não será se a multiplicidade de escolhas é melhor, mas o que realmente queremos. Nos corredores infinitos, tudo é possível.

NOTAS SOBRE AS FONTES E OUTRAS LEITURAS

Este livro é o resultado de quase dois anos de pesquisas e entrevistas, abrangendo desde executivos de empresas até economistas acadêmicos. Também é o produto de muita análise de dados confidenciais referentes a vendas e usos de empresas que estão construindo os mercados de Cauda Longa, como Netflix e eBay. (Minha gratidão eterna aos executivos que apoiaram este projeto e disponibilizaram os dados.) E, finalmente, ele se baseia no trabalho de muitos outros pesquisadores, pensadores e escritores cujas idéias e conclusões influenciaram meu pensamento, muitos dos quais foram citados no texto.

As notas abaixo indicam as fontes fundamentais, além de conterem mais informações, explicações e sugestões de outras leituras. Em muitos casos, esse material básico está na Internet, situações em que apenas indico o URL. Porém, como os URLs podem mudar, na maioria dos casos também procurei fornecer informações identificadoras exclusivas, de modo a possibilitar sua localização por meio de utilitários de busca.

INTRODUÇÃO

2 *Quase todos os cinqüenta*: Os dados sobre álbuns de sucesso são oriundos da Recording Industry Association of America (www.riaa.org), que tem excelente banco de dados sobre os álbuns cujas vendas atingiram níveis Gold (500 mil unidades), Platinum (1 milhão), Multiplatinum e Diamond (10 milhões ou mais). Os dados sobre receitas de bilheteria de Hollywood são de www.boxofficemojo.com.

2 *Todos os anos, as grandes redes de televisão:* Os dados sobre televisão, atuais e históricos, são da Nielsen Media Research.

7 *É o que eu estava fazendo*: Vann-Adibé saiu da Ecast em 2005.

1. A CAUDA LONGA

18 *Na Rhapsody, os 4.500 principais álbuns*: Essa conversão exige alguma explicação. O mercado off-line (Wal-Mart) é um mercado de CDs, o que significa dizer que quase todas as músicas são vendidas como parte de um álbum. On-line, em serviços como iTunes e Rhapsody, as músicas podem ser baixadas individualmente, o que ocorre na maioria dos casos. Converter mercados de álbuns em mercados de músicas isoladas não é tão simples quanto multiplicar por 14, ou seja, o número médio de faixas por álbum, pois algumas faixas de um álbum são mais populares do que outras. Para obter melhor taxa de conversão, analisamos as 100 mil principais faixas da Rhapsody e constatamos que foram extraídas de cerca de 22 mil álbuns, obtendo-se a média de 4,5 faixas por álbum. Para levar em conta as faixas menos populares que não se incluíam entre as principais 100 mil, atribuímos ao álbum médio a contagem de 5,5 faixas. Portanto, os 4.500 álbuns do Wal-mart equivalem a 25 mil faixas da Rhapsody.

21 *O verdadeiramente espantoso sobre a Cauda Longa:* A comparação das livrarias com a Amazon também é chocante. Como a Amazon não liberou dados de vendas referentes a títulos, fomos forçados a fazer a engenharia reversa, com base no disponível, que consiste principalmente em considerar a classificação de vendas de cada título na Amazon e os volumes de vendas de vários conjuntos de livros, em números absolutos, fornecidos por terceiros. O primeiro trabalho desse tipo foi realizado por Erik Brynjolfsson, do MIT, com Michael Smith, de Carnegie Mellon, e Jeffrey Hu, de Purdue. Em "Consumer Surplus in the Digital Economy: Estimating the Value of Increased Product Variety at Online Booksellers" (2003), os autores estimaram a curva de vendas da Amazon, com base em análise em grande escala dos dados da varejista on-line referentes à classificação de vendas. Concluíram que as vendas de títulos além da 100.000ª posição (estoque típico das superlojas tradicionais) chegavam a 40% do total de vendas da empresa.

Com base em discussões posteriores com o pessoal da Amazon e de outras empresas do setor editorial, concluímos que tal estimativa estava exagerada. Em seguida, refinamos a análise, combinando os números relativos sobre classificação com números absolutos sobre volumes de vendas, que obtivemos diretamente das editoras. Depois, confrontamos esses dados com as estimativas de analistas sobre a receita de vendas total da Amazon decorrente da venda de livros. Por fim, estimamos que as vendas de títulos além da 100.000ª posição responde por algo entre 20% e 30% das vendas totais de livros pela Amazon e adotamos a mediana de 25%.

2. ASCENSÃO E QUEDA DOS CAMPEÕES DE VENDA

26 *Mas a ascensão de tecnologias tão poderosas*: O trabalho de Benjamin é "A obra de arte na era da reprodução mecânica".

3. UMA BREVE HISTÓRIA DA CAUDA LONGA

46 *"Eu estava peneirando as coisas"*: Durante uma palestra no Churchill Club, em fevereiro de 2005.

48 *Finalmente, apenas para dar uma idéia da amplitude:* O site de Robb é globalguerrillas.typepad.com. A data da postagem é 18 de março de 2005.

5. OS NOVOS PRODUTORES

63 *Em janeiro de 2001*: Para a obtenção do histórico da Wikipedia, recorri principalmente a "The Book Stops Here", de Daniel Pink, que publicamos na *Wired*, em março de 2005.

67 *O autor Paul Graham*: www.paulgraham.com/web20.html.

75 *Na Coréia do Sul*: A fonte é a revista *Global Agenda*, do Fórum Econômico Mundial, 2006.

77 *Em breve, seguiram-se mais vídeos*: Pelos detalhes deste trecho, muito devo ao excelente artigo de Xeni Jardin, publicado na revista *Wired*, dezembro de 2005.

81 *Uma equipe da Universidade da Califórnia*: Ryan Shaw e colegas, da Media Streams Metadata Exchange, School of Information Science and Management.

6. OS NOVOS MERCADOS

84 *Os editores evitam*: Fonte: www.nacs.org.

85 *Com a disponibilidade do novo banco de dados*: Fonte: www.bisg.org.

7. OS NOVOS FORMADORES DE PREFERÊNCIAS

108 *A Blockbuster informa que, tradicionalmente*: Durante palestra de Hastings na Lehman Brothers Small Cap Conference, em novembro de 2005.

8. A ECONOMIA DA CAUDA LONGA

124 *Em outras palavras, as distribuições de lei de potência*: Usei o termo "lei de potência" para me referir a distribuições na forma de $y = ax^k$. Nos dados empíricos deste livro, y é, em geral, vendas absolutas ou popularidade e x é a correspondente classificação de vendas ou popularidade de determinados produtos. O termo a é a constante para um x grande, e k é a potência a que se eleva k, chamado "expoente da lei de potência". Na realidade, há muitas variações desses tipos de exponenciais e diferentes mercados que à primeira vista parecem leis de potência podem ser, efetivamente, distribuições "log-normais" ou outras manifestações estatísticas. A explo-

ração dessas diferenças não pertence ao escopo deste livro, mas agradeço a Hal Varian, da Universidade da Califórnia, Berkeley (e ao Google), por apontar essas sutilezas.

126 *Infelizmente, a resposta certa é*: Fonte: www.film-festival.org.

128 *O mesmo se aplica a praticamente qualquer outro mercado*: As estatísticas referentes a Barnes & Noble, PRX e rediff.com baseiam-se diretamente em correspondências pessoais com seus executivos.

134 *Estudo de 2005*: Tal estudo ainda não foi publicado e a ele tive acesso em forma de versão preliminar; em conseqüência, alguns desses números estão sujeitos a mudanças na versão final.

135 *Outra maneira de observar a situação*: O contraste entre mercados on-line e off-line é impressionante. As diferenças entre as distribuições de vendas desses mercados constam do quadro da próxima página.

CLASSIFICAÇÃO DO TÍTULO

Classificação dos títulos	Wal-Mart	Rhapsody	Blockbuster*	Netflix
1-100	65%	47%	68%	38%
101 e acima	36%	53%	32%	62%

(*) Os números referentes às vendas do Wal-Mart e da Blockbuster foram extraídos do SoudScan e do VideoScan da Nielsen, que medem vendas totais off-line para essas duas categorias de varejo. Mas, como o Wal-Mart e a Blockbuster se incluem entre os maiores varejistas do mercado, é seguro presumir que seus padrões de venda são muito semelhantes.

143 "*Durante boa parte da história humana*": Publicado originalmente em *Forbes ASAP*, este trecho também aparece em *Telecosm: How Infinite Bandwidth Will Revolutionize Our World*, 2000.

144 *Assim, como reconciliar*: Correspondência pessoal.

9. A CABEÇA CURTA

149 "*As pessoas se aglomeram*": *The Atlantic Monthly*, outubro de 2005.

149 "*Uma loja que só venda botões*": Revista *Discover*, setembro de 2005.

150 "As pequenas cidades e as periferias urbanas": *The Death and Life of Great American Cities,* publicado originalmente em 1961.

155 *Dos estimados 30 mil álbuns lançados por ano*: Gottlieb foi entrevistado no documentário da *Frontline* "The Way the Music Died", 2004 .

161 *Nos Estados Unidos, 20%*: Fonte: Brynjolfsson, Smith e Hu, 2003.

10: O PARAÍSO DA ESCOLHA

169 *O autor citou*: "Why Choice is Demotivating: Can One Desire Too Much of a Good Thing?" Sheena Iyengar (Columbia) e Mark Lepper (Stanford), 2000.

174 *Uma das pesquisas mais conhecidas sobre:* "The Lure of Choice", Nicola Brown e Barbara Summers (Leeds University Business School) e Daniel Read (London School of Economics), 2002.

175 *Francis Hamit:* Comunicação pessoal.

11. CULTURA DE NICHO

183 *Virginia Postrel*: *Forbes ASAP,* 1998.

12. A TELA INFINITA

194 *A TV gera mais conteúdo*: "How Much Information?" Hal Varian (UC Berkeley School of Information Management and Systems) e colegas, 2003.

196 *Jeremy Allaire*: Fonte: *Streaming Media,* outubro de 2005.

198 *Rob Reid*: Comunicação pessoal.

ÍNDICE

Conheça também:

· *A única coisa que você precisa saber* oferece lições essenciais de desempenho e de carreira para profissionais de todos os níveis.

A ÚNICA COISA QUE VOCÊ PRECISA SABER

ISBN: 978-85-352-1857-2 ou
ISBN: 85-352-1857-2
Páginas: 236

· Este livro elimina os mistérios do mundo corporativo e mostra o segredo de sucesso de algumas lendas do mundo empresarial como Jack Welch.

AFINAL, O QUE REALMENTE FUNCIONA?

ISBN: 978-85-352-1929-6 ou
ISBN: 85-352-1929-3
Páginas: 164

· Este livro dá ao leitor um mapa do caminho que o levará da dor e frustração à verdadeira realização, à relevância, ao significado e à contribuição no novo panorama de nossos dias.

O 8º HÁBITO - EDIÇÃO PORTUGUESA

ISBN: 978-85-352-1735-3 ou
ISBN: 85-352-1735-5
Páginas: 464

· Este livro oferece ricos *insights* sobre como os trabalhadores do conhecimento pensam, como realizam as tarefas e como são motivados a se superar.

PENSE FORA DO QUADRADO

ISBN: 978-85-352-1772-8 ou
ISBN: 85-352-1772-X
Páginas: 224

Outras maneiras fáceis de receber informações sobre nossos lançamentos e ficar atualizado.

- ligue grátis: **0800-265340** (2ª a 6ª feira, das 8:00 h às 18:30 h)
- preencha o cupom e envie pelos correios (o selo será pago pela editora)
- ou mande um e-mail para: **info@elsevier.com.br**

ELSEVIER
EDITORA CAMPUS
NEGÓCIO EDITORA
Alegro

Nome: ______________________________

Escolaridade: ______________ ❑ Masc ❑ Fem Nasc: __/__/__

Endereço residencial: ______________________________

Bairro: __________ Cidade: __________ Estado: __________

CEP: __________ Tel.: __________ Fax: __________

Empresa: ______________________________

CPF/CNPJ: ______________ e-mail: ______________

Costuma comprar livros através de: ❑ Livrarias ❑ Feiras e eventos ❑ Mala direta ❑ Internet

Sua área de interesse é:

❑ **UNIVERSITÁRIOS**
- ❑ Administração
- ❑ Computação
- ❑ Economia
- ❑ Comunicação
- ❑ Engenharia
- ❑ Estatística
- ❑ Física
- ❑ Turismo
- ❑ Psicologia

❑ **EDUCAÇÃO/ REFERÊNCIA**
- ❑ Idiomas
- ❑ Dicionários
- ❑ Gramáticas
- ❑ Soc. e Política
- ❑ Div. Científica

❑ **PROFISSIONAL**
- ❑ Tecnologia
- ❑ Negócios

❑ **DESENVOLVIMENTO PESSOAL**
- ❑ Educação Familiar
- ❑ Finanças Pessoais
- ❑ Qualidade de Vida
- ❑ Comportamento
- ❑ Motivação

20299-999 - Rio de Janeiro - RJ

O SELO SERÁ PAGO POR
Elsevier Editora Ltda

CARTÃO RESPOSTA
Não é necessário selar

ELSEVIER
EDITORA CAMPUS
NEGÓCIO EDITORA
Alegro

Cartão Resposta
050120048-7/2003-DR/RJ
Elsevier Editora Ltda
CORREIOS

vozes imprimiu